本书为河北省社会科学基金项目"大数据应用技术推动思想政治理论课'进头脑'创新研究"（HB21JY064）成果

中国近代高等商业教育发展

田谧　周亚同　著

中国社会科学出版社

图书在版编目（CIP）数据

中国近代高等商业教育发展 / 田谧，周亚同著.
北京：中国社会科学出版社，2024.7. -- ISBN 978-7
-5227-4229-8

Ⅰ. F729.5-4

中国国家版本馆 CIP 数据核字第 20242V3G59 号

出 版 人	赵剑英	
责任编辑	孙　萍	
责任校对	赵雪姣	
责任印制	李寡寡	

出　　版	中国社会科学出版社
社　　址	北京鼓楼西大街甲 158 号
邮　　编	100720
网　　址	http://www.csspw.cn
发 行 部	010-84083685
门 市 部	010-84029450
经　　销	新华书店及其他书店
印　　刷	北京明恒达印务有限公司
装　　订	廊坊市广阳区广增装订厂
版　　次	2024 年 7 月第 1 版
印　　次	2024 年 7 月第 1 次印刷
开　　本	710×1000　1/16
印　　张	18
字　　数	286 千字
定　　价	96.00 元

凡购买中国社会科学出版社图书，如有质量问题请与本社营销中心联系调换
电话：010-84083683
版权所有　侵权必究

前　言

在数千年的中国传统社会中，商人、商业总体上一直处于被压制的地位，商业教育更是被排除在正统的学校教育之外，只能以家庭教育和学徒制形式得以延续并缓慢发展。鸦片战争尤其是第二次鸦片战争以后，小农经济遭到破坏，近代工商业出现并逐步受到重视，学校商业教育才在中国出现并发展起来，并最终纳入近代学校教育制度之内。

中国近代高等商业是中国近代高等教育的一部分，其产生、发展不能脱离近代高等教育而独立探讨。同时，中国近代高等商业教育又有其自身发展的独特性。近代高等商业教育的发展都受多重因素的影响。从横向看，社会政治变革、近代工商业经济的发展尤其是政府的商业政策，都深刻影响着中国近代高等商业教育的发展规模与速度；从纵向看，中国近代高等商业教育从萌生以后，每一时期的发展都是在前一时期的基础上，在办学层次、教学内容、管理体制等诸方面不断完善和优化。

第二次鸦片战争至甲午战争前，为对抗西方列强的侵略压迫，洋务派提出"自强求富"的口号，"发展商务"成为实现这一目标的途径。在缺乏近代商业学科知识体系的情况下，商业知识教育杂糅于外语教学内容中，洋务学堂、教会学校中的商务英语教学成为中国近代高等商业教育的嚆矢。其中，张之洞在自强学堂中开展的商业教育活动是洋务派进行近代高等商业教育的典型案例。

甲午战争结束，维新派登上历史舞台并提出"兵战不如商战""商战不如学战"和"恤商惠工"的新型观念，催生了正规的高等商业教育机构的崛起。这一时期在南京建立的江南储才学堂所进行的商业教育活动，从教学层次与科目等方面来说，已经具备诸多近代高等商业教育的特征，中国近代高等商业教育初具形态。

维新运动失败以后，义和团运动和八国联军侵华迫使清政府再次启动全面改革，开始"新政"。"新政"期间清廷不仅通过建立近代商业行政管理体制，制定各种保护商业发展的法律规程，鼓励成立各种商会组织等手段促进"重商政策"的落实，还在壬寅、癸卯学制中确立了商业教育体系，标志着中国近代高等商业教育制度的确立。

中华民国成立以后，国体政体的变更为资本主义工商业经济及高等商业教育的发展扫清了制度障碍，近代性的工商业经济不断发展，产业结构不断优化，促使高等商业教育不断改革和发展。经过民国初期在实业教育变革带动下的初步改革，到1922年壬戌学制的颁布实施，中国近代高等商业教育彻底实现了制度的现代化，从此步入了快速发展的道路。到南京国民政府时期，随着工商业经济的进一步发展和政府教育政策的不断调整，到抗战前，高等商业教育无论是在数量规模还是在教学质量方面，都取得了长足的进步。

通过梳理和研究可以发现，中国高等商业教育的产生和发展过程具有制度化不断增强、借鉴性和本土性同时并存、受商业政策与商业发展状况影响明显等特点。其成就主要表现在逐步形成了完整的教育体系、注重理论与实践紧密结合、与城市发展相互促进等方面，同时也存在办学经费的匮乏、区域发展不均衡等明显的局限。中国近代高等商业教育的发展历程启示我们，办好高等商业教育，必须坚持办学特色、鼓励民间投资办学、注重培养学生实践能力，特别是国家要制定政策鼓励商业发展，这样才能从根本上保证高等商业教育持续健康发展。

目　录

导　论 …………………………………………………………… (1)

第一章　中国近代高等商业教育的渊源 …………………… (19)
　第一节　中国近代高等商业教育的本土滥觞 ………………… (20)
　　一　中国传统商业教育的形式 …………………………… (20)
　　二　中国传统商业教育的内容与教材 …………………… (22)
　　三　中国传统商业教育的特点与影响 …………………… (24)
　第二节　"大变局"下的商业转型与新商业观的出现
　　　　　——中国近代高等商业教育产生的时代背景 ……… (25)
　　一　商业的变化 …………………………………………… (26)
　　二　新商业观的萌生 ……………………………………… (29)
　第三节　近代高等商业教育的嚆矢——商务英语教育 …… (33)
　　一　官办商务英语教育 …………………………………… (34)
　　二　教会办商务英语教育 ………………………………… (43)
　　三　社会办商务英语教育 ………………………………… (48)
　第四节　自强学堂——张之洞高等商业教育思想的试验场 … (50)
　　一　张之洞的工商业教育思想 …………………………… (50)
　　二　张之洞的商业教育实践 ……………………………… (53)
　　三　张之洞与自强学堂的商业教育经验 ………………… (62)
　第五节　这一时期中国近代高等商业教育的特点 …………… (65)
　　一　学校级别单一 ………………………………………… (65)
　　二　课程设置新旧并存 …………………………………… (66)
　　三　商科尚未独立 ………………………………………… (67)

第二章　中国近代高等商业教育的雏形 （69）

第一节　商业教育的实践基础与舆论准备 （70）
一　实践基础 （70）
二　舆论准备 （76）

第二节　早期实业教育思潮的兴起与高等商业教育初步发展 （96）
一　早期改良派实业教育思想中的高等商业教育 （97）
二　维新派的实业教育思想中的高等商业教育 （100）
三　早期实业教育思潮对高等商业教育初步发展的影响 （109）

第三节　商业教育中的新现象——近代商人参与办学 （120）
一　近代商人参与办学的主要动因 （121）
二　近代商人捐资办学的方式 （126）
三　近代商人参与办学的特点 （128）

第四节　高等商业教育的雏形——以江南储才学堂为例 （133）
一　江南储才学堂的创设原因 （133）
二　江南储才学堂的开办 （135）
三　江南储才学堂的历史地位与影响 （139）

第五节　雏形时期的中国近代高等商业教育特征 （142）
一　近代性逐渐显现 （143）
二　"会通中西"的课程设置原则 （144）
三　商业成为一门独立学科 （145）

第三章　近代高等商业教育制度的确立 （147）

第一节　中国近代高等商业教育制度确立的背景 （147）
一　近代商业体制的确立 （148）
二　近代商业思想的传播 （154）

第二节　"癸卯学制"建立的近代商业教育体系 （161）
一　分级教学，体现"高等"特征 （162）
二　分科教学，体现"商业"特征 （164）
三　前后相继，体现衔接特征 （164）

四　统一管理，体现规范特征 …………………………………… (165)
第三节　清末高等商业教育多样化的办学主体和
　　　　培养途径 …………………………………………………… (167)
　　一　国立高等商业教育 …………………………………………… (168)
　　二　公立高等商业教育 …………………………………………… (170)
　　三　教会办高等商业教育 ………………………………………… (171)
　　四　商会办高等商业教育 ………………………………………… (173)
　　五　个人办高等商业教育 ………………………………………… (175)
　　六　高等商业留学教育 …………………………………………… (176)
第四节　高等商务学堂——盛怀宣的高等商业教育
　　　　思想与实践 ………………………………………………… (178)
　　一　盛怀宣的高等商业教育思想 ………………………………… (179)
　　二　高等商务学堂——盛怀宣的高等商业教育实践 …………… (184)
第五节　清末高等商业教育的特征 ………………………………… (192)
　　一　规范制度得以建立 …………………………………………… (192)
　　二　学科体系初步形成 …………………………………………… (193)
　　三　中文教材开始出现 …………………………………………… (193)
　　四　投资办学主体多样 …………………………………………… (193)

第四章　民国时期高等商业教育的发展 ……………………… (195)
第一节　民初高等商业教育发展的背景 …………………………… (195)
　　一　时政背景 ……………………………………………………… (195)
　　二　经济背景 ……………………………………………………… (196)
　　三　教育背景 ……………………………………………………… (200)
第二节　民初实业教育改革中的高等商业教育变化 ……………… (205)
　　一　实业教育改革的原因 ………………………………………… (206)
　　二　民初高等商业教育改革的内容 ……………………………… (209)
　　三　民初教育改革对高等商业教育的影响 ……………………… (212)
第三节　"壬戌学制"与高等商业教育 …………………………… (214)
　　一　"壬戌学制"制定的背景——以职业教育为中心 ………… (215)
　　二　"壬戌学制"内容 …………………………………………… (221)

三 "壬戌学制"对高等商业教育的影响 …………………… (223)
　第四节　南京国民政府时期高等商业教育的进一步发展 …… (225)
　　　一 南京国民政府教育政策的调整 ……………………… (225)
　　　二 学校数量不断增加 …………………………………… (232)
　　　三 管理不断规范 ………………………………………… (239)
　　　四 上海商学院——民国高等商业教育发展变革的
　　　　 样本 …………………………………………………… (250)
　第五节　民国高等商业教育的特点 ………………………… (256)
　　　一 密切联系社会 ………………………………………… (256)
　　　二 办学形成特色 ………………………………………… (256)
　　　三 严控教学质量 ………………………………………… (256)

第五章　历史经验与启示 …………………………………… (258)
　第一节　中国近代高等商业教育的发展特点 ……………… (258)
　　　一 制度化不断增强 ……………………………………… (258)
　　　二 借鉴性和本土性同时并存 …………………………… (260)
　　　三 受商业政策与商业发展状况影响明显 ……………… (264)
　第二节　中国近代高等商业教育的成就与局限 …………… (264)
　　　一 成就 …………………………………………………… (264)
　　　二 局限 …………………………………………………… (268)
　第三节　反思与启示 ………………………………………… (269)
　　　一 办学模式多元化，学校发展各具特色 ……………… (269)
　　　二 资金来源多渠道，学校发展自由灵活 ……………… (271)
　　　三 政策制度倾斜实践，课业设计联系实际 …………… (272)

参考文献 ……………………………………………………… (274)

后　记 ………………………………………………………… (280)

导　论

自党的十四大以来，社会主义市场经济体制成为社会主义基本经济制度的重要组成部分，商业贸易的地位和作用日益突出，逐步成为一种对人们生活影响几乎是最为深刻的社会实践活动。商业人才作为商业贸易的关键要素，商业教育越来越受到社会的普遍关注。社会需求倒推商业教育高质量发展，培养高质量商业人才。然而高级商业人才队伍的数量和质量与当前社会需求和经济发展极不相称。借鉴古今中外的历史经验，完善当代中国的高等商业教育，是我国高等教育进行结构调整改革、促进经济社会发展的重要任务之一。通过详细梳理晚清以来高等商业教育传入中国后的发展历程，认真总结其中的经验和教训，不仅能丰富中国教育史学科的研究内容，更对促进当代中国高等商业教育的发展具有一定启发作用。

一　背景与作用

（一）背景

商业是人类社会生活中最为普遍的现象之一，商业教育也是人类社会中最为基本的教育之一。但是商业教育的存在形式与发展程度不仅受生产力水平的制约，也受人们对商业、商人的地位和作用的认识和看法的影响。中国几千年来一直处于以铁器为代表的农耕社会，经济的主要表现形式是自给自足的小农经济，因此，"重农抑商"的政策渗透到各个封建王朝的国家经济管理体系之中。在国家有意打压之下，"商"位于"士、农、工"之下的社会最底层的行业。受国家政策影响，民间对于商业和商人的看法饱含歧视之意，"无商不奸""无利不起早"成为人们根深蒂固的观点。鉴于国家对商业的忽视，民间对商人的歧视，中国传统的商业教育被完全排挤在用于选"士"的学校教育之外，它只能存在于民间的商号之中，以师徒制的形式存在。直至近代，面对西方列强的军事和经济双重侵略，以农业为基础的社会结构框架遭到破坏，机器设备带来的社会化大生产的变革推动了商品经济的飞速发展，也逐步颠覆了人们的原有认知。商业在近代工业社会发挥出前所未有的作用。"兵战不如商战"成为社会先觉者开始重新审视商业和商业教育的地位与作用的有力证据。在商业变革的时代浪潮背景之下，传统师徒制的商业教育方式已不能满足社会的需要，通过有识之士的有意推动，近代商业教育最初以职业教育的方式诞生，而这种职业教育具有某些高等教育的性质。归属到学校教育体系后，商业教育发生了根本性的质变，宏观上商业人才培养的目标不再局限于促进行业内部发展，而是与国家的宏观发展战略紧密联系起来，微观上教育教学各个方面都有规范统一的规定。在职业教育的基础上，商业教育逐步成为一门学科，有层次分阶段地发展起来。高等商业教育培养的人才不仅可以经商，还可以进入政府部门，"商人之子不得入仕"成为历史。近代商业教育的嬗变与其他专业教育发展相比具有一定典型性和代表性。研究商业教育能够更好地分析和理解同一历史背景下其他专业教育的发展历程。同时，商业教育的发展更具有独特的个性，仅用了百年时间，商业教育彻底颠覆了几千年固有形式，其所培养的高级商业人才彻底改变了社会地位，形成的近代商业直接影响国家的经济发展。研究和分析中国高等商业教育产生发展的历程，不仅要遵循教育本身的规律和脉络，还要拓展研究视野，结合时代和社会发展的需要，采用历史分析法，挖掘和探究高等商业教育的精髓和本质，为培养高质量的社会主义现代化高等商业人才服务。

（二）作用

丰富中国教育史学科的研究内容与领域。中国有几千年的古代教育史，却只有百余年的近现代教育史。因此，对中国教育史研究者来说，古代教育几乎是一个取之不尽用之不竭的资源库，为人们的研究工作提供了广阔的舞台。然而，从严格意义上来讲，当代中国各种类型和层次的教育都不是古代教育的直系后代，而是晚清以来移植西方教育的产物。要想为当代中国教育发展提供最有价值的理论指导和历史经验，必须重视近代以来各类教育萌生和发展历史的研究。同很多其他种类的高等教育一样，高等商业教育并不是从中国传统教育的母体中自然萌生和发展出来的一种现代教育门类，而是晚清国门被列强强行打开以后，随着西方资本主义经济的不断侵蚀，小农经济和传统商业经济的不断破产，在西学东渐的大背景下，中国教育界移植和模仿西方高等商业教育的产物。正因如此，它的产生与发展历程，与西方发达国家的高等商业教育发展历程明显不同，具有鲜明的中国特色。由于其历史短暂，到目前为止，中国教育史学界还鲜有人对其进行系统和专门的研究。本书以高等商业教育为特定领域和专门题材，详细考察其发生发展的历程，从中提炼有价值的经验与教训，不仅能够丰富中国教育史的内容，而且能用实际行动改变中国教育史研究领域和题材偏重宏观和整体的局面。

促进当代中国高等商业教育的发展。当代中国高等商业教育要想持续健康发展，必须学习西方发达国家高等商业教育的历史经验。这是因为现代高等商业教育首先出现在西方发达国家，具有悠久的发展历史，而且他们积累了不少的成功经验。学习他们的成功经验，对于我们在办理高等商业教育过程中少走弯路，实现跨越式发展具有重要的意义和价值。但仅仅这样是不够的。中国近代高等商业教育是在跌宕的历史中萌生出来的，其发展历程注定是曲折和艰难的。

比如，经过两次鸦片战争和中日甲午战争，中国的小农经济受到毁灭性打击，一直以来备受压制和鄙夷的商业逐步得到各阶层的重视。清政府推行"发展商务"的政策，不仅要振兴国内的商业贸易，也要与洋人打交道，发展国际贸易。然而由于语言不通，不熟悉国际贸易惯例和方式方法，常常不得不受制于买办和中间商，培养通晓商业的专门人才成了当务之急。于是，洋务派在外国语学堂中开设商务课程，既解决了无专门的商业教材、教师的困难，又培养出了最早的一批为己所用的商业人才，为后来商业专门学校的创设奠定了基础。这种做法，在西方任何国家的高等商业教育发展史上都是从来没有过的。

再如，民国初年，由于特殊的历史条件，中国经济得到了较快发展，商业贸易活跃，各类实业学校的商业教育也发展较快，但很多学生却面临着"毕业即失业"的困境。而目前我国实行改革开放的国策已逾40年，社会主义市场经济体制已经确立，国内外商业贸易每年都大有发展。与此同时，各类高等商业教育机构的数量也在不断增多，商学院成为各学校最常见的院系。大数据显示，2017—2022年中国高校毕业生经济学类（含商业）就业率分别为：91.70%、91.70%、90.00%、87.10%、85.10%、82.60%。与高等商业教育发展火爆相反的是，经济学类就业形势严峻。这种情况是否与民国初年相似？民国时期是如何通过改革改变这种状况的？这些问题只有通过深入研究中国近代高等商业教育发展史才能回答。

晚清和民国时期与当代中国不可同日而语，但当代同样面临着与世界发达国家的"商战"，同样面临着人们对商业作用和地位的再认识。当代中国高等商业教育也仍然肩负着如何通过培养目标、教育内容和教育方式等方面的改革，实现"国富民强""与列强竞雄天下"的重任。因此，认真研究本国近代高等商业教育的发生发展过程，从中总结出有价值的经验和教训，对促进当代中国高等商业教育的稳健发展具有不可替代的现实价值。

具体来说，以近代中国高等商业教育为研究对象，研究其在不同的历史背景下，产生、发展的状况。以学制、课程、师资、管理等为内因，以商业发展为外因，采用内外因相结合的研究方式，对中国近代高等商业教育发展历程进行梳理、分析和总结，力图为解决当今高等商业教育发展中遇到的困难找到解决思路。

二　内涵与范畴

（一）商业

"商业"一词的使用在我国源远流长，始于原始社会简单的物物交换，所以通常以贸易的意思使用。《汉书·食货志》中写到"通财鬻货曰商"，《白虎通义》中将"商"定义为"章其远近，度其有无，通四方之物"。商业不是从来就有的社会现象，而是商品经济发展到一定历史阶段的产物。商业产生需要具备一定的条件：第一，社会分工。不同的生产者分别从事不同的产品生产；第二，生产资料和劳动产品归不同的所有者所有。社会分工使生产者不可能只依靠自己的劳动产品满足自身全部需求，而劳动产品也必须通过与不同生产者相互交换才能获得自身的满足。以交互为生产目的的劳动产品就成为"商品"，以商品生产和商品交互的存在与发展为前提的产业被称为"商业"。商业的产生，标志着人类社会出现了第三次社会分工。

商业作为一个历史范畴，它随着商品生产和交互的发展而产生、发展，当然也将会在一定历史条件下消亡，"商业"的内涵也因历史的发展而不断扩展。商业产生于原始社会中后期，在中国经历了由原始社会商业到社会主义社会商业等不同阶段的嬗变。随着生产力的发展，商业活动空间不断扩展，交换的形式渐趋复杂，从而产生了专门从事商业活动的阶级——商人。而交通工具的发展，也使得商业活动从邻近部落间的交换活动发展到现代社会国家之间频繁的贸易往来。

在近现代社会，商业一般分为对外贸易和国内商业两类。中国古代社会以国内贸易为主，虽也有对外贸易，但规模较小、以个人名义进行，对社会主流的商业贸易发展影响不大因而可忽略不计。直到近代社会，"闭关锁国"局面被强行打破，中国的对外贸易才逐步发展起来。人类社会最初出现商品交换是物物交换，中间没有任何交换媒介，随着生产力发展，商品交换的种类、数量增多，交换范围扩大，物物交换的缺陷越来越突出。最终出现了媒介作用的一般等价物，而固定为一般等价物的金、银就被称为货币。货币的出现使物物交换多了一个环节，即商品—货币—商品。

以机器为标志的生产力，使近代社会商业包罗的范围更加广泛，1914年清政府颁布的《商人通例》将商业的范围划分为：买卖业；赁贷业；制造业或加工业；供给电气、煤气或自来水业；出版业；印刷业；银行业、兑换金钱业或贷金业；承担信托业；作业或劳务之承揽业；设场屋以集客之业；堆栈业；保险业；运送业；承揽运送业；牙行业；居间业；代理业共十七种类型。可见，商业在社会再生产过程乃至整个社会经济生活中起着特殊的桥梁和纽带作用，它既与农工业等社会物质生产部门不可分割，又与金融、交通运输紧密相连。商业不仅促进了社会物质生产活动，也发展了整个社会的消费业、服务业。商业渗入社会的方方面面，从偏远农村到繁华都市，从个体生存到行业发展，在近现代社会中起到了难以取代的地位和作用。

（二）商业教育与高等商业教育

"劳动创造人本身"是马克思所强调的劳动创造人类的定论。这句话表明：在人类这种创造性的劳动中，不仅开启了人类种群的智慧，还触发和推动了人类社会的物质文明和精神文明。教育始终伴随着这一过程，并在其中体现出重大的作用。它既是维系人类生存繁衍的手段也是人类传播知识文化及生产、生活技能的途径。"在原始人类开始制作出第一件劳动工具、并将这种工具的制作操作技术传授给他人，或对于他人的劳动过程的观察目击而有所感悟，教育的现象便自然产生了，这既包括意念的因素，又属于本能的行为。"①

而教育行为伴随着这一劳动过程始终，并在其中体现出了重大的作用。教育包含的所有行为——无论是制作工具，有意无意地传授，有意无意地学习，还是自身的感悟，都反映了人类最初的智力活动和知识传播途径。远古时代的教育，也正是这一过程的反复，教育便成为人类生存和种族延续的必要手段。

我国古代商业教育存在两种形式，一种是以家庭为单位的家庭教育，另一种是在家庭教育方式的基础上发展而来的学徒制。学徒制突破了单个家庭的限制，不但能使技艺水平流传更广，还能促进行业发展。这使得它成为近代商业学校出现前的主要教育方式。商业发展在中国封建社会受到上千年的压制，一直没有形成大的规模，"商业规模狭小，组织简单，贩路不出乎一地，市场无模范的经营"②，学徒制因其符合小规模商业经营的现实状况所以一直沿袭到近代。学徒制是一种古老的职业训练方法，学徒在店掌柜或资深店员的言传身教的指导下，学习经商的技术和技能，"从司酒、敬茶、侍奉掌柜的杂务训练到记账、珠算、识别货品、鉴认金银品色的专业培训"③。学徒制的经商能力在现实中得以培养，"于不知不识之间，逐渐明晰买卖的要务，通晓商品需供之实际，理会商业经营之缓急"。而"徒弟与主师，亲若父子，俨然家族。彼此之间，于道艺外，犹多密切感情"④。这种因长期生活在一

---

① 史仲文、胡晓林：《中国全史》教育卷，中国书籍出版社2011年版，第5页。
② 商会联合会：《各商会商人应留意商业教育》，《全国商会联合会报》1915年第9—10版。
③ 吴玉伦：《近代商业教育在清末的兴起》，《集美大学学报》2008年第2期。
④ 商会联合会：《各商会商人应留意商业教育》，《全国商会联合会报》1915年第9—10版。

起逐步培养起亦师亦父的情感，使得学徒在日常生活中可以通过观察、模仿师傅的经商技艺的学习方法，打上了当时商业发展水平的时代烙印。

近代社会两次鸦片战争，使中国通商口岸达到数十个，大量洋货倾销到中国，国民经济受到毁灭性打击。尤其是中日甲午战争中国的战败，使得以新兴资产阶级为代表的知识分子和开明绅士清楚地认识到"兵战不如商战"，抵御外敌侵略不仅要"强兵"，更要通过大力发展民族资本主义工商业达到"富国"的目的。晚清政府也意识到这一点，改变了传统上对商业压制的政策，放松了对工商业的控制，变"抑商"为"恤商"，提倡"振兴商务""恤商惠工"。然而国门刚启，"中国商学素未研究，商智锢塞，商才消乏"，遑论发展民族资本主义工商业。中国古代传统商业教育中"扫洒应对进退之礼"的学习形式与内容已不能满足和适应近代商业发展的需要。"商战不如学战"，在外来势力严重冲击之下发展起来的工商事业，对商人的数量和素质提出了新的要求。如何培养具备近代商业知识的人才成为迫在眉睫的要务。郑观应首先提出发展商业教育，建议学习年限为三年，设置商务、银行、钱法、钞法四艺。"他也是第一次主张设立商科大学的人。"① 这表明社会有识之士积极提倡商业教育。

19世纪在世界范围内，随着工业革命的爆发，机器被广泛应用于社会生产中，商品流通的源头生产领域——工业因实现近代化而发生巨变，处于流通领域的商业也发生了根本性的变革。金融、保险、银行等一些新兴的商业形式发展起来。简单的商业知识与传统的传授方式已不能适应商业发展的需求。12—13世纪在欧洲相继建立的以"文、法、神、医"为主的大学，逐渐引入新的教学内容。工业革命后，商业发展所需的商业人才种类和层次是多种多样的，近代教育发展日益迅速，一批新式的学校逐步建立起来，商业教育逐渐形成由公办到民办、从初级到高级的不同层次、不同科类、不同形式的体系，满足了商业发展中对不同层次人才的需求。

清末实行新政以后，借鉴这一套教育系统，在中国近代史上第一个

---

① 刘秀生：《中国近代商业教育的发展》，《北京商学院学报》1994年第1期。

颁布实施的"癸卯学制",将商业教育纳入初、中、高各级学校的教育内容中,商科成为大学的分设七科之一。至此,商学教育被归入中国学制系统之中。

民国时期,商业包含的内容更加丰富,涉及经济、法律、管理、财会、贸易等各个学科领域。"壬子癸丑学制"下商业教育作为一门学科,涵盖了大约30门课程。这些课程为各类商业活动培养专业人才和提供智力支持。它们不仅覆盖了从初级到高级的学校教育体系中的商业专业教育,也包括了由社会力量创办的非学校体系的各级各类商业教育。本书涉及的商业教育主要是学校体制内的专门教育。"高等商业教育"是在初等、中等商业教育的基础上,培养不仅能掌握高深专业知识,且能引领商业发展的创新型人才的教育。

(三) 商学与经济学

目前学界对"商学"的内涵与外延没有一个统一确定的结论,而且对于"商学究竟是不是科学,是什么科学"缺乏充足的论证,普遍认为"仅仅是包括经济、管理、金融、会计等商业相关内容的学科泛称而已"[1]。如吕有晨在《商学导论》中对商学进行定义时绕开了商学研究对象,从商学的目的出发,认为它是"商业实践活动的反映和理论上的概括,并用以指导商业实践的理论和方法体系"[2]。他还做了进一步说明,"商学是随着商业实践活动的产生和发展而逐渐形成和发展起来的一门科学。商业实践活动是商学研究的基本内容;商业实践活动的发展是商学发展的基础。只有不断总结商业实践活动的运动规律、经验和教训,商学才能逐渐完善和发展起来。商业及商业实践活动的客观存在决定着商学的基本内容体系"[3]。同时他也提到,商学的研究对象目前还没有形成一个完整而科学的表述,商学应该以社会商业实践活动为研究对象,要研究经济学科诸如经济制度等方面的某些内容,并说明商学与经济学有某些交叉的地方。

"商学"早在清末就被广泛提及,在"壬寅癸卯学制"中,将"商

---

[1] 杨艳萍:《近代中国商学兴起研究》,经济科学出版社2012年版,第1—2页。
[2] 吕有晨主编:《商学导论》,吉林人民出版社1997年版,第3页。
[3] 吕有晨主编:《商学导论》,吉林人民出版社1997年版,第3页。

科"设为大学的七科之一,并设"商科大学",在实业学堂中设"商业学堂",在上述二者中广设商学课程。民初的"壬子癸丑学制"中规定对各商科院系或商学院的毕业生授学士学位。但清末对商学的理解比较笼统,认为与"商务"有关的学问就是商学。随着西方相关知识的引入,学科进一步细化,社会开始从学科的角度出发来理解商学。1915年《辞源》将"商学"定义为:商业上应用之学问,如商业专门学校及大学商科之各学科皆是。①

"商学"与"经济学"的分化开始出现。有人将经济学定义为"国家理财之义",从经济活动过程出发,提出经济学是"人类取得使用之各种货财,以渐次满足其想望,生出各活动情势。简言之,就是关于货财之生产、交易、分配、消费之一切行动也"。② 还有人从经济学的内容出发,提出经济学就是"研究社会上各种经济现象之法则也"。③ 民国时期将经济学放在法学下也是出于这个理解。也就是商学主要是实际应用之学问,而经济学主要是理论研究之学问。

三 时空与层次界定

(一) 时间的界定

史学界将中国历史阶段划分为古代、近代、现代三个阶段。对中国近代史起始年限,著名美籍华人史学家徐中约的《中国近代史》④ 对此做了专门论述。该书认为如何划分中国历史阶段有两种不同的观点。一种是马克思主义历史研究者,将1840年鸦片战争定为中国近代史的起点,这场战争标志着外国帝国主义侵入中国的开端,它将中国拖入了半封建半殖民地的深渊。另一种是中国较为传统的史学家,将中国近代史的起点提早了200年,定为1644年前后清兴起时。原因就在于中国在1840年后的许多重大历史事件皆与满清政权建立时确立的政治制度有很大的联系。很多西方学者也赞成这种观点。本书根据商业教育自身存

---

① 方毅等编校:《辞源》丑集,商务印书馆1915年版,第74页。
② 佚名:《商业经济学》,《湖北商务报》第87册,1901年1月22日。
③ 佚名:《最新经济学》,《大陆报》第1年第5号,1893年4月。
④ [美]徐中约:《中国近代史》,计秋枫、朱庆葆译,香港中文大学出版社2005年版,第4页。

在的规律将上限定为1840年鸦片战争为始。

近代史下限的划定在业界也存在较大分歧。之前学术界以1919年"五四运动"的爆发作为中国近代史的下限，但近年来更多人倾向于1949年新中国成立为下限。马克思主义哲学告诉我们，社会存在与社会意识不完全同步，社会意识具有相对独立性。教育的发展以社会发展为前提，由于二者自身速度的不协调性对教育的年代划分与社会史的年代划分略有不同。本研究将近代高等商业教育的上限定于1840年鸦片战争之后，下限定于1937年抗日战争全面打响之前。日军侵华以及内战，使包括高等商业教育在内的中国教育受到战争的影响，所以没有作进一步研究。由于历史发展的延续性和不可间断性，本书在论述时对上下限做了适当延伸。

在向西方学习近代教育之初，人们对近代教育只有懵懂的概念，既无前人办学经验可以借鉴，又缺少近代课程为支撑，更重要的是缺乏相关学历层次的生源。直至1922年"壬戌学制"颁布实施。"壬戌学制"是中国近代教育史上的里程碑，它充分吸取了前人的经验基础，借鉴西方各国办学特色并结合中国国情，经过社会各界民主讨论而制定。商业教育体系系统化和制度逐渐形成，出现了正规高等商业学校。

1927年南京国民政府成立以后，实现了对全国的控制。国民党对教育的管控日益加强，包括开展向教会收回教育权运动，要求包括教会学校在内的中国境内所有教育机构都必须执行教育部颁布的教育标准，接受教育部的管理。这一举措成为中国教育管理体制现代化的重要标志。

1927—1937年的十年中，由于国内社会政局相对稳定，国民政府对教育的投入与以往相比有所增加，教育体制不断完善，在社会各界人士、教育家、学者的努力下，各级各类教育都有了显著的发展。

（二）空间的界定

自1840年鸦片战争后，至1937年抗日战争爆发前将近100年的时间，中国经历了由封建社会到半殖民地半封建社会，由旧民主主义革命到新民主主义革命的巨大变化。国内军阀割据，政权更迭，先后由清朝政府、民国南京临时政府、北京政府、广州护法政府、广州国民政府、武汉国民政府、南京国民政府并起执政。这些政权对我国高等商业教育都产生了或多或少的影响。同时，受半殖民地半封建社会性质的影响，我国高等商业教育存在诸如教会等外国势力渗透的影子，因而一并纳入本书研究范围。

综上所述，本书试图研究1840—1937年在中国政府管理下我国高等商业教育自主办学的规律和经验，由于研究时间、本人精力、相关材料搜集等因素的限制，本书的主要研究对象是中央政府管辖下的高等商业教育，主要目的在于对当今高等商业教育发展有所裨益。另外兼及论述教会教育对我国高等商业教育的影响。而同一时期内的港、澳、台地区的高等商业教育发展状况则不在本书的考察和讨论范围之内。

(三) 教育层次的界定

由于中国近代商业的发展不是在母体中自然产生的，其发展与我国生产力水平不相适应。为商业提供人才培养的近代商业教育，亦是从西方引进而来。与近代教育相比，我国传统教育以培养官场后备力量为目的，考试内容以"四书五经"为主。其他科目为社会主流所鄙夷，几近停滞，与近代世界发展水平有很大差距。洋务派最初引进并建立具有近代意义的学校体系后，我国既无近代商业教育知识与经验的师资，又无受到近代系统教育的生源。这些新式学校由于缺乏相关理论与实践的支撑，无论是教育培养目标还是教育内容，高等教育与中等教育的定义相互交叉，无法完全厘清。

从绝对意义上来说，参照现代学科专业标准，洋务运动时期的高等商业教育大致属于中等专业性质的教育。但进一步考察教育科目，对其教育层次进行归类还有一定难度。因为依据当时各种史料记载，在高等教育层次的科学理论和专业技术课程之外，还包括很多初级课程如"数理启蒙""代数学"等内容的学习。这充分说明了当时商业学校教育层次的模糊性。但历史唯物主义告诉我们，分析历史事件要依据当时的历史背景，不能用现代的眼光去苛求、评价历史事件。而从相对的意义来说，考虑到当时我国历史、社会文化及教育背景，将洋务运动时期的商业教育归结为高等教育是毋庸置疑的。

四 现状与依据

（一）现状

1. 商业教育史著作

商业教育在国民政府时期数量与规模已经达到一定程度。当时的业界学者与教育工作者便注意到这一现象并出版了相关著作。如民国时期私立复旦大学商学院院长李权时著有《商业教育》（商务印书馆1933年版），是目前已知的国内最早一部系统研究商业教育的著作。该书分六章介绍了商业教育的分类。该书首先从经济的教育观入手，认为教育是"一种生产，乃因其能增加国民经济之生产力"，与教育为"私人之发大财做大官"的传统教育观有极大区别。进而论述了商业教育的性质，作者提出商业教育"即为增加国民生产力之教育"，"是职业教育之一"。① 作为商业教育中的一部分，书中第五章"高等商业"教育中分述了"高等商业教育之原则""各国及我国之高等商业教育""高等商业教育之实施"三个方面内容。高等商业教育与初等、中等商业教育的区别在于，它的培养目标是"能为商场之领袖人物"，为此不仅要在专业上注重培养专业的特殊技能与商业领袖的特长，也要在创造能力和耐劳品德上加以训练。在与德国、美国、英国、法国、日本等先进发达国家进行对比之后，描述了我国高等商业教育的现状，并分析了当时高等商业教育存在的如"训练不严格""学科不充实"等方面的不足。② 文中对近代高等商业教育的内容未有涉及。同年，潘文安、喻鉴清著《中国商业教育》（南京书店1933年版），书中讲述了中国商业教育的过去与未来，并从商业教育的教学入手，介绍了包括课程、调查、实习等相关内容。

随着抗战爆发，教育研究被迫中断。只有台湾学者袁福洪著有《商业教育之理论与实施》（台北世界书局1977年版）一书，作者首先回顾了我国商业教育的起源与发展历程，从商业教育的科学化和标准化角度出发，通过对商业教育的课程、学习指导与评量的分析，提出商业教

---

① 李权时：《商业教育》，商务印书馆1933年版，第11—13页。
② 李权时：《商业教育》，商务印书馆1933年版，第73—93页。

育的人才培养目标是"培养企业管理与各类行业之专业基层人才"。为达到这一目标，需要对教学活动的要素：教师、学生、学习施以专业的指导与评量。文中虽涉及近代商业教育，但篇幅较少。

20世纪90年代，我国在改革开放的20年里，政治、经济、文化等各方面都取得了一系列的成果，商业也突破原有观念迅速发展起来。商业发展带动了商业教育的发展，各种研究成果应次而生。

首先，实业、职业教育研究。无论是清末民初的实业教育，还是1922年"新学制"下的职业教育，都将初、中级商业教育包含在内。因而在这方面进行的研究主要有：吴玉奇《中国职业教育史》（吉林教育出版社1991年版）；李蔺田、王萍《中国职业技术教育史》（高等教育出版社1997年版）；刘桂林《中国近代职业教育思想研究》（高等教育出版社1997年版）；吴玉伦《清末实业教育制度研究》（教育科学出版社2009年版）；以及吴洪成《中国近代职业教育制度史研究》（知识产权出版社2012年版）。这些研究中粗略涉及了中国近代的初等、中等商业教育，对高等商业教育未有介绍。

其次，近代地区商业教育研究。常国良著有《近代上海商业教育研究（1843—1949）》（黑龙江大学出版社2008年版）；赵永利著有《教育变革与社会转型——近代上海高等商科教育活动研究（1917—1973）》（华中科技大学出版社2011年版）。虽然二者以上海地区为研究空间，但常国良主要对商业的学校教育及社会教育，进行了细致的梳理，对上海商业教育的产生、发展及相关的社会背景进行了全面的介绍。而赵永利的研究着重于上海的高等商业教育，并且以列举方式说明了不同的办学主体的专科商业教育，如以国立上海商学院为代表的国立高等商科教育活动；以复旦大学为标本的私立高等商科教育活动。另外作者还呈现了上海一些知名综合性大学如暨南大学、沪江大学与上海交通大学中的各具特色的商科教育、教学活动。这对本书研究高等商业教育在全国经济中心的集中发展大有帮助。

同时在个案研究方面，有王立诚的《美国文化渗透与近代中国教育——沪江大学的历史》（复旦大学出版社2001年版）及李翠莲的《留美生与中国经济学》（南开大学出版社2009年版），两位作者分别以沪江大学、南开大学为个案，对其商科教育、课程教授方法的研究进行了有益尝试。

最后，在一些中国教育通史、专题史或断代史的著作中，或关于晚清以来的社会史研究著作中，对本书中的很多问题都有直接或间接程度的涉及。如毛礼锐、沈灌群主编的《中国教育通史》（山东教育出版社1988年版）中第四、五卷；王炳照、阎国华主编的《中国教育思想通史》（湖南教育出版社1994年版）第五、六卷；夏东元撰写的《洋务运动史》（华东师范大学出版社2010年版）都属于这一类。这些著作中的相关内容，对于了解前人既有研究结论和成果，及调整自己的研究重点都有重要的参考作用。不过由于关注点或写作目的不同，囿于篇幅或精力的限制，上述著作中论述较为零碎，仅作为参考。

2. 商业教育史论文

对商业教育史进行研究的论文包括以下种类。

（1）对商业教育的全面研究

刘秀生教授从学理层面探讨商业的近代缘起及中国近代商业学校体系的形成，写了一系列相关论文：《中国近代商学教育的发展》（《北京商学院学报》1991年第1期），《中国近代中初级商业专门教育》（《北京商学院学报》1994年第2期），《中国近代高等商学教育》（《北京商学院学报》1994年第3期）。这一系列论文以学制为研究对象，详细介绍了商业学校教育体系的变迁。尤其是在《中国近代高等商学教育》一文中，作者首先以学制为主线，分析了高等商业教育体制的演变。认为高等商业教育始于"壬寅癸卯学制"，民国后颁布的"壬子癸丑学制"与"壬戌学制"使高等商业教育在学科课程设置与学习种类方面不断发展完善。① 作者分别列举了高等商业学堂和商业专门学校以及大学商科的课程设置，并提出了我国高等商业教育具有专业设置广泛、增设课程灵活等特点。

此外还有严昌洪教授的《近代商业学校教育初探》[《华中师范大学学报》（人文社会科学版）2000年第6期]；王晓东教授的《关于我国高等商科教育发展的思考》（《商业经济与管理》2002年第12期）；吴玉伦的《近代商业教育在清末的兴起》[《集美大学学报》（教育科学

---

① 刘秀生：《中国近代高等商学教育》，《北京商学院学报》1994年第3期。

版）2008年第2期］；郑淑蓉、吕庆华的《中国商学教育的历史演进》（《天津商业大学学报》2011年第3期），进行了相关研究。

（2）商业教育地区性研究

该类型的研究有：2010年，暨南大学曾金莲的硕士学位论文《广东地区大学商科教育研究（1924—1937）》；2012年，天津师范大学郑成伟的硕士学位论文《近代天津商业教育研究》；2015年，山东师范大学马进修的硕士学位论文《民国时期华北商业教育研究（1912—1937）》。

（3）个案研究

该类型的研究有：朱华雄、杜长征的《中国近代商学教育的早期尝试与挫折——以武昌自强学堂为中心》（《高等教育研究》2012年第11期）；常国良、张稳健的《从沪江大学看近代上海高等商业教育的办学路向——兼论教会大学中国化》［《山西师大学报》（社会科学版）2008年第4期］。

以上三种类型的研究对本书有很大启发，其研究结论和问题的思路与方法，以及文章中所包含的文献资料对本书的研究有重要作用，使作者对中国近代高等商业教育发展中的单一性与整体性有了更为清晰的理解。且对考察中国近代高等商业教育与其存在和发展的基础之间的关系，都具有重要作用。

（二）依据

文献史料是本书重要的研究依据。本书以清末民初教育史料汇编为文献依托，以国内史料汇编中涉及的有关中国近代高等商业发展相关的资料为辅助，相关依据如下。

1. 商业教育史资料

（1）从洋务运动到1922年"新学制"史料

多贺秋五郎《近代中国教育史资料》（海文出版社1976年版）包括清末篇，民国上、中、下篇共4册之清末篇、民国上篇；舒新城主编的《中国近代教育史资料》（人民教育出版社1981年版）共计3册；陈学恂主编的《中国近代教育大事记》（上海教育出版社1981年版）共计1册；朱有瓛主编的《中国近代学制史料》（华东师范大学出版社1983—1993年版）共四辑9册；陈学恂主编共计3册的《中国近代教育史教学参考资料》（人民教育出版社1986—1987年版）；陈元晖主编的《中国近代教育史料汇编》（上海教育出版社1991—1997年版）共11册，其中有《学制演变》《鸦片战争时期教育》《洋务运动时期教育》《戊戌时期教育》《高等教育》《实业教育》《师范教育》《教育思想》《留学教育》《教育行政机构及教育团体》等分册。

上述资料汇编中包含了大量近代中国从洋务运动至民国初期高等商业教育发展情况的文献，内容包括高等商业教育的制度、管理、课程、教学、思想、时人的评论等各个方面。上述资料的时间下限厘定在1922年"新学制"颁布之时。

（2）民国初至1937年抗战爆发前史料

主要有：民国教育部编《第一次中国教育年鉴》（上海开明书店1934年版）；民国教育部编《第二次中国教育年鉴》（商务印书馆1948年版）；邰爽秋编《历届教育会议议决案汇编》（教育编译馆1935年版）；多贺秋五郎《近代中国教育史资料》（海文出版社1976年版）包括清末篇，民国上、中、下篇共四册之民国中篇；中国社会科学院近代史研究所中华民国史组编《中华民国史资料丛稿大事记》（中华书局1978年版）；李桂林编《中国现代教育史教学参考资料》（人民教育出版社1987年版）；宋恩荣和章咸主编《中华民国教育法规选编（1912—1949）》（江苏教育出版社1990年版）；周予同著《中国现代教育史》（上海书店1990年版）；李国钧、王炳照总主编《中国教育制度通史》（山东教育出版社2000年版）共8卷其中第7卷；中国第二历史档案馆印行《中华民国史档案资料汇编》（江苏古籍出版社2000年版）教育分册之第三辑；刘英杰主编《中国教育大事典（1840—1949）》（浙江教育出版社2001年版）；叶立群、吴履平主编《中国近代教育论著丛书》（人民教育出版社2004年版）；根据国家图书馆馆藏编辑的《教育部文牍政令汇编》（全国图书馆文献缩微复制中心2004年版）。这些史料都包含了民国时期近现代高等商业教育发展过程中的诸多史料，对本书具有重要价值。

武汉大学、上海交通大学、西安交通大学、复旦大学、北京大学、南开大学、河北大学等许多高校编辑出版的校史资料汇编或校史中，包含了不少这些学校商业教育历史发展的相关资料，也是本书的重要参考文献。

2. 相关史料

近代高等商业教育的发展不仅与教育自身发展有关系，也与社会史、经济史、商业史及思想史有密切关系，相关的著作和史料不仅是本书重要的背景和辅助资料，也能爬梳其中可能疏漏的重要史料，可作为本书的参考资料。

（1）社会史

郭廷以《近代中国史纲》（格致出版社2009年版），作者从中外交通入手，阐述中国近代社会如何被历史的大势推至"数千年未有之变局"，悉心描摹近代社会中外力量之角逐、中央和地方权力之消长，及权势人物和社会精英在政治、外交等领域的种种图存之努力。成为本书全方位了解中国如何在内外交迫的情势下，经历了百余年的震荡、动乱及嬗变之重要资料。

李延明、吴敏、王宜秋的《近代中国社会形态的演变》（安徽大学出版2010年版），其中的清代分卷与民国分卷；史仲文、胡晓文的《中国全史百卷本》（中国书籍出版社2011年版）政治卷，都介绍了清末、民国的社会政治特征与社会矛盾，对本研究的政治背景分析具有重要参考价值。

（2）经济史及经济思想

经济史主要有：吴申元主编《中国近代经济史》（上海人民出版社2003年版），张九洲的《中国经济史概论》（河南大学出版社2007年版）。

经济思想主要有：赵靖、易梦虹编写的《中国近代经济思想资料选辑》（全3册）（中华书局1982年版）；侯厚吉、吴其敬主编的《中国近代经济思想史稿》共三册（黑龙江人民出版社1984年版）。上述几部著作以历史为脉络，论述了鸦片战争前后的中国近代财政、近代对外贸易等情况以及经济学家的经济思想。

（3）商业史及商业思想

龙碧秋主编的《中国近代商业史话》（中国商业出版社1991年版）研究了商业发展情况；马敏、付海晏的《中国近代商会通史（1902—1911）》（社会科学文献出版社2015年版）共四卷，其中第1卷在商会发展背景中介绍了商业政策；王相钦的《中国近代商业史稿》（中国商业出版社1990年版）与吴慧主编的《中国商业通史》（中国财政经济出版社2004年版）共5卷其中的第五卷，研究了商业及商业思想。这些材料都为翔实本书相关内容提供了有力的支撑。

综上所述，虽然目前学界对商业教育研究取得了一些成果，但与其他学科教育史研究相比，对中国近代高等商业教育在内的研究还相对薄弱，现有的研究成果与商业教育在近代史上出现的重大发展转折（由自发零散的学徒制向规范化的学校教育转变），及其曾经在社会变革中发挥的巨大作用极不相称。

具体来说，首先，研究广度过窄。在波澜壮阔的近代历史背景下，高等商业教育的资料显得过于零星与稀疏。所以高等商业教育现有的成果多集中于地区与学校个案的研究与分析，而缺乏对高等商业教育在中央政府管辖下的全国范围内宏观发展过程的梳理与剖析。如严昌洪教授在《近代商业学校教育初探》一文中所感："商业院校学者也多局限于本校历史的研究，较少涉及全国范围的商业学校教育。"[①]

其次，研究内容过于就事论事。台湾学者袁福洪在《商业教育之理论与实施》中分析商业教育时，提出"商业教育包含有商业与教育两个要素"，是"二者调和的结合"。[②] 也就是说商业教育的发展变化，固然有其自身的规律和特点，但同时也与商业，甚至政治、文化以及人们的观念密切相关。以往研究过多集中到商业教育本身的管理、教学、师生等方面的内部情况的定向描述，而缺乏对外在因素的引入导致内部机理动荡的过程分析，所以研究显得过于单薄。商业教育在近代之所以出现重大转折，完全是社会骤变所引发的结果。若将这些外部因素作为背景，进而分析商业教育，则更能完整立体地明晰近代商业教育产生发展的动因与过程。

由此可见，包括高等商业教育在内的近代商业教育在研究内容和研究方向上仍有很多的空白需要填补。

[①] 严昌洪：《近代商业学校教育初探》，《华中师范大学学报》（人文社会科学版）2000年第6期。

[②] 袁福洪编著：《商业教育之理论与实施》，台北世界书局1977年版，第1页。

第一章

中国近代高等商业教育的渊源

从 15 世纪末的世界地理大发现开始，欧洲诸国不断向海外扩张。从 17 世纪到 19 世纪，在工业革命的助推下，西方各国相继完成了社会政治经济制度变革，全球市场逐渐形成，而闭关锁国的中国清王朝对此却一无所知。1840 年，英国因对中国的鸦片贸易受阻，派遣坚船利炮来中国，中英鸦片战争爆发。战争以资本主义的英国胜利、封建主义的中国失败而告终。战后签订的中英《南京条约》除了要求中国向英国割地、赔款，还强迫中国开放广州、上海等五处通商口岸，准许中英商人之间自由贸易。从此，中国自给自足的小农经济以及与之相适应的传统商业，在列强近代工商业经济的强大攻势下不断走向凋敝和败落。第二次鸦片战争尤其是圆明园的熊熊大火，加速了中国传统经济的衰落进程，也彻底打消了统治阶级尚可继续苟安的侥幸心理。为了免于灭亡，应对"数千年未有之变局"，中国人被迫开始学习西方近代的工业生产方式和商业贸易模式，并在此过程中逐渐发展起近代性质的工商业教育。

中国的近代商业教育不是本土传统商业教育自然发展变革而来的产物，而是古老中国被列强强行拖进近代世界、新商业观形成以后移植和模仿西方商业教育的产物。同时，它毕竟是在中国大地上举办的一种教育，不可能完全不受几千年农业社会中自发形成的传统商业教育的影响。

第一节　中国近代高等商业教育的本土滥觞

商业教育产生的前提和基础是商业、商人、商品的出现。根据已有的史料记载，早在商代，随着物资交换的复杂化，一批生产者和消费者之间的专业中介人产生了。至西周晚期商人成为重要的社会成员，"商民"的称呼出现于文献中。自出现了商业、商人、商品这些基本要素以后，中国古代的商业教育就开始产生并随着历史的发展而逐渐发展。其教育的内容、方式方法和手段与其他国家和民族的传统商业教育相比既有共同点，又有着鲜明的民族特色，这主要与商业、商人在中国的特殊地位与处境有密切关系。首先，传统专制政权为维护作为其统治之本的手工农业，无论哪个朝代均对商业的发展都采取压制政策。其次，商人虽逐渐发展为独立的阶层，但社会地位始终低下。"工商不得入仕"，甚至专门限制商人衣饰与车马等级。

然而，任何正常的社会毕竟是不可能离开商业而存在的。经过两千多年的发展，中国传统商品交易不仅种类逐渐丰富，而且涉及区域也随着交通的发展逐步扩大。中国传统商业教育就是在这种特殊的条件下逐渐发展起来的。

一　中国传统商业教育的形式

中国传统的士大夫文化讲究"重义轻利"，而商业天性是追逐利益，因此，商人处于"士、农、工、商"的末位，商业知识的教育更是不会纳入正统的学校教育，因而传承商业知识和技能的方式只能通过社会教育。在商业行会出现之前，商业教育的形式以家庭教育为主；行会产生后，受商业家庭教育的人数远远满足不了相应的需求，学徒教育逐步发展起来，成为商业教育的主要形式。

春秋时期，辅佐齐桓公称霸的管仲曾提出"四民分业定居"的治民思想，即"处工就官府，处商就市井，处农就田野"。对于商人，则"令夫商，群萃而州处，察其四时，而监其乡之资，以知其市之贾

（价），负、任、担、荷，服牛、轺马，以周四方，以其所有，易其所无，市贱鬻贵，旦暮从事于此，以饬其子弟，相语以利，相示以赖，相陈以知贾。少而习焉，其心安焉，不见异物而迁焉，是故其父兄之教不肃而成，其弟子之学不劳而能。夫是，故商之子恒为商"。① 也就是说，商业教育的方式是"父兄之教，传之子弟"。教育的内容是"观凶饥，审国变，……料多少，计贵贱，以其所有，易其所无，买贱鬻贵"。这种家庭教育形式在中国存续了数千年时间，成为中国传统商业知识和技能流传的重要途径。

宋元明清时期，中国的封建社会开始由盛转衰，资本主义经济的萌芽和成长，使手工业和商业的发展急需规范化和制度化，这时具有自我保护功能的同行业组织"行会"便应运而生。行会通过控制和管理，对内消除同业者的竞争，对外维持本行业的垄断地位，使行业内的小手工业者和小本商人能够在简单的条件下维持生产和生活。行会对从业人员准入以及生产规模、过程、价格、工资、原料、市场等方面都逐渐形成了一套较为规范的管理制度。

行会的出现使原来以家庭为单位的职业教育有了行业组织的指导和约束，并逐渐发展出师徒制的教育形式。如山西盐商范硫殡"亲族内外从其者数十百人"，以学徒制传授职业技能，"口授指画，虽身其地弗能察其虚实，数千里外无遁情"②。行会对商业知识和技术的传承，发挥了重要的作用。行会内传授的技术，多是世代相传的技艺，几乎不落旁人，由此来保证技艺的独有性，保护本行业成员的利益。因此，行业内师徒的传艺也形成了一套规制，在行业内作为约定俗成的教育制度。

学徒教育的主体是师傅，客体是学徒。成为师傅必须精通商铺运行的各个环节，必须是行业的技术能手，而且要品行高尚。而要成为学徒也要满足一定的条件。比如必须是本地人，湖南长沙《漆铺条规》规定"新带徒弟，我等同人，不传别府别县之人为徒，违

---

① 左丘明：《齐语·管仲对桓公以霸术》，《国语》卷六，上海古籍出版社2015年版。
② 丁钢主编：《近世中国经济生活与宗族教育》，上海教育出版社1996年版，第10、20—21页。

者议罚","如有愿学漆工者,尽可在同府同县店内投师,不准径投外府外人,如违革逐"。① 此外,对学徒的家庭出身、品行、基本素质也有相应的要求。商铺对招学徒还有特殊要求如:懂礼貌,善珠算,精楷书等。此外,成为正式学徒一要有引荐人,二要有铺保,三要立字据。字据上要写明"逃跑、病死等一切与铺无关,家长要赔偿学徒期间的饭钱。不遵守铺规,随时辞退"② 等。

二 中国传统商业教育的内容与教材

中国传统商业教育的内容主要包括日常生活礼仪技能、职业道德、商业基本技能、商业专业技能四个方面。

日常生活礼仪技能训练。一般商铺会要求学徒从最基本的生活杂务做起,学会"扫洒应对之理"。这样做不仅可以磨炼学徒的耐性,还可以锻炼与人打交道的基本技能。除学习衣食住行基本礼仪规范之外,学徒还要学会为人处世的方法。学徒平时多与掌柜打交道,所以先要学会与掌柜相处。

职业道德教育。如晋商对学徒有着严格的职业道德教育,目的是培养学徒正直、诚信、忍让、谦和、吃苦、勤俭的优良品质。职业道德训练,主要有敦品行、贵忠诚、重信义、奉博爱、幸辛苦;鄙利己、除虚伪、薄嫉恨、节情欲、戒奢华。并将学徒派往繁华商埠,以观察其表现。

商业基本技能训练。主要有书法、珠算、记账、书信(商业尺牍)以及各类商品选购、包装、各地商路的站程以及注意事项等。随着交通发展,当商业贸易发展到周边少数民族和海外时,学徒学习的内容还会包括各少数民族语言和外语。《清稗类钞》中记载:"在蒙古者通蒙语,在满洲者通满语,在俄边者通俄语。每日昏暮,伙友皆手一编,习语言文字,村塾生徒无其勤也。"为了能在少数民族地区开展贸易,学徒不但要了解地方风俗习惯,以便与当地居民融洽相处,有的商铺还针对这些

---

① 彭泽益主编:《中国工商业行会史料集》上册,中华书局1995年版,第482—484页。

② 文武:《龙城顺的木器家具》,北京出版社2000年版,第525—526页。

地区缺医少药的特点,要求学徒学习中医等知识,通过行医打开局面。

商业专业技能的培养。专业技能依行业不同各有区别,如票号、钱庄,主要学习辨别银钱成色;培养当铺学徒,就需学习各种珠宝、首饰、皮毛、绸缎、铜、锡、瓷、木等货物的识别及价格,练习当票的写法,熟记当票的暗记符号,并学习当行的银钱计算等。

明清之前的与商业相关的书籍仅发现司马迁的《史记·货殖列传》,而商业专著和教学用书几为空白。直至明清中国经济大发展,带动商业文化盛兴,开始涌现出一批商业教育专用书籍。大量商书的公开刊行,"说明这一时期的商人已经开始重视商业知识的积累与传播,并对子弟生徒授以职业的商贾教育"①。明清商书内容丰富,涉及日常商业贸易活动的各个方面,可以初步分为:

(1) 有关经商常识用书。如明代万历年间余象斗编纂的《新刻天下四民便览三台万用正宗》,清代烟水山人编著后由毛焕文修订刊行的《万宝全书》等,都是包含着商业知识的百科全书,是供"士民备览便用"的日常生活用的参考书。

(2) 有关商业行为规范与商业道德的书籍。如《商贾一览醒迷》《生意世事初阶》《江湖必读》《士商要览》《商贾便览》等,其内容大多围绕"利"与"义"的正确取舍、与人为善的态度等方面阐述,体现了儒家道德在商人身上的深刻烙印,堪称传统商业道德文化典籍。

(3) 与商业技能有关书籍。比如专门的行商路程书有明代的《一统路程图记》《水陆路程》,清代的《示我周行》《路程要览》等。综合类如《士商类要》等,既有路程图引、社会常识,也有专门性的商业指导、训诫的内容。这类商书是专门针对商业活动过程中的各种具体问题所写,具有很强的针对性。

明清商书在中国商业文化的发展过程中起到了继往开来、承上启下的作用。这些商书不仅继承了先秦以来中国商家独特的儒商经营理念,而且将这些影响力传递给了近代商人。

---

① 张海英:《从明清商书看商业知识的传授》,《浙江学刊》2007年第2期。

三 中国传统商业教育的特点与影响

综观中国传统商业教育，具有以下几个方面的鲜明特点。

第一，德育为先。中国传统商业教育虽然与正统的儒家经学教育存在本质区别，但其对德行的重视与强调同后者则如出一辙。无论是对初入门的学徒，还是对已经学成的商人，无不注重个人道德品质和处世接物行为规范的教育。在"义"与"利"发生矛盾冲突中，始终把"义"放在第一位。

第二，教学内容实用化。虽然明清之际出现了一批专业商书，可作为商业教育的教科书，但相对于近现代商业教育理论而言，这些书缺乏严密的学科逻辑性和系统性。与近现代商业教育以理论知识教学为主相比，中国传统商业教育更注重于实际技能的学习，如写字、珠算、写信、语言等。

第三，教学地点现场化。中国传统商业教育中的学徒主要是在实际交易的过程中跟着师傅边看、边干、边学的。

第四，教学方式个别化。传统商业销售模式以零散的零售为主，对每个商铺来说，其规模、人数都无法形成规模。此外，为根本防止从业人数的增多导致竞争，行会对带徒学艺、雇工招募的间隔年限、人数都有强制性规定。所以，传统商业教育只能实行个别教学。

传统商业教育对中国近现代高等商业教育的影响具有双重性。

一方面，中国传统商业教育只重现场化的技艺传授，忽视理论体系的建构、创新与教学，不仅使得学徒的知识、技能碎片化，而且使得商业自身的发展与创新缺乏坚实的理论基础，商业活动发展极其缓慢。几千年的传统社会里，中国商业活动的形式与内容鲜有突破性创举，基本都是代际间的简单继承与循环。这种传统使得近现代中国高等商业教育也在一定程度上表现出重视知识技能的传授重于理论建构，师生创新意识不强，对西方商业理论亦步亦趋的倾向，阻碍了中国特色商业教育理论体系的建构。

另一方面，中国传统商业教育重视实践、重视因材施教，特别是将商业道德教育放在首位的做法对近现代中国高等商业教育的发展又具有重要的借鉴和启示价值。中国传统商业教育重视实用技能的现场教学的做法，不仅对促进中国早期高等商业教育重视实践教学环节起到了良好的影响，而且值得当代中国高等商业教育进一步深入挖掘这一教育历史遗产，努力争取创立中国特色的商业实践教学体系。尤其值得指出的是，工业革命以后，传统的学徒制在西方一度受到冷落，但由于它符合职业教育的基本规律，直至今天仍然具有强大的生命力，许多国家学徒制经过适当的改造而成为现代学徒制。① 所以，认真研究中国传统商业教育中的学徒制和个别教学，以及其对职业道德教育的重视，对改革当代中国高等商业教育中存在的如何加强职业道德教育，以及教学用脱节、手脑分离、指导缺乏针对性等问题，仍然有着十分重要的现实意义。

第二节 "大变局"下的商业转型与新商业观的出现——中国近代高等商业教育产生的时代背景

第一次鸦片战争后，愚昧无知的统治者以为只要答应了英国侵略者的通商要求，就可与他们相安无事，继续自己的"天朝上国"的美梦和专制统治了。近20年后的第二次鸦片战争才使清朝统治阶级真切地认识到，封建王朝已经无可避免陷入"数千年未有之大变局"中。无情的现实向封建统治阶级宣告，或者继续守旧灭亡，或者改弦更张求生。

以道光帝第六子恭亲王奕䜣（1833—1898年）和曾国藩（1811—1872年）、左宗棠（1812—1885年）、李鸿章（1823—1901年）以及后来的张之洞（1837—1909年）等人为代表的部分朝廷重臣和封疆大吏，在抵御列强侵略以及外交谈判过程中，对中国因落后而处处被动挨打、任人宰割的现实有切身体会，他们逐渐克服头脑中盲目自大的思想，开始把林则徐、魏源等先驱们学习列强"长技"以自救的主张付诸实践。他们被后人称为洋务派，他们学习西方发展近代工商业的活动被称为洋

---

① Guile, David & Yang, Michael, "Apprenticeship as a Conceptual Basis for Social Theory", *The Journal of Vocational Education and Training*, Vol. 50, No. 2, 1998.

务运动。

"求富""自强"是洋务运动的主流口号。洋务派意识到西方国家之所以富裕是因为他们的商业发达,"无非取资于煤铁五金之矿、铁路、电报、信局、丁口等税"。所以中国"欲自强必先裕饷,欲浚饷源莫如振兴商务"①。洋务运动期间,近代商品经济逐渐形成,也迫使人们打破原有观念,逐渐正视商业的地位和作用,新的商业观逐渐形成。而正是这些变化,使近代商业教育进入人们的视野。

一 商业的变化

晚清中国社会经济的重要变化,就是在外国资本主义商品经济侵入的作用下,传统的自然经济逐渐解体,近代工商业经济开始出现并不断发展。为了自救,清政府洋务派创办和控制的近代机器工业,开中国机器制造之先河,引进西方先进技术,发展近代工商业,促进了中国资本主义的产生和发展。在内外两股力量的作用下,中国的近代商品市场悄然产生、买办阶层逐步形成,货币财富日渐积累,资本主义性质的商业经济成为社会经济结构的重要成分。

(一)近代商品市场初步形成

鸦片战争后,外国资本以非正常的侵略姿态大规模、迅速输入中国,使中国传统的自然经济迅速瓦解,从而导致了国内商品市场的不断扩大。

第一,增加了商品的种类。自然经济的解体,使原来不需要依赖市场的自给自足的个体农民,转而必须依靠市场购买生活必需品,不再可能依靠自己的家庭副业自给自足了,他们变成了小商品生产者,要生产一部分为了交换而种植的农产品。

第二,扩大了商品流通范围。随着农民与市场越来越多地发生联系,商品的种类迅速增加,商品的流通量急剧扩大,这时市场就远远超出了传统商品市场的范围。狭小的地方市场被突破,统一的国内商品大市场也迅速形成。

第三,与世界经济产生联系。由于这一时期自然经济的解体,主要

---

① 苑书义等主编:《李鸿章传》,人民出版社2004年版,第243页。

是外国资本主义的入侵，是外国资本主义商品倾销所引起，农民所需的日用工业品主要来自海外，所出卖的商品也主要是为满足外国资本主义掠夺原料的需要，所以自然经济解体后扩大了的商品市场，不仅是统一的国内商品市场，同时也是世界资本主义市场的一部分。

近代商品市场的产生和发展为近代商业教育提供了广阔的社会背景。

(二) 特殊商人群体——"买办"阶层产生

早在鸦片战争前，产生中外商贸之时买办便出现了。为了解决外国来华商人在商贸中遇到的种种困难，垄断对外贸易的广州十三行指派了一批办事人员，分别担任供应船舶、办理伙食、管理金钱出纳及雇佣管理工役等事务。此时的买办受到清政府的严格控制，人数不多，经济和政治影响很小，在社会中处于无足轻重的地位。

鸦片战争后，随着"自由商贸"条约的签订和五口通商的兴起，有利可图的外国商人蜂拥而至，开始在商贸开放地区自由雇佣其中国代理人。随着商贸量增多，人数增多，买办的地位发生了根本的变化，成为一股不可忽视的社会力量。买办是这一时期产生的新式商人，是一个特殊的经纪人阶层。不同以往的商人，他们具有洋行的雇员和独立商人的双重身份：作为洋行雇员身份的买办，充当外商在华经济活动的中介，得到外国势力的庇护，可以不受中国法律的约束。同时作为独立商人的买办，又可以代洋行在内地买卖货物或出面租赁房屋、购置地产等。买办的活动范围也随着外国势力在中国的扩张，从沿海扩展到内地城乡，影响遍及全国。随着买办经济势力的增强和队伍的扩大，买办的社会影响和政治影响也与日俱增。从19世纪60年代起，买办逐步建立了自己的组织，如买办人公会、联谊会、集谊会等。有的大买办如唐廷枢、徐润等还取得一些行业公所组织的领导地位。

买办阶层通过赚取商贸的佣金，收入不断增加，并开始了资本的原始积累。买办阶层在1842—1894年所得收入总额达26540万两之多。[①] 被称为当时"地主阶级以下最富有的一个社会阶层"。一部分买办转化为封建官僚，如吴健彰在英美支持下出任苏松太道。还有一部分买办如

---

① 郝严平：《十九世纪的中国买办》，上海社会科学出版社1988年版，第107页。

容闳、郑观应等，看到西方工业社会的发展前景，将货币转化为资本，投资到洋务企业和民族工矿业、商业、钱业，成长为中国早期的资产阶级。

（三）近代银行开始出现

银行是近代金融机构，是现代经济的中枢，是市场经济发展到一定程度的产物。近代工业发展起来后，由于产业资本的增大，对信用的利用也越来越多，同时，由于产业发展和交通条件的便利，商品的交换和商业经营的范围也不断扩大，这就对资金有了更加迫切的要求。作为现代纯金融机构的银行，就是为适应这种需要应运而生。

当列强将近代商品经济带进中国后，近代银行也同资本主义经济的其他要素一起来到了中国。1845年，中国第一家银行英国丽如银行在广州建立，1847年在上海设立分支机构。外资银行在华的业务活动包括国际汇兑，在华发行钞票，存款业务以及放款业务。由于列强保护，这些银行在中国肆意进行金融活动，如存款不但不付利息，还抽手续费，放款业务主要以鸦片作抵押品为主。① 甲午战争以后，入侵中国的资本主义各国继续进入帝国主义阶段，银行不再仅仅是替工商企业承担支付的中介，而且与工业资本融为一体，成为帝国主义垄断资本输出的指挥机构和执行机构。从1895年至1913年，帝国主义国家在中国新建的银行就有13家，分支机构85处。其中日本设立4行29处，法国3行12处，比利时2行8处，美国1行4处，沙俄1行14处，意大利1行1处，荷兰1行1处，德国11处，英国5处。这些外资银行，蛛网般遍布在全国各地，形成对中国金融的高度控制。

中国本土的银行产生和兴起是在甲午战争之后。甲午战争后，促使中国银行业产生的首要原因不是由于资本主义工商业发展的需求，而是封建政府的财政需求和进出口商贸商人融通资金的需要。因为甲午战争后的巨额赔款，使清政府的财政陷入破产的境地，仿照西方国家举借国债，以解决财政之需要，便成为清政府官办银行兴起的重要目的。而进出口商贸的急剧增长和商品生产的增加，也使国内市场上商品交易额迅

---

① 钟思远、刘基荣：《民国私营银行史（1911—1949）》，四川大学出版社1999年版，第2页。

速扩大，迫切需要开设银行为之调剂。因此，创办银行的多半是官僚买办，而不是由工商业资本家投资。在银行资本中，大部分属于官股，商股也主要是官僚买办资本，商人银行则很少。

银行是随着商品交易的发展而产生的，它扫除了商业交易时国际各国货币各不相同的障碍，为商人缺乏资金时提供贷款，极大地促进了商业的发展。近代银行在中国建立，说明中国与世界的商贸日趋紧密，曾经封闭的中国市场已经逐渐融入世界这个大市场环境中。因此，银行学成为近代商业教育不可缺少的教育内容之一。

二 新商业观的萌生

鸦片战争前夕，农民起义的火光、外来侵略者在国门外的窥视，使一小部分敏感的知识分子首先感受到封建社会的末世气息。学者龚自珍、魏源、林则徐、包世臣等则尖锐地指斥封建社会黑暗腐败，万马齐喑；抨击宋学坐谈理学、于事无补，批判汉学家逃避现实，舍本逐末；提出治学要有助于经世，开创了思想界研究现实问题的新风气。"经世致用"思潮的兴起，相对于不问政事的考据学来说，标志着中国人民已经从原来那种思想麻木的状态中逐渐解脱出来，这成为中国近代思想发展的一个里程碑。正如梁启超所说："晚清思想之解放，自珍确与有功焉。光绪间所谓新学者，大率人人皆经过崇拜龚氏之一时期。初读《定庵文集》，若受电然。"① 不过，作为封建社会的士大夫，他们的思想还没有突破传统儒家的樊篱，其改革社会的方案仍是到中国传统政治中寻找"古时丹"，"以复古为解放"。② 鸦片战争以后，传统的政治、经济、文化秩序在西方船坚炮利的冲击下轰然倒塌，人们眼界更为开阔，对商业和商品经济作用的思考也比先驱们更为深入。

（一）林则徐："收其利而防其害"

林则徐（1785—1850年），字少穆，福建闽侯人。曾先后任江苏巡抚、湖广总督、云贵总督等职。1838年被任命为钦差大臣，赴广东禁烟。因为1839年6月3日在虎门销烟而名垂青史。

---

① 梁启超：《清代学术概论》，商务印书馆1920年版，第122—123页。
② 梁启超：《清代学术概论》，商务印书馆1920年版，第122—123页。

林则徐主张禁烟但思想并不封闭，相反作为较早了解外部世界的先行者，他组织人力编辑了介绍西方世界的《四洲志》《华事夷言》等书籍，以帮助国人开眼看世界。他在严禁鸦片走私的同时，主张鼓励正常的商业商贸，将鸦片商贸与正当商贸区别开来，将英国的走私行为与其他国家的正常商贸区别开来，使之与中国一道反对英国的鸦片商贸政策，"以夷治夷，使其相间相展，以彼此之离心，各输忱而内向"①。这样，就可以使鸦片商贸在国际上不得人心而受阻，而正当的商贸活动则能积极开展，收其塞漏卮之利而防鸦片商贸之害，做到"收其利而防其害"。

在社会风气还普遍轻视甚至鄙视商业的时代，林则徐的这些思想与实践无疑对转变人们的商业观念具有开风气之先的引领作用。

（二）魏源："利足怀之"

魏源（1794—1857年），字默深，湖南邵阳人。他出身于一个家道中落的地主家庭，中年以后长期在经济比较发达的江浙地区担任幕僚和中下级地方官吏。他受林则徐之托，在《四洲志》的基础上编成《海国图志》，探讨中国在鸦片战争中失败的原因，提倡开眼看世界。并提出"以夷攻夷""以夷款夷"和"师夷之长技以制夷"的思想。

魏源在中国面临变为列强附庸的危亡关头，认识到发展对外贸易和保护本国商业的重要性，他提出了"威足慑之，利足怀之，公则服之"②的思想。他认为外国发动战争的目的，是在中国获得利益，当达不到此目的时，就会与中国兵戎相加。但当在正当的商贸中给外国人以足够的经济利益，他们就不会再动刀兵，"代筹生计，使彼即停鸦片，而上无缺税，下无缺财，则亦何乐乎走私之名，而不趋自然之利"③。所以，中国应该适当调整税率，既不能伤害他们的经济利益，也不损失国课，使帝国主义"公则服之"。具体做法是清政府应在对外贸易中裁免浮费、免米税，商本轻省，则彼国不妨于进口之茶、丝，出口之棉、米、呢羽，酌增其税，以补鸦片旧额。此外，铅、铁、硝、布等有益中

---

① 林则徐：《林文忠公政书》乙集卷，中国书店1991年版，第343页。
② 魏源：《海国图志》卷1，岳麓书社1998年版，第26页。
③ 魏源：《海国图志》卷1，岳麓书社1998年版，第2页。

国的货物，亦可多运多销，外国人必定乐于此法。① 以税率调节进出货物量，使外国人在与中国商贸中获利，战争的危险也就减少了。

对于如何发展国内的商业，魏源从地主阶级立场出发，提出"分其利而不破其家"的另外一种"利足怀之"的怀柔政策。他认为有田的地主和无田的商人都属于"富民"的范畴。因此，为了保证国家有充足的税源，应当实行保富的措施。保富不仅要保护地主，也要保护商人。对他们征收的税率应做到"分其利而不破其家"。他认为，"善赋民者，譬植柳乎，薪其枝而培其本根"，而"不善赋民者，譬则剪韭乎，日剪一畦，不罄不止"②。由于两种不同的赋税政策，结果会大相径庭。他认为保富对于国家来说具有重要的作用。国家赋税均仰给于富民，一旦国家有战争、灾难，也仰给于富民，所谓"土无富民则国贫，土无中户则国危，至户户流亡而国非其国矣"③。这里所强调的"富"是指工商业者，保护富民实质上是要求保护工商业者，保护工商业者即保护工商业的发展。这种希望国家利用赋税政策保护工商业发展的思想，无疑有助于资本主义在中国的发展。

综上所述，尽管魏源对列强侵略本性的认识还很肤浅，其发展商业的策略也还很简单，但他对商业的重视态度是符合中国当时实际需要的，对转变轻视商业的传统思想具有启发意义。

（三）郭嵩焘："行商为制国之本"

郭嵩焘（1818—1891年），字筠仙，号云仙、筠轩，别号玉池山农、玉池老人，湖南湘阴城西人，中国首位驻外使节。郭嵩焘在出使英、法期间，着重考察了这些资本主义国家的经济制度，并与中国实际情况相联系，提出了具有自身特色的商业思想。

郭嵩焘对传统认为商人重利轻义以及将义与利对立起来的思想予以批判。他以自己祖父是富甲一方的大商人，但多财而无吝啬为例，证明"天下万世之利害，吾身固自任之"。出使西方国家以后，郭嵩焘通过中西对比，对义与利的看法更为深刻。他认为义与利不是相互对立的关

---

① 魏源：《海国图志》卷1，岳麓书社1998年版，第26页。
② 魏源：《古微堂内集》卷34，岳麓书社2005年版，第71页。
③ 魏源：《古微堂内集》卷34，岳麓书社2005年版，第71页。

系，而是相互统一的，"凡非义之所在，固不足为利也"，真正的利是不能离开义的，而真正的义也总是讲利的。作为封建官僚，他也视农业为"本"，工商诸业为"末"。但是，郭嵩焘不主张"重本抑末"。他认为："通工商之业，立富强之基，凡皆认为利也。……公私两得其利，则末治。"① 强调要"先明本末之序"②，但又不忽视末。这些思想颠覆了人们对商、商人的看法，充分体现了郭嵩焘对商业的重视。

经过考察郭嵩焘还认为，西方国家的富强与其"行商为制国之本"的政策是分不开的。"西洋以商务为本，君民相与崇尚如此。"③ 他针对重农轻商的旧思想，提出中国要通过商业发展经济，进而强国的思想。他认为只有商业发达了，商民才会"厚积其势以拱卫国家"，"其国家与其人民，交相维系"。④ 并且，商贾应该参与国家政权管理，"通官商之情"，合"公私之利"⑤，以官扩商，以商济国。他注意到，国内洋务派虽然发展了一些商业企业，但多是官办或官商合办的性质，他认为这种商业企业的弊端在于：一是照搬官场作风，办事效率低下，不利于企业正常的运作；二是对国家来说收益不大，但官员可借此以权谋私；三是官办企业占据优势，会使民办企业无法发展，与民夺利。所以，郭嵩焘认为官府不应以行政的方式插手商业，只可适当的时候加以引导，"俟民之择而从焉"即可。

郭嵩焘极力反对闭关自守的政策，主张应开放对外通商口岸，因为通商能发展经济。"西洋立国，在广开口岸，资商贾转运，因收其税以济国用，是以国家大政，商贾无不与闻者。"⑥ 所以他从商品流通、国家税源等角度出发，认为应多开通商口岸，"实有利于国，无损于民"。

郭嵩焘是早期洋务派中一位比较特殊的思想家，由于其自身特殊经历，他对发展中国资本主义商业经济的认识不仅超过了同时期的人，甚

---

① 郭嵩焘：《养知书屋遗集·文集》，艺文印书馆1964年版，第214页。
② 郭嵩焘：《养知书屋遗集·文集》，艺文印书馆1964年版，第214页。
③ 《郭嵩焘日记》第3卷，湖南人民出版社1982年版，第328页。
④ 郭嵩焘：《养知书屋遗集·文集》，艺文印书馆1964年版，第214页。
⑤ 郭嵩焘：《养知书屋遗集·文集》，艺文印书馆1964年版，第214页。
⑥ 《郭嵩焘奏稿》，岳麓书社1983年版，第341页。

至远远超过一些后来者。

（四）李鸿章："振兴商务"

李鸿章（1823—1901年），本名铜章，字渐甫，号少荃，安徽合肥人，道光二十七年（1847年）进士。他是清末的淮军首领，以镇压太平军和捻军起家。作为洋务派代表人之一，他在"求富"的口号下，提出了一系列军事、工业、商业的理论并付诸实践。

受林则徐、魏源等先驱者的影响，李鸿章在办洋务的过程中，逐渐认识到商利的重要性。他提出"欲自强必先裕饷，欲浚饷源，莫如振兴商务"[1]。由此，李鸿章逐渐形成了发展军事工业以图强，发展民用工商业以求富的思路。他提出电报、铁路"无事时运货便商，有事时调兵通信，功用最大"，他还创办了轮船招商局，商船不仅能创造财富，"商船能往外洋，俾外洋损一分之利，即中国益一分之利"[2]，还能用于军事，"无事时可运官粮、客货，有事时装载援兵、军火"。李鸿章把"理财"同"振兴商务"即兴办民用企业联合在一起，把"裕饷"即兴办近代军工企业和海军等军费需要，视为商务所出。他希望中国能像西方工业国那样开"煤铁五金之矿"，兴办电报、铁路、航运等，发展生产，搞好流通，使财富日增，以"富"求"强"。

李鸿章是一个务实的洋务派代表人，他的很多关于工商业的观点基本上是对实际问题的具体主张和见解。由于拥有别人所没有的巨大权力，他不但有明确的主张，而且有实践活动，对中国的早期近代商业发展具有其他人所不具备的实际影响力。

第三节　近代高等商业教育的嚆矢
——商务英语教育

中国近代高等商业教育一如万事发展之规律：由简单到复杂，由低级到高级。洋务教育设计之初，除却西文和军、工并没有为各门学科专

---

[1] 李鸿章：《李文忠公全集》奏稿卷3，上海商务印书馆1921年版，第59页。
[2] 李鸿章：《李文忠公全集》奏稿卷3，上海商务印书馆1921年版，第59页。

设课程和学校。近代商业教育亦是如此，它最早出现在教授西文的学校中。由于《天津条约》规定以后中外文书以英文书写为主，并且在实际贸易过程中各国商人都使用英语交流，所以近代高等商业教育的嚆矢就是商务英语的教育。这一时期的商务英语教育分为三种类型：官办商务英语教育、教会办商务英语教育以及社会办商务英语教育。

一　官办商务英语教育

官办商务英语教育的主要场所是洋务运动中各地洋务派创办的各类新式学堂。

（一）洋务学堂概述

洋务派通过与顽固派的激烈斗争，终于将向西方学习"西文"与"西艺"的理想变为现实。他们创立了一大批洋务学堂，培养各种专业的人才。1862年8月，在奕䜣等人的大力倡议下，京师的同文馆正式成立。同文馆的创立，标志着中国近代学校的萌生。其后1866年左宗棠建立福建船政局并附设学堂，设立艺局。而李鸿章在上海江南制造局附设工艺学堂。这一时期的洋务学堂有如下特点。

第一，办学目标明确。洋务派创办学堂的目的就是在于维护清朝统治，求富自强，抵御外侮。洋务派认识到，中国几千年来的"子曰诗云"的经学教育已经远远落后于时代，不能适应社会的需求，也不能抵御外国的坚船利炮。只有学习西方先进文化与技术，兴办西文学堂、军事技术学堂、实业技术学堂，培养和造就各类人才，中国才能富裕强大，巩固清王朝的封建统治。

第二，学堂均为官办或半官办。洋务学堂的创办者主要是李鸿章、曾国藩、左宗棠、奕䜣等清政府要员和封疆大吏。学堂的经费来源主要是从政府的海关关税中按照一定比例提取。因此，学堂受制于洋务派官僚所代表的清政府。学堂的课程设置、招生规模、官员任命、经费开支、教师聘任等重要事务均需要奉清政府的圣旨行事。

第三，洋人控制学校。除却传统经学课程，其他西文、西艺的课程，中国教师大多无法胜任，大部分依靠聘任的外籍教师。如同文馆的教习，原拟从广东、上海两地挑选谙解外语的中国教师担任，但此二地或称"无人可派"，或"虽有其人而学艺不甚精"，因而不得不聘请英国传教士包尔滕为英文教习,另聘候补八旗官学教习陈澍琳为汉文教习。1863年,又增设法文馆、俄文馆,并分聘法国传教士司默灵以及俄国人柏林担任法、俄文教习。洋人便获得了学校教学及实习的管理权。①

第四,教学内容"中学为体,西学为用"。早期洋务学堂规模不大,学堂之间没有明显的界限和承接关系。虽为西学堂,但开设的课程并不全是西学的学科,中文学科占相当大的比例。各学校的课程分为基础课和专业课,注重专业理论与实践。教学的内容因学校担负的任务不同,而各有侧重。学校在传授西文与西艺的同时,传统的"四书""五经"必不可少。如同文馆无论是五年制课程还是八年制课程,学生在学习专业知识的同时,还必须同时学习汉文、经学,并配有专门的汉文教习。又如广东水陆师学堂要求学生"大抵兼采各国之所长,而不染习气;讲求武备之实用,而不尚虚文。堂中课程,限定每日清晨先读四书、五经数刻,以端其本。每逢洋教习歇课之日,即令讲习书史,试以策论,俾其通知中国史事、兵事,以适于用。在堂者一律仍准应文、武试,以开其上进之程"②。

第五,学校管理严格。洋务学堂有严格的教学管理制度,规定了学堂的教学时间、作息时间,还有考试奖罚等各种办法。如天津水师学堂"盖自开堂以来,一日之间中学西学文事武事,量晷分时,兼程并课,数更寒燠,未尝或辍,叠经季褚生课业,月异而岁不同"③。又如同文馆,为督促和考核学员的学习,很重视考试。考试参照乾隆年间创设的俄罗斯馆的旧例,分平时与大考两类。平时又分月课、季考和岁试三种,连同大考共为四种。为激励学生学习,根据考试结果有奖罚制度。据奕訢等奏称:"今设同文馆,臣等拟请每届三年,由臣衙门堂官自行考试一次,核实甄别。按照旧例,优考授为七、八、九品官等,劣者分别降革、留学,俟考定等第,将升降各生咨行吏部注册。"为防止考试作弊,严格考试纪律,清政府曾多次发布堂谕。1876年12月堂谕记

---

① 樊慧英:《中国近代技术学校的产生及其特点》,《教育史研究》1992年第4期。
② 张之洞:《张文襄公全集》,中国书店1990年版,第217页。
③ 陈学恂主编:《中国近代教育史教学参考资料》上册,人民教育出版社1986年版,第71页。

载:"风闻近来每逢月课、季考,间有请人代作,或通融抄录,草率了卷,殊菲核实之道。现当岁考届期,即仿照考试旧规,先期编立坐号,印于卷面,该生等各坐各号,不准搬移越位。该生等务当恪守场规,毋得仍蹈旧习。"1896年又再次严格考场纪律,"嗣后,各教习面试,而该生茫然不解,查出实系请人代枪传递者,初犯罚一月膏火,再犯罚三月膏火。如仍不悛,立即除名,被枪与代枪者,一律惩治"。

洋务学堂的创建拉开了中国整个教育体制改革的帷幕。没有洋务运动中的新式学堂,清政府在1898年维新运动中"废书院兴学堂"和1903年"新政"时期推行实业教育制度是不能想象的。这一时期的"西文""西艺"学堂为后来的学校教育打下了基础。

洋务派在创办新式学校时,以实用为宗旨,有意将学习西文的学生打造成复合人才。无论是官办西文学堂还是非西文学堂,在这些学堂以英语教学为媒介或多或少地涉及商务知识,如京师同文馆开设"富国策",湖北方言学堂(原自强学堂)开设"理财学"课程。

(二)官办商务英语教育的开设背景

鸦片战争前的1839年,林则徐初到广州后为查办西方向中国销售鸦片一事,开始关注西方诸事。他请懂外语的社会各阶层的人士,包括归国华侨、教会学校学生、与外商打交道的中间人等,通过他们收集、了解、翻译外国人在中国沿海地区的鸦片商贸以及其他各种信息和动态,即"日日使人刺探西事,翻译西书,又购其新闻纸",并组织人力集中翻译外人报刊。他认为"必须时常探访夷情,知其虚实,始可以定控制之方"①。这些人对林则徐掌握鸦片商贸的商情,修建炮台等商业、军事方面实施的举措提供了极大的帮助。鸦片战争开始后,更多先进的中国人开始谋求对西方世界的了解,他们翻译西书、报纸,扩大国人的视野。在逐步了解西方的过程中,很多人从"天朝大国"的梦中惊醒。于是林则徐主持编译了英国人慕瑞(Hugh Murray)的《世界地理大全》(原书1836年伦敦出版),辑成《四洲志》一书在1840年于广州出版发行。该书述介了世界上五大洲三十多个国家的历史和地理,为时人"了解夷情"提供了一部较为系统的世界地理著作。因此,林

---

① 林则徐:《林文忠公政书》乙集卷5,中国书店1991年版,第213页。

则徐成为中国近代"睁眼看世界的第一人"。后魏源在林则徐的授意下将其增补成为著名的《海国图法》，成为影响后来洋务派的重要资料。其中所说"欲制外夷者，必先悉夷情始。欲悉夷情者，必先立译馆，翻夷书始"①，成为洋务派学习西学、西艺的思路。随着林则徐被贬黜，官方主持的翻译工作停滞，更勿论翻译人才的培养。直到19世纪60年代后，洋务运动开始兴起，培养西语人才，翻译西书才进入一个高潮。

鸦片战争结束后，中国根据不平等条约被迫打开了五口岸通商，逐步开始了与国外的商贸、政治和外交的往来。第二次鸦片战争后，如前所述，在《天津条约》中规定之后的条约内容全部由英文书写。与西方各国的不平等条约中，最主要的是关于商贸往来的，然而清政府官方却没有专属的翻译人员，为此在商贸往来时中国多由于语言问题而被蒙蔽。伍廷芳（1842—1922年，本名叙，字文爵，后改名廷芳。汉族人，籍贯为广东新会西墩，是清末民初杰出的外交家、法学家）曾说："查中国自与海外通商以来，订约者凡十余国。初因文字语言彼此隔阂，所订条款，易为彼族所蒙。"②恭亲王奕䜣发现懂得外语的人大多在通商城市，"惟是洋人总汇之地，以上海、广州二口为最"，这些人多为外商的帮办，"遂于农工商之外，别成一业"。且这些人身染许多不良习气，"一为义学村竖，流品甚杂，不特易于渐染洋泾习气，且多传习天主教，更出无业商贾之下。此两种人，声色货利之外，不知其他，……又其人质性中下，识见浅陋。……—有交涉，不得不寄目于通事者，而其人遂为洋务之大害"③。这些人英语水平极为有限，只是通商务英语，对于外交、军事之事一无所知，而且大多不识洋字，"仅识洋语者十之八九，兼识洋字者十之一二，所识洋字，亦不过货名银数与俚浅文理"④。这

---

① 魏源：《海国图志》卷1，岳麓书社1998年版，第123页。
② 丁贤俊、喻作凤：《伍廷芳集》上册，中华书局1993年版，第76页。
③ 冯桂芬：《校邠庐抗议》，载《中国近代经济思想资料选辑》上册，中华书局1982年版，第250—251页。
④ 高时良、黄仁贤编：《中国近代教育史资料汇编·洋务运动时期教育》，上海教育出版社2007年版，第7—8页。

些品行、学识皆不尽如人意的"轻薄亡赖之徒"① 根本无法担当国家之大事。清政府急需一批"读书明理之人，精通番语"的外交人才。清政府上层这时已经意识到通过官方学校的正规渠道，为国家培养外语人才的重要性，洋务派率先创办的新式学堂就是以外国语言文字教学为主的学堂。1862 年，京师同文馆终于在中西方文明的碰撞中，在顽固派的反对和质疑声中得以创立，为我国近代史上第一所新式学堂。之后，仿京师同文馆制，又于 1863 年和 1864 年在上海和广东建立了上海广方言馆和广东同文馆。这些学堂在进行外语教学的过程中，往往会涉及一些商务知识。

随着洋务运动的发展，中国社会由小农经济转型到商品经济，商业重要性日益突出，以英语为主，辅修商务的办学方式，渐不适应市场需求，对外贸易扩大需要专、精、深的专业人才。1891 年专习商务的学校——方言商务学堂在湖北设立，成为我国近代最早的商业学校。1893 年在此基础上，成立了自强学堂，实行分科教学，建立了专门学习商务知识的商务科。后因学科条件的限制，商务科被取消，又回到实行以外语教学为主，商务为辅的教学模式。所以商务英语教育成为中国近代高等商业教育的嚆矢。

（三）洋务学堂中的商务外语教育考证

无论是洋务运动之初设立的同文馆，还是洋务末期建立的自强学堂，都是适应时代的需要而产生的。"洋务"狭义上讲，"是与外国交涉、处理和解决外交事务与问题的活动"。而广义上讲，"是指不同于中国传统生产、生活方式、而与西方国家特别是与西方工业化文明和近代社会形态有关的各项活动，包括创办军用工业、民用企业、新型学堂、译西书、办报纸、派遣留学生等"②。

京师同文馆设立之时，洋务正是处于狭义阶段，即为应对语言不通的困局。英国作为最大殖民国家，号称"日不落帝国"，英语随即被广泛应用。洋务派发现与中国发生贸易交易量最大的是英美两个国家，

---

① 邱迎春等编：《李鸿章全集》，时代文艺出版社 1998 年版，第 3184 页。
② 吴洪成：《中国近代教育思潮新论》，知识产权出版社 2016 年版，第 119 页。

"英国商务之盛，甲于天下。商贾往来，咸以英文为便"①。即使别国来华通商也大多通晓英语，"而别国人到来，亦无一不晓英语"，所以中国当务之急是培养英语人才，"是与外国人交易总以英语通行"②。洋务派在与外国人打交道的过程中，认识到学西文不足以自强，培养专门的翻译与外交人才，已经不能满足国家的需要。认为有必要学习西艺，以为实用。洋务运动开始从单纯引进西艺阶段发展到学习和模仿阶段，在洋务学堂中相继添设了很多实用学科。如1866年同文馆增设天文算学馆，之后又设立了化学、算学、万国公法、医学生理、天文、格致等。可见，此时的教学目标已发生改变，从单一语言人才的培养到复合人才的培养。

最初这些方言馆包括自强学堂的学生大多没有外语基础，所以这些学堂将夯实学生的外语基础作为教学重点，无论是京师同文馆，还是沿海地区的广方言馆；无论是三年制，还是五年制、八年制，都将外语教学贯穿始终。坚实的外文基础加一技之长的教学方式，不仅提高了外语的实用性，同时"既符合外语教学之规律，又符合时代的需要"③。

从现有的资料来看，同文馆有关商务类的课程是"国富策"，自强学堂的后续方言学堂中的商务类课程是"理财"，但具体使用的相关教材却鲜有资料提及。根据推测这些学堂的教材要么是原版教材，要么是洋教习的自编教材。其一，在京师同文馆筹建之初，咸丰十年（1860年），奕䜣便在奏折《奏请培养认识外国文字，通解外国言语之人》中对教材有所提及："闻广东、上海商人，有专习英、法、美三国文字语言之人，请饬各省督抚挑选诚实可靠者，每省各派二人，共派四人，携带各国书籍来京。"④ 可见教材是由洋教习自备而来。其二，作为李鸿章幕僚的冯桂芬，曾建议广开西学馆，利用方略馆所藏俄文原版图书作为教材。其三，作为同文馆的第一任法文教习司默灵，他从入职之日起

---

① 郑振铎：《清朝文选》（下），中国社会科学出版社2002年版，第32页。
② 周振鹤：《随无涯之旅》，生活·读书·新知三联书店1996年版，第203页。
③ 李良佑、张日升、刘犁：《中国英语教学史》，上海外语教育出版社1988年版，第28页。
④ 文庆、贾桢、宝鋆等：《筹办夷务始末·咸丰朝》卷71，中华书局2014年版，第24—25页。

就发现学堂的教材问题，并着手准备编写教材。在入职的第二年，便撰写了法文教科书《法国话规》和《法国话料》，为洋教习编写适合中国学生的教材提供了有益的经验。为此，恭亲王奕䜣同治九年奏请朝廷赐给司默灵三等金宝星。① 其四，林乐知是上海广方言馆的第一任英文教习，他最初使用的是诺亚·韦伯斯特（Noah Webster）的拼音课本作为英语发音课本，用一些简单句的读物作为翻译课本和基本语法知识课本。② 其五，美国著名汉学家毕乃德对洋务学堂教学评述时说："外语是所有新式学堂面临的一大主要问题。许多课尤其是科学或技术课都是由洋教习担任。除了丁韪良（William Alexander Parsons Martin）与京师同文馆的正式教习，如上海的傅兰雅和林乐知，福州的迈达，可能还有几位教习懂得汉语以外，其他人仅懂得很少的汉语，有的则是一点也不懂。从掌握英语、法语或者德语到听懂外语技术课是一个缓慢的过程，许多学生学了几年外语也感到难以听懂用外语讲解的课程。而借助翻译授课，尤其是技术课几乎是不可能的，因为很少的中国人掌握了必要的词汇或者有翻译课堂教学的经验。这期间，外国教习包括传教士内部曾就用汉语讲课还是用外语讲课效果好这一问题进行过连续辩论。用汉语授课则要求外国教习掌握汉语，而且许多欧洲语言的书籍需要译成汉语。而用外语授课，学生首要学习几年外语。大多数新式学堂采用的是第二种选择。"③ 京师同文馆是中国近代第一所教授西文的学堂，并设有译书馆，它应承担翻译首批教材的重任。而它的学生学习的应是外国原版教材。由以上推断，虽未找到明确的史料显示上海广方言馆、广东同文馆和自强学堂的商务教材，但这些学堂的学生可学习的商务教材包括原版或由京师同文馆翻译的《富国策》和《各国通商条约》等西方商贸书籍或资料。

"国富策"是中国近代官办学堂中商业教育的重要课程，是西方经济学首次在中国课堂上被传授。从1867年开始，率先在京师同文馆开

---

① 文庆、贾祯、宝鋆等：《筹办夷务始末·同治朝》卷72，中华书局2014年版，第2898页。
② 熊月之、张敏：《上海通史》卷6，上海人民出版社1999年版，第264页。
③ Biggerstaff, *The Earliest Modern Government School in China*, 1961, p.82.

设。京师同文馆所公布的无论是八年制还是五年制课程安排中，均在最后一年开设"富国策"课程。由美国传教士丁韪良担任"富国策"一科的教习，此课所采用的教材是取自英国资产阶级经济学家法思德（Henry Fawcett）的《政治经济学提要》（*A Manual of Political Economy*）。1880年被汪凤藻（1851—1918年，为京师同文馆副教习兼译书纂修官）译为《富国策》，取"富国策，农工商之事也"之意。《富国策》是近代中国第一本被译成中文的西方经济学书籍。

其他的洋务学堂也逐渐开设"富国策"一课，"在同文馆的影响下，'富国策'课程在山东登州文会馆与上海中西书院等其他新式学堂也陆续开设"①。《文会馆志》记录登州文会馆西学正斋课程表显示，学生于入学第六年，学堂设"富国策"课程。经过两年专业课学习，至第八年毕业时，学生不仅掌握了牢固的英语知识，而且还掌握了另外一种专业知识，学生在这样的教育模式下，被培养成为复合型人才，毕业后能够胜任多种工作。

上海与广州是中国近代最早开放口岸的城市，与其他城市相比，接触西方较早、受西方影响较深，外商云集因而对外贸易最为发达。中国最早懂得外语的通事、买办皆汇集在此。虽没有确切证据，但上海广方言馆与广东同文馆的教学都与商业有着千丝万缕的联系。冯桂芬在筹办上海、广东同文馆时，曾经提及设置的动机："通商纲领虽在总理衙门，而中外交涉事件则两海口尤多，势不能以八旗学习之人兼顾海口。"所以他认为："莫如推广同文馆之法，令上海、广州仿照办理，各为一馆，募近郡年十五岁以下之颖悟诚实文童，聘西人如法教习"，②为通商口岸培养人才。在《上海初次议设学习外国语言文字同文馆试办章程十二条》中关于学生毕业出路的规定也表明上海广方言馆课程设置与商业有关：

> 三年期满，能一手翻译西书全帙而文理亦斐然成章者，由中西

---

① 张登德：《〈富国策〉著者译者考释》，《安徽史学》2006年第6期。
② 冯桂芬：《上海设立同文馆议》，《显志堂稿》卷10，校邠庐刊光绪二年（1876）版，第19页。

教习知照上海道台,送通商大臣、督抚衙门考验,咨明学政,作为附生。通商、督抚衙门及海关监督需要添设翻译官时,可于其中遴选。其精通西语西文才能出众者,由通商督抚奏保调京考验,授以官职。其不能翻译西书全帙者,作为佾生一体出馆。①

由此可见,上海广方言馆、广东同文馆都有培养掌握商用外语人才的目标。至于洋务运动晚期开办的湖北自强学堂,则已经有了专门的商务外语教育,后文有专门论述,在此不再赘述。

（四）教学特点与效果

与传统教育机构相比,洋务运动时期创办的语言学堂最大特点就是极其重视学生实践能力的培养。无论是京师同文馆还是自强学堂,都设有译书馆,学生在实践中不仅提高了语言运用的能力,还为各学科填补了教材的空白。京师同文馆的学生在课余可以译员的身份参加各种外事活动,还有机会参与翻译报刊、信函、电报等事宜。从1864年（同治三年）到1898年（光绪二十四年）,有记录在案的京师同文馆翻译书籍共计35部,其中两部商业类书籍,即汪凤藻翻译的《富国策》与《各国通商条约》（译者不详）。②

也有记录显示上海广方言馆、广东同文馆与自强学堂的学生在教学之余,参与译书活动。"上海广方言馆学生曾参与外语教习一起合译西书,其中有些还正式出版了。"③ 广东同文馆的学生也经常有机会翻译一些外文电报、文件。高年级学生开始翻译外国原著,学堂不但对翻译成绩优异者予以奖励,而且优先录用,该馆学生杨枢、长秀即合译了介绍各国政治、经济、文化概况的《各国史略》。④ 从课堂教学到实践活动,这样的教学设计极为符合教育规律。学生在实践中知识得到了强化,同时又能发现自身不足,通过教学加以改进。同时,在实践过程中也能促进"教学相长"。这为今天我们各个学科的教学设计提供了有益

---

① 熊月之:《冯桂芬评传》,《中国思想家评传丛书》,南京大学出版社2011年版,第145页。
② 苏精:《清季同文馆及其师生》,福建教育出版社2018年版,第159—161页。
③ 熊月之、张敏:《上海通史》卷6,上海人民出版社1999年版,第266—267页。
④ 中国史学会主编:《洋务运动》第2册,上海人民出版社1961年版,第117—118页。

的借鉴。

这些语言学校培养的学生对近代中国的政治、经济、文化产生了重要影响。不仅为社会培养了一批外交、翻译、科技人才，如1876年后中国开始陆续在海外设立常驻使馆，同文馆为这些使馆提供了大量的译员。也有部分毕业生进入政坛，在各地担任知县、知府。还有在各个行业如电报局、制造局、船政局或军事学校担任了要职。同样，这些学堂也培养了一批对近代商业发展起到重要作用的人才。如协助张之洞创办湖北自强学堂的蔡锡勇于1867年广州同文馆毕业，在清末民初农工商业、金融业、交通运输业等各领域都颇具影响；官至国务总理的周自齐也是广东同文馆的优秀毕业生。

二 教会办商务英语教育

清末中国新式教育深受西方在华教会和传教士的影响。西方势力的介入，是中国学校教育从古代向近现代转型的重要外源力量。宗教传播和通商牟利是西方殖民者的两大重要目标。为了实现这两大目标，在武力作后盾的基础上，教会势力在中国大量创办各级各类教会学校。教会学校不仅传授和渗透宗教知识与内容，还进行了各种工商人才的培养活动，以为列强的对华贸易服务。

（一）萌芽期

明中后期，便有西方各国传教士来华从事宗教活动，利玛窦、汤若望等就是其中的代表人物。为取得传教的特权，他们积极与中国当权者结交。为获得上层社会的好感，他们以西方文明为诱饵，带来了有关历算、水利、天文等自然科学的知识和西方哲学、教育学等社会科学的知识，吸引了徐光启等一批中国士人。由于历史原因，他们的做法对中国科技发展的近代化转向并没有产生太大的实质性影响。但他们以介绍西方科技为手段传播福音的方式，为晚清来华传教士们所继承。

19世纪60年代之前，大批西方传教士蜂拥至中国，他们热心于采取多种形式传播"福音"。但令传教士们沮丧不已的是，民众对西方宗教并不感兴趣，甚至普遍抵制和轻侮他们认为神圣的教义和教义的传播。为了接近中国人，教会和传教士开始探索迂回的传教路线。一些传教士从街道上收容一些衣衫褴褛的穷孩子或乞丐，为他们提供食物、住宿，教他们识字、读经。于是，最初的教会学校出现了。这一时期教会学校多位于中国沿海开放口岸地区，学校的教学内容除了包括西方宗教、中文，还包括粗浅的算术、代数、几何、生理、历史、地理、化学、植物等知识。学生入学动机是为求当前及以后生计。

由于工业革命为英语世界带来了空前的财富和旺盛的活力，教会学校开始重视向中国学生传授英语，并逐渐将英语教学融入其他学科的教学中，从而大大提高了英语的实用性，同时，使教会学校与中国商业产生了关联。在中国官方尚未建立新式语言学堂前，教会学校培养的懂中、英文的"双语"学童，成为中国首批买办、通事的来源之一。

以容闳[①]为例。他幼年因为家庭贫困，为学一技之长，父亲将他送入马礼逊学校[②]（Morrison Anglo-Chinese School）学习。容闳未正式接受中国启蒙教育，首先接受的是西方教育。将儿子送入教会学堂，与容闳的父亲见识有关。容闳的父亲是一个已经受到中国东南沿海商业贸易大潮冲击影响的农民，他把容闳送进"洋学堂"的目的是想将来容家能产生一个带来财富的"通事""买办"或"洋委员"。[③]

虽然当时的教会学校并没有有意识地将商业知识与英语教学相结合，但是由于中国不平等条约的签约而门户大开，与西方相互之间的贸易往来不断增多，为买办阶层的发展产生了市场需求。教会学校培养的这些出身社会底层的"双语"学童，为保证中外贸易的顺利进行乃至促进中国商业转型发挥了一定作用。

（二）筑基期

在1860—1876年的十几年中，"教会学校总数约增加到800所，学生约20000人，其中基督教传教士开办的约有350所，学生约6000人，

[①] 容闳（1828—1912年），原名光照，族名达萌，号纯甫，英文名Yung Wing，广东香山县南屏村，今珠海市南屏镇人，中国近代著名的教育家、外交家和社会活动家。容闳是第一个毕业于美国耶鲁大学的中国留学生，是"中国留学第一人"，他积极促成百名幼童留美，被誉为"中国留学生之父"。

[②] 马礼逊学校是来华的传教士在中国创办学校中较早较完善的一所小学。该校于1839年2月在澳门开办，是来华传教士秉承马礼逊的遗志创建的。1842年11月迁往香港，最后于1850年解散。容闳在此读书六年。培养了包括容闳、黄宽、黄胜、唐廷枢等近现代名人。

[③] 张海林：《王韬评传》下，南京大学出版社2011年版，第378页。

其余均为天主教开设"①。教会学校数量迅速增加,虽也出现了少量教会中学,但该时期的教会学校仍以小学为主,占学校总数的93%。而在此后的1876—1877年一年时间中教会学校数量陡增,传教士在中国新开设各级教会学校347所,收容学生达5917人。② 尤其在19世纪80年代后,教会学校从五口通商口岸扩展至全国各沿海、沿江商埠,乃至内地。

这一时期教会学校的快速发展,主要原因是随着中西商贸交易量不断扩大,西人与中国的商业往来逐步由沿海深入内地,更多人看到外语作为一种工具带来的经济收益与社会地位的提高。

同时,由于洋务运动的不断发展,社会对新式人才的需求不断增强,从另一个侧面促进了教会学校的发展。19世纪60年代以后,随着中国工商业经济的兴起,中西双方都需要大批熟悉西方习惯、懂得外语和一些近代工商业基本知识的人才。教会学校也关注到这一现象。同时,他们根据多年的办学经验也意识到免费招收普通寒门弟子对宗教发展事业收效甚微。为适应社会发展需要,扩大宗教在中国社会的影响力,教会学校逐步调整了办学方向,将传教与商业教育有机结合起来,多数教会学校开始有偿招收有钱的商人子弟,在对外贸易集中的开埠大城市开始教授英语,以便适应市场的需要,培养商业人才。

最早提出在教会学校设置英语课的是以英国人傅兰雅为首任校长的上海英华学堂(Anglo-Chinese College)。1865年该校校董会决定,根据当时中外商贸的发展速度和中国开始发展的洋务工业的状况,学校今后要改变方针,"一是今后主要将致力于招收商界子弟,学校要自养。二是将要认真地教授英语。学生在校期间,如果英语熟练,条件许可的话,还可进行一些其他课程的英语教学"。

1865年7月12日,该校于上海《北华捷报》这一英文版报刊登载了一则招生通告:"目前中国人和外国人的交往已经很频繁了,要

---

① 顾长声:《传教士与近代中国》,上海人民出版社1991年版,第277页。
② 朱有瓛等编:《中国近代教育史资料汇编·教育行政机构及教育团体》,上海教育出版社1993年版,第652页。

尽可能地促进和发展这种交往是极其重要的。考虑到英语教育将是高度有利的，有许多人表示为此目的希望能学习英语，但迄今还缺乏机会。因此之故，在沪外侨决定在英租界内开设一所高标准的、有才能和有效管理的学校。……学费，包括书簿费每年收银五十两，先付后学。招收十至十三岁的男生，安排在校学习七年。"[1] 这则广告说明当时社会有强烈学习外语的需求，也说明英华学堂对外语教学做了长远的教学规划。

教会学校随着商业的发展开始引进商业知识的课程。英华学堂在其招生广告中有相关内容的体现，如在1877年2月6日的《申报》上刊登声明"英国话，写信、翻译、司帐簿事、地理、算法等项"。其中有关司账簿事，"美国的商业教育是从欧洲引入的，十分强调簿记和商业沟通。这对晚清商务英语课程设置产生了一定影响，许多教会学校及民间学校都开设'司帐簿事'（簿记）、商业尺牍写作等课程"[2]。写信、翻译、算法等科目的设置都与商业密切相关，是为将学生培养成为买办或商人做准备。

（三）发展期

1877年第一次基督教传教士大会以后，教会学校进一步发展，分布区域逐步扩大，开始由沿海进入内陆；教育程度提高，发展了中学，甚至还有了大学班级；规模扩大，至19世纪末，教会学校达2000所左右，学生总数达4万人以上。1900年义和团被镇压以后，教会学校规模大幅增长，至1912年教会学校在校生数达20万人左右，1926年更是达80万人。[3]

在华基督教传教士在1877年举行的第一次全国大会，与1890年第二次全国大会上，都对教会学校是否教授英语进行过争论。第一次争论时，由于中国各地对外开放程度不同，内地传教士感到还无此需要。在第二次全国大会讨论此问题时，大多数人已倾向于教会学校有必要普遍

---

[1] 顾长声：《传教士与近代中国》，上海人民出版社2013年版，第193页。

[2] 莫再树：《晚清商务英语教学源流镜考》，博士学位论文，湖南大学，2012年，第64页。

[3] 顾长声：《传教士与近代中国》，上海人民出版社2013年版，第336页。

地开设外语课。极力赞成英语教学的代表是当时上海圣约翰大学校长卜舫济①（Francis Lister Hawks Pott）。作为中国首所全英语授课的学校，在会上校长卜舫济根据教学经验强调教会学校应设置英语课。他提出任何有条件的地方，除国文外的其他各科皆应采取英语教材，用英文授课。他本人也亲身实践英语教学，在圣约翰大学任教时，就完全用英语教学。

作为上海中西书院②的创办者，林乐知对学校的课程规划实行二四二的八年学制。他在1881年11月26日的《万国公报》上公布《中西书院课程规条》规定："凡诸生肄业，先在分院习学二年，然后选升大院习学四年。迨有进境，情愿再学，又准在院二年。"林乐知认为八年时间方可达到"中西并重"的目标。他在八年制的西学课程中发现，英语教学在中西书院教学中占有很重要的作用。从第一年开始学习西语的基础，讲解浅显的语法知识。第二年学习翻译字句。之后每年除进一步学习翻译技能外，并学科学知识。这说明中西书院很注重学生的外语水平和翻译能力。

在教会学校全面开展英语教学之际，商务英语教学也得以在这些学校全面展开。比如，由于许多学生怀着功利的态度进入中西书院学习英语，对书院设置的自然科学与人文科学的科目不感兴趣，只求尽快学会英语，将知识转化为经济效益。面对这一情况，1883年12月14日在《申报》公布的《中西大书院章程中》对学院的中、西、格致三院的目标、学制做以说明："若欲三院学问精且备，必得八年或十年之苦功，

---

① 卜舫济（Francis Lister Hawks Pott），生于美国纽约。1883年获哥伦比亚大学文学士学位。清光绪十二年（1886年）获纽约神学院学士学位后来中国任圣约翰书院英文教师。光绪十四年（1888年）任该校主任。后任圣约翰大学校长，在他的力主下，圣约翰大学发展成为当时全国学科齐备的最高学府之一。

② 上海中西书院建于19世纪后期，由基督教传教士林乐知创办，设立在上海。1881年林乐知在上海首先开办了中西书院的第一分院，当时被称为林华书院。1882年又在上海开设了第二分院。随后，林乐知向美国募捐，将两个分院合并，成为中西书院。该院学制方面定为三级8年制，先后学习识字、音韵、英语、历史、地理、代数、物理、化学、天文、力学等，一般第六年就可以毕业。如还愿意继续深造，就接着学习航海、测量、国际公法、人体生理、富国策等，属于专业培养。在20世纪初，中国的海关、邮政、铁路以及实业界人才，大多出自该校。林乐知的办学方针比较开明，学生甚至可以自由发表爱国演讲。1911年该校正式并入设立于江苏省苏州的东吴大学。

倘仅为贸易之计，亦须先学英文二年，然后教授各项买卖言语文字，必得四五年之苦功，庶可酬应。"

可见，进入教会学校学习英语，毕业成为买办来从事中西贸易的往来，已经在民间和教会学校形成一种共识。教会学校为了招生，也为扩大学校影响，在课程设置时便考虑到了这一社会需要。从林乐知在《中西大书院章程中》中对那些需要学习英语从事商贸活动的人的解释可知，中英书院第三年的"翻译选编"、第四年的"翻译书信"等课程都与商贸知识有关。在第八年设置的"富国策"采用英文教学，使用原版书籍。

教会学校将设置商业课程，培养精通中英双语的商业人才作为培养目标之一，丰富了早期中国高等商业教育的形式与途径，对当时中国人自办商务英语教育具有重要的启发意义。

三 社会办商务英语教育

除了官办、教会办的商务英语教育外，当时在民间还有一些社会力量举办商务英语培训学校。鸦片战争后因通商口岸被迫开放，中国市场涌入了大量西方工商业。西方资本主义背景下发展起来的商业运作方式与经营理念与中国传统商业迥然有别，这些西方企业对所雇佣的中国职员的要求不仅包括要精通外语，还需掌握近代商业知识与技能。如在1880年8月9日《申报》上，某洋行发布了一则招聘广告，"须通英语能写西字，熟悉洋货生意及出口账目等事"，提出了对雇员技能的要求。随着中外商业贸易往来增多，中国商人发现若要在商业竞争中立于不败之地，就必须通晓外国语言文字，学习西方商业知识。由于官办及教会学校数量少、门槛高，能受其教育者人数极少。但市场对商务外语人才需求量不断增加，正规学校毕业生无法满足市场需求，于是社会办商务英语培训机构就应运而生了。

这些培训学校主要集中在上海、广州等对外商贸集中的沿海地区。以上海为例，从1860年到1875年的十几年间，上海外滩附近地区和大小东门内外便发展了近40处各种英文补习学塾。① 这些学校办学目的明

---

① 汪光华：《晚清职业教育的转型与嬗变》，《河北师范大学学报》（教育科学版）2006年第8卷第5期。

确，培养商贸职业人才，讲求周期短、见效快，多数为不讲求语法只注重口语的"洋泾浜"。这样的教学受到社会底层群众如商贩、导游、掮客的广泛接受。这在一定程度上满足了晚清商贸对外语人才的需求，是对正规学校的补充。这些学校的创办者大多来自社会的底层，他们有的是来华外国人的中国奴仆，有的甚至是外国军队的俘虏。这些人长期与来华的外国人打交道，练就了熟练的口语对话能力。他们敏锐地观察到了中西贸易交往中双语人才的稀缺性，开始积极创办语言培训学校。

也有一些水平较高的外国语补习学堂，如英华书馆、得利洋行英文书馆等。1877年，英华书馆在《申报》上为其开办的夜学所做的广告为："教习英国文意、言语、算学、账目、地理、文法、写信之法。"郑观应曾利用工作之余，到英华书馆读夜班课，专攻英文达两年之久。1886年2月12日开办的晋隆洋行是最早的"分讲贸易英文馆"。

由于这些培训学校具有自发性，不受官方的制约和管辖，所以与正规的学校相比，教学具有显然的随意性，缺乏系统性，而且学习者的层次普遍不高，对近代高等商业教育的影响较小。

综上所述，由于中国近代社会受到西方经济的冲击，引发了整个社会的变迁，尤其是商业的转型，对中国近代高等教育的萌生具有根本影响。纵向上，它引发人们对商业教育的设计与思考，学徒制不再是商业教育的唯一方式，洋务学校和教会学校，将西方商业知识、经济知识带入新式课堂中。横向上，洋务教育与教会教育相互影响。洋务运动不仅影响了自身教育的发展，同时也改变了人们对传教士和教会学校的固有观念，为教会教育的发展提供了机会。而教会学校的创办者大多来自西方发达国家，他们将本国的教学模式和科学技术带到中国，也影响了商务学堂的规划设计。同时，西方的对华商贸与教会教育二者相互促进，对中国商业、教育都产生了深刻影响。

受历史条件和人们水平的制约，此时的商业教育还没有建立自己的学科体系，形成专门教育机构，仅将商业教育包含在英语教育之中。但洋务运动时期人们积极进行商业教育实践、翻译相关书籍、培养商业人才，对后世高等商业教育的成型起了重要的先导作用。所以，洋务运动时期的商务英语教育是后世商业专科教育的嚆矢。

第四节　自强学堂——张之洞高等商业教育思想的试验场

张之洞（1837—1909 年），字孝达，号香涛，晚清名臣、后期洋务派代表人物，祖籍直隶南皮。咸丰二年（1852 年）16 岁中顺天府解元，同治二年（1863 年）27 岁中进士第三名探花，授翰林院编修，历任教习、侍读、侍讲、内阁学士、山西巡抚、两广总督、湖广总督、两江总督、军机大臣等职，官至体仁阁大学士。在洋务运动的末期，张之洞开始了一生中最大的两项事业：办企业和办教育，且是同时开始、齐头并进的，被后人称为"我国半殖民地半封建教育制度的重要奠基人"①。作为洋务派教育家，张之洞有着丰富的实业教育思想，其商业教育思想即蕴含在实业教育思想之中。他努力将其实业教育思想付诸实践，创办了许多实业学堂。

张之洞的高等商业教育实践主要开展于湖北的自强学堂，这是一所综合性的学堂，分设四斋，其中便包括商务斋。自强学堂前身之一是张之洞 1891 年在湖北建立的方言商务学堂，这也是我国自办的最早的商业专门学校。1893 年，方言商务学堂归于自强学堂，1897 年商业科停办。虽历时不长，但结束了中国几千年来商业教育无法纳入正规教育的历史，拉开了近代高等商业教育的帷幕。

一　张之洞的工商业教育思想

张之洞认为实业是富国之本，一个国家只有在具备了雄厚的经济实力之后，才可能强盛；一个国家只有在培养出大量自己的实业科技人才之后，才能走上独立自主的富强之路。因此，他将大力兴办近代实业和实业教育，视为晚清"自强求富"的根本大计。在此思想指导下，张之洞兴办了中国近代许多重要的军事、民用工业，创办了大量的实业学堂，为中国近代化做出了巨大贡献。伊藤博文称张之洞为"中国第一能

---

① 陈景磐：《中国近代教育史》，人民教育出版社 1979 年版，第 102 页。

办事之人"。《清史稿·张之洞列传》中也对张之洞做了很高的评价:"之洞短身巨髯,风仪峻整。莅官所至,必有兴作,务宏大不问费多寡。爱才好客,名流文士争趋之。任疆寄数十年,及卒,家不增田一亩云。"

张之洞认为"自强"与"求富"二者,应先"求富",再图"自强"。他说:"窃惟富国之道,莫要于农、工、商三事,而农务尤为中国之根本。前经总理事务衙门户口等部迭次议奏,广种植,兴制造,讲商务各事。"① 张之洞先后创办了一大批工矿企业,包括当时亚洲最大的钢铁厂——汉阳铁厂,全国最大的兵工厂——湖北枪炮厂(汉阳兵工厂),全国第二大纺织工业体系——湖北纱、布、丝、麻四局。正如美国斯坦福大学教授罗威廉所指出的:"1889年张之洞到达武昌,可看作武汉工业化的开端。"②

实业的发展离不开人才。随着张之洞创办实业企业的经验积累,他逐步意识到利用学校教育培养实业人才的重要性和迫切性。"国势之强弱在于人才……环球各国竞长之争雄,莫不以教育为兴邦之急务。"③ 他认为要改变传统教育中轻视商业,忽视科技的观念,主张为农、工、商、路、矿、兵等设学,培养专门人才。为此,他先后兴办了湖北工艺学堂、农艺学堂、商务学堂、湖北驻日本东京铁路学堂等,取得了良好效果。为扩大人才的培养面,1898年,张之洞还建议设立劝商公所,进行商学的社会教育。

张之洞对农工商实业教育的重视,是建立在他对科举应试教育的反思与批判基础上的。他认为科举考试是"意在败坏天下之人才,非欲造就天下之人才"。所以他曾向朝廷提出"设文武学堂""酌改科举""停罢武科""奖励游学"等四项建议。光绪十五年(1889年)张之洞由两广总督调任湖广总督,即留意于物色主持实业教育的人才,引时务入教育,改变科举制度下的传统教育。1897年,湖北全省新式学堂仅自

---

① 朱有瓛主编:《中国近代学制史料》第1辑下册,华东师范大学出版社1986年版,第957页。
② [美]罗威廉(William T. Rowe):《汉口:一个中国城市的商业和社会1796—1889》,江溶、鲁西奇译,中国人民大学出版社2005年版,第17页。
③ 朱有瓛主编:《中国近代学制史料》第1辑下册,华东师范大学出版社1986年版,第957页。

强学堂1所，学生不足百人，教职员31人；1907年张之洞离任时，湖北全省新式学堂多达1512所，学生56671人，教职员5103人。张之洞在朝野赢得"通晓学务"的声誉，成为清末新教育"确立期"的代表人物。张百熙对张之洞兴办学堂的功绩称赞道："学堂为当今第一要务，张之洞为当今第一通晓学务之人，湖北所办学堂，颇有成效，此中利弊，阅历最深。"①《教育杂志》也在宣统元年十月二十五日刊登的《张文襄公与教育之关系》一文中对张之洞在湖北兴办教育的盛况描述道："一时湖楚教育之盛，甲于全国。四方求学者，闻风麇集。各省派员调查，以便仿办者，亦络绎于道。"张春霆在1947年《张文襄公治鄂记》中写道："当清季兴学令下，各省考察学制者必于鄂，延聘教员者必于鄂，外地学生负笈远来者尤多。"张之洞辞世后，四川总督赵尔巽为纪念张氏一生的功绩，向朝廷奏请为之设祠，他特别强调了张之洞的教育功绩，"其生平精神所寄，尤在振兴教育"，还特别提出其对人才培养的重要贡献："储备人才，以备国家缓急之需，而救当世空疏之习。"②

张之洞在洋务运动时期创办的实业与实业学堂所积累的经验，在"新政"时期发挥了巨大作用。张之洞被称为"洋务殿军"，在亲历清廷面临的一系列内外交困之后，张之洞对实业教育有了更加深刻的认识。1903年，他主持了学堂规章制度的厘定。在《钦定学堂章程》中加强了实业教育的内容。他在《重订学堂章程折》中提出实业教育要实现分层教学。"国计民生，莫要于农工商实业；兴办实业学堂，有百益而无一弊，最宜注重。兹另拟《初等农、工、商实业学堂章程》一册，附实业补习普通学堂以及艺徒学堂各章程。《中等农、工、商实业学堂章程》一册，《高等农、工、商实业学堂章程》一册，《实业学堂通则》一册。此皆原订章程所未及而别加编订者也。"③《钦定学堂章程》虽然未付诸实施，但张之洞在《奏定学堂章程》中，进一步完善了他的实业教育设想。他设计了我国第一个完整的实业教育制度，形成

---

① 张之洞：《张文襄公全集》，中国书店出版社1990年版，第561页。
② 张之洞：《张文襄公全集》，中国书店出版社1990年版，第507页。
③ 舒新城编：《中国近代教育史资料》上册，人民教育出版社1981年版，第196页。

了艺徒学堂（相当于初级教育）、中等实业学堂（相当于中级教育）以及高等实业学堂以及实业教员讲习所（相当于高等教育）三个层次的教育分级。

张之洞的实业教育思想较之于其他洋务派官员更为深刻。首先，他的"自强""求富"的思维没有局限在单一的工业内。而是将目光投放到更为宽广的农业、商业、运输业等方面。所以他对实业人才的培养范围更广阔。其次，他视实业教育为自强求富的重要工具，所以对人才的培养有更高的要求。他认识到实业人才的教育是一个渐进的过程，从低级到中级，最后到高级的递进，相应的还有人才类型和人才层次的区别。这是之前较少有人论述的。

张之洞在实业救国的过程中，通过引进西方先进科学技术和学科知识，派遣留学生，培养了一批具有资产阶级思想和文化的先进知识分子，他们对近代中国的政治、经济、文化、教育等方面起到了重要作用。

二 张之洞的商业教育实践

1891年，张之洞力主在湖北设立了专修商业外语的方言商务学堂，这是我国最早的商业学校。学堂招收学生50名，讲求商务。[①] 1893年在此基础上，他又创办了包括商业教育在内的自强学堂，是中国近代教育史上第一所真正由国人自行创办和管理的新式高等专门学堂。张之洞创办商业教育机构体现了他的"商为主、工为使"的观点。张之洞并不认为商业是工业的附庸，恰恰相反，他认为工业生产要符合市场的需求。因此，实业教育不能只注重工业技术教育，也要发展商业教育。正是因为他对商业在发展实业中的重要作用有着清醒认识和深刻见解，所以他才创立了其他洋务派未曾设想过的商业专门教育。自此以后，人们办学往往"仿湖北自强学堂成法，分科造士，教之以实事，程之以实功"。

（一）自强学堂的前身——方言商务学堂

张之洞在创办实业企业过程中发现随着新式工商业的发展，小农

---

① 门振华：《职业技术教育概论》，重庆大学出版社1988年版，第53页。

经济不断瓦解，近代商业的特征逐渐凸显，培养大批新式商业人才已成当务之急。正如1898年他在《劝学篇》中说："石田千里，谓之无地；愚民百万，谓之无民。不讲农工商之学，则中国地虽广，民虽众，终无解于土满人满之讥矣。"充分表现了他对农工商等实业教育的重视。

张之洞上任湖广总督之初，湖北教育水平本来极其落后，当时只有两所容量极小且破败不堪的旧式书院——江汉书院与经心书院。张之洞就任湖广总督后，不仅积极整顿修复这两个书院，还开始着手创办更新更大的两湖书院。张之洞还设想在书院设6门以经世致用为主的新式科目，即经学、史学、理学、文学、算学、经济学等。创建书院需要大量人力、物力和财力。以往书院经费来自盐务所捐，但当时湖北受连年水旱灾害的影响，民穷财尽，已不能再从税务抽取。此外，由于张之洞在湖北大举兴办近代工业企业，主要资金必须保证工业建设需要。光绪十七年五月（1891年6月），曾有人向张之洞建议设立西学堂。

同时，湖北出产的茶叶在出口时，由于语言不通多受买办挟制。"南茶商人，向来不悉洋务，较他省较为吃苦。"这些买办凭借外语技能操控湖北茶叶市场，"缘孖占能通彼国语言文字，货物之优劣、价值之低昂，胥由孖占操纵，是以茶商诸事隔阂，亦不能不仰给于孖占"。这些买办的道德操守有限，"其意在利，不在科名"。所以建立西学堂培养翻译人才，对茶商来说极为有利。他向朝廷提出"卑职愚见……改为通商西学"，师资则"即延请华人之能通西学者"，以外语教学为主要内容"以寻海之，俾专习各国语言文字"，目的是为茶商培养外语人才，"二三年学成之后，南北茶商皆可自专，而孖占之挟制可除，即茶市之利源益广"。① 因此，张之洞想出从湖南、湖北茶叶厘捐中筹措经费的办法。

1890年张之洞开始将这一设想付诸实施，即用茶捐创办两湖书院，专设商籍课额。张之洞在光绪十七年正月初一日（1891年2月9日）的《咨南、北学院调两湖书院肄业生》中将商业科的办学缘由、校舍

---

① 苑书义等主编：《张之洞全集》第4册，河北人民出版社1998年版，第2814页。

状况、生源、师资、科目设置、资金来源等情况一一作出说明:

  为新建两湖书院,调取诸生,甄别留院肄业事。为照维持世道,首赖人材,人材之成,必由学术。即论地方官化民成俗之道,亦必以教士为先。故书院之设,所以作养贤才,贵得明体达用之士,以备国家任使,庶可以羽翼圣道,匡济时艰。然必须有群萃州处之区,始克收师友讲习之益。查两湖地方,人才素盛,各贤辈出,惟湖北江汉书院暨本部堂前在学政任内创建经心书院,皆因经费未裕,斋舍无多。湖南省城书院颇多,然省外远郡士子,亦尚未能遍及。本部堂现于湖北省城创建两湖书院,筹集经费,就都司湖地方,环置斋舍二百间,调取两湖诸生各一百名,入院肄业。另置斋舍四十间,附调商籍诸生四十名肄业。课士之法,分经学、史学、理学、文学、算学、经济学六门,延请分教六人,专门训课。诸生愿执何业,各随才性所近,能兼者听。……另设商籍课额四十名,因茶业各商,筹捐两湖书院经费,特调其子弟肄业,以昭奖劝。其应调商籍诸生四十名,应由江汉关道转饬茶业各商自行禀请该道申送,统俟诸生到齐,书院规模大定,当即专案奏明。……

  他为了在地方办学加重茶税,为此受到了清宫监察御史的弹劾。指责他这一做法令湖广两地茶商怨声载道,并因而奏请清廷责停办学,减缩茶税。于是在光绪十七年(1891年)三月,张之洞收到自军机处下发的"有人控告张之洞劝令茶商输捐,修建两湖书院经费,有碍商情"的命令,并被上斥责以"如果属实,自应裁撤,以恤商困"。得知此事后,张之洞深感事态严重。有人向张之洞提出不如趁此机会,名正言顺地设立专业的商务学堂:"两湖书院原定商籍课额,本为南北茶商而设。商意在利,不在科名,不若即以所定商额改为通商西学,即延请华人之能西学者以训诲之,专习各国语言文字。"但张之洞面对各界压力,仍认为"算学乃制造之要源、商务关富强之大计",不办教育则无人才。同时,在办学过程中,他发现商业教育不仅涉及各国的语言和文字,还涉及商务学、营销学等专业知识,所以他也认为应当将商务学校脱离两湖书院,单独另设。于是他于光绪十七年五月十三日(即1891年6月

19日）在《札江汉关道另设学堂讲习方言商务、酌量分拨商籍》中提出：

> 据此，查两湖书院，设有算学、经济学两门，讲求时务，本已包括其中。兹据称拟请于所定商额，改为通商西学，专习各国语言文字等语，系为振兴茶叶商务起见，正与本部堂维持茶务本意，适相符合，所议尚属可行。应即于两湖书院外，另设学堂，设立方言学、商务学，专习各国语言文字，及讲求商务应如何浚利源，塞漏卮，畅销土货，阜民利用之术，均延华人精通各国语言文字暨晓畅时务者，分门教习。除此次甄别录取商籍内课、外课各生外，南茶商子弟有愿习方言、商务者，应由该商自行禀请，江汉关道申送，入学堂肄业。北茶及各省茶商子弟，均准其自行禀由关道申送。即非茶商，凡有子弟聪颖，愿习方言及通晓泰西情事者，均准其随时具禀本部堂衙门查核送入学堂。总共额数，约以五十名为率。一切详细章程，统候本部堂斟酌妥善，分别饬遵。应即先由江汉关道，谕知各该茶商等遵照。除咨行外，合亟札饬，札到该道，即便遵照办理。

其后，张之洞递交《查明茶商捐助书院学堂经费商情乐从折》于光绪帝，详陈抽收茶税以捐创办书院、学堂之始末，并陈请说明"所有查明茶商捐助两湖书院暨方言、商务学堂经费，与士林商务均有裨益，众商乐从，并酌减捐数"。

之后，在1891年8月25日，张氏出台《札铁路局令修算学、方言、商务各学堂并拟章程》，修改原两湖书院和办方言、商务学堂的计划，认为"照得算学最切实用，天文、地舆、水利、武备无不相需甚殷。至方言商务，亦为今日自强要图。为愿兼习化学、矿学等事，亦可就铁政局观摩考求。将来博习会通，成效尤大。为此札仰该局即便遵照筹议，将各种学堂规模、章程、定额若干名、经费若干两，需屋若干间，酌拟大略图呈候核定，一面即行委员迅速择地估工兴办"。这份函札成为张之洞规划的一份改造湖北旧教育、创办新式教育的蓝图。

方言商务学堂成立之后，张之洞决定裁撤茶捐，另行筹措办学经费。他于光绪十八年七月初三日（1892年8月24日）《札饬北善后局、铁政局等筹议方言、商务学堂经费、章程》中解释道：

> 为饬议速覆事。照得楚省洋务交涉，近年日益繁多，关系大局，实非浅鲜，必应极力讲求。本部堂前拟创设方言、商务学堂，叠经奏明在案。查方言、商务学堂，现已落成；至算学一道，必须融贯中西精蕴，应即将算学并入此堂，并添设格致一门，以期于制造工商等事，考求实用。即名曰学堂，内分算学、格致、方言、商务四门。查文字语言，乃中外交涉之要领；格致，乃制器开矿之本源；算学，穷船炮之精微；商务，关富强之大计。候即延致教习，分门教授，以期广收人才，裨益时局。应由北善后局筹拨经费，铁政局酌议章程。其经费应于新筹善后经费项下酌拨，不足则于新增筹定各款酌量拨足。其学堂与铁政局为邻，且一切事理本属相通，应即委铁政局总办蔡道兼管。除分行外，合亟饬议，为此札仰该局，即便遵照札行事理，迅将拨学堂常年经费、一切章程妥议详覆核办，毋稍稽延。

方言商务学堂的特点如下：从生源看，创建之初不仅有两湖书院调拨来的学生，也包括茶商的子弟。之后即使为非茶商子弟，对商业感兴趣的都可报名。由此可见，张之洞对商业教育的积极鼓励态度，以及培养商业人才的迫切心情。从课程设置看，虽然张之洞认识到"商务，关富强之大计"，商业教育的内容应涉及"讲求商务应如何浚利源，塞漏卮，畅销土货，阜民利用之术"，但具体的课程还缺乏科学的设置，这也为之后自强学堂停办商科埋下了伏笔。从资金来源看，最初在政府财政困难之时，张之洞想到变通之法，即打着"系为振兴茶叶商务起见"的旗号，培养茶商子弟，向茶商募集资金创办商业教育。在商业学校建立之后，张之洞果断另行筹措资金。使商业教育面向商业，而非某一行业。这体现了他的长远眼光。

由方言商务学堂的创办过程可以看出，虽然没有前人经验可借鉴，但张之洞顶住了朝廷的压力，在缺乏资金的情况下还是想方设法创建了学堂，不仅表明了他的决心和毅力，同时也可知他对商业发展的前景和重要地位有着清醒而深刻的认识。

(二) 自强学堂时期

为适应工商业发展的新形势,张之洞放弃原在两湖书院中扩建方言商务学堂的本意,新筹建自强学堂,堂址在武昌城内铁路局旁。至于筹办理由,他在1893年11月29日向光绪帝上表的《设立自强学堂片》中进行了详述:"治术以培植人材为本,经济以通达时务为先,自同治以来,总理各国事务衙门设立同文馆,创开风气,嗣是南北洋及闽粤各省递增设方言馆、格致书院、武备学堂,人才奋兴,成效昭著。"而创办学堂对湖北具有重要的作用:"湖北地处上游,南北要冲,汉口宜昌均为通商口岸,洋务日繁,动关大局,造就人才,似不可缓,亟应及时创设学堂,先选两湖人士肄业其中。"至于办学宗旨则为:"讲求时务,融贯中西,研精器数,以期教育成材,上备国家任使。"自强学堂的学科设置包括方言斋、格致斋、算学斋、商务斋四种,其中方言斋前身为1891年张之洞建立的专修商业外语的方言商务学堂。招生规模为每门学生先以二十人为率,湖北湖南两省士人方准与考。教学内容包括"方言"——学习泰西语言文字,通晓外事。"格致"——兼通化学、重学、电学、光学等事,入门各类学科。"算学"——制造业的根源,商务关乎自强之大计。实行分科教学:"每门延教习一人,分斋教授。"教学方法是由浅入深,循序渐进,不尚空谈,务求实用。自强学堂的经费则"暂就外筹之款凑拨济用。俟规模渐扩,成效渐著,再行筹定专款,奏明办理,以为经久之计"[①]。

自强学堂的首任学堂总办蔡锡勇(1847—1897年),福建龙溪人。1867年广州同文馆毕业,1876年任驻美使馆翻译。他是中文速记的创始人,1896年撰写了中国历史上第一部速记专著《传音快字》。他还是中国现代会计学科的奠基人,"他以意大利的借贷记帐原理为蓝本,历经数载研磨,终于写成《连环帐谱》一书,是中国出版的第一部研究借贷复式簿记的专著"[②],在我国近代会计发展史上占有重要地位。张之洞极为欣赏蔡锡勇的才能,自强学堂创办过程中的重要事件几乎都是委托蔡锡勇经手。

---

① 张之洞:《张文襄公全集》,中国书店1990年版,第453页。
② 蔡锡勇:《连环帐谱》,立信会计出版社2009年版,第3页。

甲午战后的 1896 年，张之洞经过反思，开始对自强学堂进行一系列重大改革。最重要的举措是调整科目设置。张之洞决定将自强学堂原设的四个科目进行调整，把算学一门移归两湖书院。而格致、商务因师资、教材都成问题，"多空谈而少实际"，教学效果也令张之洞极其失望，"有的学生刚学了点皮毛，便跑到外国商行服务。把外语学习看作是为自己以后当个译员混个饭碗的必由之路"①。于是张之洞停止格致、商务两科授课。并扩大方言斋一门为英文、法文、德文、俄文四门，外加东文（日语学习），共计五门。张还认为学通了外文，"将来格致、商务，即可自行诵译探讨"，唯"方言"一门，"为一切西学之阶梯"。"若非精晓洋文，即不能自读西书。若不能多读西书，即无从会通博采"，"不学习泰西语言，要探格致、商务之精微便不可能"。② 张之洞对这两门课另有打算，艾尔斯（William Ayers）在《张之洞和中国教育改革·记自强学堂》中提道："在自强学堂里，格致和商务作为学习和考试的单独课程被取消了。张打算通过泰西方言学习，让学生间接而缓慢地接近格致和商务，在学习方言过程中，把格致和商务材料选做课本。在学生精晓洋文之后进行更深入的研究。"③

而实际上格致、商务并非完全取消，而是融入外语教学之中，"而格致、商务，即包含其内，自后此两门毋庸命题专课"④。自强学堂的考试题也从一个侧面反映学堂课程包含商业内容。如 1899 年英语考试中一道翻译题为："译通工、通商说一则。"⑤ 出于自古对商业教育的偏见，以及洋务派对军事、工业的过度关注，使商业教材的引进、翻译处于相对缺失状态，"到 1910 年，江南制造局翻译馆出版了 173 部翻译或编写的著作"⑥，其中仅包括 3 部商业著作。在这种状况下，取消专门

---

① 季压西、陈伟民：《从"同文三馆"起步》，学苑出版社 2007 年版，第 192—193 页。
② 高时良、黄仁贤编：《中国近代教育史资料汇编·洋务运动时期教育》，上海教育出版社 2007 年版，第 274 页。
③ William Ayers, *Chang Chih-tung and Educational Reform in China*, Harvard University Press, 1971, pp. 124 – 130.
④ 高时良、黄仁贤编：《中国近代教育史资料汇编·洋务运动时期教育》，上海教育出版社 2007 年版，第 274 页。
⑤ 高晓芳：《晚清洋务学堂的外语教育研究》，商务印书馆 2007 年版，第 196 页。
⑥ 顾卫星：《晚清英语教学研究》，苏州大学出版社 2004 年版，第 324 页。

的商业教育不仅是无奈之举，也是明智之举。1896年8月经过改革后的自强学堂又恢复了同文三馆的教学模式，即以外国语教育为主，其他学科为辅。自强学堂由综合性学堂变成专门外国语学堂。

中国在遭受帝国主义的入侵后，传统商业模式发生根本改变。中国在19世纪末20世纪初，商品市场已然产生、买办阶级逐步形成、外国商业银行登陆中国等一系列的变化，使商业的地位和作用在中国历史上产生前所未有的影响。张之洞已经认识到这一点，所以，虽然自强学堂停止商务斋的教学工作，但没有放弃商业知识的传播。自强学堂在1896年增设译书局，开始翻译商务经济书籍。张之洞认为"西书之切于实用者，充栋汗牛"，"方今商务日兴，铁路将开，则商务律、铁路律等类，亦宜逐渐译出，以资参考"。他决定将译介西方商业书籍的课程纳入自强学堂制度之中。

（三）从自强学堂到方言学堂

1902年，为配合"新政"中的教育改革，自强学堂更名为方言学堂，方言学堂成为自强学堂的后继者。

1901年1月29日（光绪二十六年十二月初十日），慈禧于西安颁布"变法"谕旨，标志着清政府"新政"始行，多涉及教育改革。又在同年9月14日（光绪二十七年八月初二日）下令兴学诏，"除京师已设大学堂应切实整顿外，着各省所有书院，于省城均改设大学堂，各府厅直隶州均设中学堂，各州县均设小学堂，并多设蒙养学堂"。

光绪二十八年四月二十六日（1902年6月2日），张之洞向朝廷的学务处致函札言道："设立方言学堂一所，以城内旧日农务局屋舍充用。即将自强学堂原有学生移入，仍另行定章，分别去留。"在正式更名为方言学堂后，自强学堂新址择于东厂口原农务学堂建址。

新的方言学堂与自强学堂相比，各方面无论是招生规模还是课程设置都有所扩大。首先是学生数量的增加。1899年自强学堂在校生75人，历届招生最多不过120人。自改为方言学堂后的1903年，在校人数达120人，1904年为240人，1905年达到354人。从规定的英、俄、日、德、法五门各30人，共计150名的数量，至1905年2月达到连续三届在校生共计354人，创学堂开办以来人数最多纪录。

其次是课程的增扩。计人伦道德、经学、中国文学、外语、地理、历史、算术、博物、物理化学、教育、理财、公法、交涉、绘图、体操、兵操达 16 门之多。

再次为注重与国外交流。自强学堂总稽察姚锡光，奉张之洞之命赴日本考察教育后，在 1898 年 4 月《上张之洞查看日本学校大概情形手折》的基础上，著成《东瀛学校举概》一书，第一个在我国全面、系统地介绍日本教育情况。1902 年 11 月起，方言学堂共有 20 多名学生赴美国、德国、俄罗斯、法国、比利时等国留学。

方言学堂将"理财"一科明确列出，表明张之洞一直没有放弃实施商业教育的最初设想。与 1867 年京师同文馆首开，其余相关学堂模仿开设的"国富策"一科不同，经过 30 多年的发展，人们对商业教育的内容不断丰富。

方言学堂随着张之洞的离任而没落，并最终停办，但它为社会培养了许多的专门性人才。两个学堂的毕业生分布在各省各界的教育、工业、商业等方面，涉及教学、翻译及商务诸多事宜。留鄂学生多于省城及府县的实业中等学堂担负起了外语、国文、历史、地理、格致、教育、图画、体操、算学、经学等课程的教学任务。在 1932 年 10 月 21 日公布的《最近湖北教育一览表》中显示方言学堂"内分十九班，学生达千人，是时各省兴学，需材孔多，凡京师向湖北调遣，各省向湖北索聘，以及湖北派赴外洋留学，大半为方言学生也！"

中国近代词人况周颐在《餐樱庑随笔》中对自强学堂高度评价道："两湖自强学堂建设于武昌，为中国第一中西学堂。经始光绪中叶，丁酉、戊戌以还，规模灿然大备"，"张文襄督鄂十数年，此自强学堂之设，不可谓非育才恤士之实政也"。由于教学质量有保障，在戊戌变法和"新政"时实业学堂的中国教师大都源于自强学堂的学生。

我国近现代史上许多著名人物也在这里毕业和肄业。自强学堂、方言学堂的毕业生中，有 30 多人成为辛亥革命志士。著名的民主革命家、辛亥革命中光复新疆的主要负责人冯特民，著名民主革命家、史学家、《湖北学生界》的主笔刘成禺，著名的法学家马德润，著名的外交家沈翔云、夏维崧以及陈篆、陈宧、赵恒惕等均毕业于自强学堂。以至于辜鸿铭称："民国成立，系孙中山与张香涛的合作。"令张之洞始料未及的是，"他苦心经营的实业教育也培养出辛亥革命的领导人，成了他所维护的清政府统治的掘墓人"①。

三 张之洞与自强学堂的商业教育经验

自强学堂是最晚一批创办的洋务学堂，在发展过程中既能够吸取前期洋务学堂的优点，摒弃其不足，又受到之后戊戌变法运动和"新政"时期的教育改革的影响。在它存续的 18 年中，其自身特点对近代教育产生了深远的影响。

（一）追求办学独立自主

"自强学堂是我国近代教育史上第一所真正由中国人自己创办、管理的新式高等专门学堂。"② 之前，洋务派创办的新式学堂或多或少地由洋人把控。如京师同文馆、船政学堂等，大多延聘洋人为总教习，掌管学堂的诸多事务。少数国人能自己管理的学堂，其经费多来源于海关关税，而海关则由洋人把控，所以也间接地控制了这些学堂。

张之洞办学之初就意识到这个问题，从方言商务学堂到自强学堂，到最终的方言学堂，历任学堂总办与行政管理人员均是以华人为主的候补官员担任。虽然学堂花巨资聘请了洋教习，但很少让他们插手学堂事务。正如张之洞在《致京管理大学堂张尚书》中所说："湖北各学堂洋教习，皆受节制于学堂总办。"

办学的经费为张之洞从各处筹集的款项，而非通过洋人之手的海关税款。"所需经费，暂就外筹之款凑拨济用。俟规模渐扩，成效渐著，再行筹定专款，奏明办理，以为经久至计。"③ 这就从办学经费上确保了独立性。

（二）实行分科分级教学

自强学堂的最大特征与创新是实行分科分级教学，学堂共设四科，体现了创办者办学理念的近代性。李端棻在《奏请推广学校折》中也曾指出："格致制造诸学，非终身执业，聚众讲求，不能致精。今除湖

---

① 吴洪成等：《中国近代职业教育制度史研究》，知识产权出版社 2012 年版，第 16 页。
② 谢红星主编：《武汉大学校史新编（1893—2013）》，武汉大学出版社 2013 年版，第 28 页。
③ 张之洞：《张文襄公全集》，中国书店 1990 年版，第 462 页。

北学堂外，其余诸馆，学业不分斋院，生徒不重专门。"

自强学堂还初步实施了分级教学。每次招收学生数量满额之后就不再添加新生。这与其他学堂随招随教的教学制度不同，可保证学生的学习完整性和教师教学进度。

这些做法备受世人推崇，东山精舍在其学校章程中特别写明：

> 举人等会议深思，拟以东山精舍仿湖北自强学堂成法，分科造士，为算学、格致、方言、商务四斋，教之以实事，程之以实功，庶几风气大开，矫其空陋，专习所学，自然业精于勤，足以养成实材。
>
> 入堂肄业者，算学为先……将来经费既足，可为推广，如格致商务方言皆各有专门，专而后可以精益求精。
>
> 今精舍算学、格致、方言、商务虽分四斋，而每人止专一门，盖业精于勤，必专而后精。

分科分级的教学制度具有鲜明的进步性，与其他同期洋务学堂截然不同，因此，这一做法被后来维新运动时期的很多学堂效仿。

(三) 面对实际适时改革

洋务运动前后共创办的高等性质的新式学堂、书院多达200余所，但到辛亥革命时，已不足十余所，自强学堂是其中之一。这与张之洞勇于创新、锐意改革分不开。张之洞在创办实业过程中，意识到商业商贸发展的巨大前景与商业、外语人才不足并存时，便极具开创性地建立了方言商务学校。课程设置既有西文西语，又有商贸知识，改变了办新式教育只注重西文、西艺的做法。为进一步培养实业人才，他又创设具有高等教育性质的自强学堂，并将方言商务学堂归入其中，教学实行分科教学的改革。当张之洞发觉发展商业教育尚不具备条件时，他毅然取消商务斋。但他又糅商业知识于外语教育中，以另一种方式促进商务教育的发展。同时，他还在自强学堂内设立译书局，主要翻译商务经济方面的书籍，为专门的商业教育打基础。

自强学堂将膏火费改成奖学金，并收取一定学费。"凡考取入自强学堂肄业之学生，皆不发膏火银元，止按月择优奖赏，以选真才而收实效。"过去新式学堂为吸引学生到堂读书，将津贴以膏火费的形式发放给学生，这种做法的弊端是"启无志向学、专图口腹者滥厕之弊"。而取消膏火、收取学费的好处是"可以觇来学者之诚心与否"，"在有志之士就学情殷，本不以膏火之有无为进退，倘有名为向学、实图膏火者，自必废然而返，变计不来，则入学之人皆系有志求益之士，学堂规矩更形严肃"。①

张之洞在办学方向、培养目标、学科设置、课程开设、学生管理等方面随时适应时代发展的需要进行调整改革，极大地促进了学堂的实力与活力。

（四）注重培养动手能力

张之洞特别注重师生接触实际与动手能力的培养。早在自强学堂筹备期间，张之洞就有意识地将方言、商务、算学各学堂安排在铁政局附近，以利师生到矿化学堂就近观摩切磋，互相影响，取长补短。自强学堂改革时，干脆将这所矿化学堂并入自强学堂，别为一门。同时还在自强学堂内附设译西书处，使师生通过编译两书的实践来提高教学质量。这种"学之为事，讲习与历练兼之"的办学思想，张之洞在广州开办水陆师学堂时就已提出，而真正落实却在湖北的自强学堂。

当时，学堂编译西书并不鲜见，但总理衙门同文馆所译介的书刊多为交涉、公法等书。而上海广方言馆则多涉武备、制造之书。张之洞认为"方今商务日兴，铁路将开，则商务律、铁路律等类，亦宜逐渐译出，以资参考，其他专门之学，如种植、畜牧等利用厚生之书，以及西国治国养民之术，由贫而富、由弱而强之陈迹"，亦应多翻译。其具体措施是"延聘通晓华语之西士一二人口译各书，而以华人为之笔述，刊布流传，为未通洋文者收集思广益之效"。所谓"以华人为之笔述"的"华人"，即自强学堂的"领班学长"及其带领的学生。

洋务运动时期，包括商业教育在内的新式教育都属于创办之初期，无前人经验可以借鉴，所以洋务派只能在实践中不断摸索，积累经验。自强学堂创办高等商业专科教育的实践虽然为现实所击败，又返回到与英语融合的状态，但它却给之后的商业教育发展提供了有益的借鉴。

---

① 张之洞：《张文襄公全集》，中国书店1990年版，第464页。

第五节　这一时期中国近代高等商业教育的特点

以奕訢、李鸿章、张之洞等封建官僚为代表的洋务派运用"拿来主义",将西方教育直接引入中国,这时的商业教育特点如下。

一　学校级别单一

洋务派创办的新式学堂和书院的级别从近代学制的设置来看属于高等专科教育。因为洋务学堂招生的对象都有一定知识基础,教授的内容是某一专门技术或知识。而高等教育的定义就是指"一切建立在普通教育基础上的专业教育"[①]。

由于受到地域与文化的局限,洋务派沿袭前人思想,没有意识到理论层面上西学较中学的优越性,这成为近代文明形成发展的重要基础。他们认为夷之所长仅在于技艺,即战舰、火器和养兵练兵之法,所以提出"中学为体,西学为用"的观点。洋务创办的教育是西学东渐的产物,是洋务派为应时务之需仓皇建立的,这些新教育与中国原有的以及西方的教育体系和教授内容截然不同,在口径与内容上无法相互衔接。可见,他们既未考虑到教育的承接性与延续性,也未考虑西方教育对中国未来社会政治、经济、文化的引领作用。因此,在学校级别的设置上仅创办了一批培养高级技术人才的学堂和书院。

由于洋务教育缺乏一个前后相连、高低相接的完整学校体系,学校级别的单一性直接造成的后果就是缺乏合格的生源。洋务学堂的课程是近代化的科学知识,要求学生有相应的知识基础。可是中国传统的封建教育只注重"四书""五经"的传授,其他知识皆摒弃在学校教育的内容之外。这些内容与近代教育的需求相距甚远。为此,许多新式学堂不得不开设预备科。但这也无法从根本上提高生源水平。大多洋务学堂在辛亥革命后衰落消失的重要原因之一也在于此。

---

① 《中国大百科全书·教育》,中国大百科全书出版社1985年版,第94页。

方言学堂最终也没有避免停办的厄运。时人在总结时，认为一个重要的原因就是学校级别设置单一，头重脚轻，中小学开办较晚，"使高等学堂无源头活水，临渴掘井，荒不择食，良莠参差，以致生源有些滥竽充数"①。方言学堂一时没有合格的中学毕业生可供挑选，自然良莠掺杂，影响教学水平和教育质量。

虽然教会学校多由来自西方发达国家的传教士创办，但中国教育近代为零，将西方学制体系完全引入中国极为不现实。为适应中国社会的状况，教会教学也不得不向世俗化方向转变。

二　课程设置新旧并存

洋务派所主张的"中体西用"办学指导思想，是自鸦片战争以来向西方学习的一种教育思潮，是沦为半殖民地的中国走出中世纪传统的新教育观。"中学为体，西学为用"，实际上就是在坚持传统的儒家典籍学习的基础上，吸取了西方近代的科学技术教学内容和教学手段，引进了"西学"和"西艺"。这是中国传统教育思想的一次大变动，对中国近代教育史有不可忽视的重大影响。"中体西用"的命题来源于中国古代"体"与"用"关系的范畴，在近代则趋向于探讨"中"与"西"的关系。

1861年，冯桂芬在《校邠庐抗议·采西学议》中写道："如以中国之伦常名教为原本，辅以诸国富强之术，不更善之善者哉？"② 1892年郑观应在《盛世危言·西学》篇中说："合而言之，中学其本也，西学其末也，主以中学，辅以西学，知其缓急，审其变通，操纵刚柔，洞达政体，教学之效，其在兹乎。"③ 1896年8月，孙家鼐在《议复开办京师大学堂折》中说："今中国京师创立大学堂，自应以中学为主，西学为辅；中学为体，西学为用。中学有未备者，以西学补之，中学有失传者，以西学还之。以中学包罗西学，不能以西学凌驾中学，此是

---

① 谢红星主编：《武汉大学校史新编（1893—2013）》，武汉大学出版社2013年版，第27页。
② 陈学恂主编：《中国近代教育文选》，人民教育出版社2001年版，第19页。
③ 陈学恂主编：《中国近代教育文选》，人民教育出版社2001年版，第54页。

立学宗旨。"① 这是一次比较全面的阐述，直到1898年张之洞撰成《劝学篇》，"中学为体，西学为用"才形成一个完整的体系。中学即指四书五经，中国的史事、政书、地图之类，应当放在首位；新学指西艺、西政、西史之类，为中学的补充。"旧学为体，新学为用，不使偏废"。② 这是张之洞积极筹办几十年的洋务教育一直采用的教育指导思想，其目的在于使受教育者"既免迂陋无用之讥，亦杜离经叛道之弊"。

自强学堂的课程设置便充分体现张之洞"中学为体，西学为用"的办学宗旨。自强学堂改革后的课程科目设置包括方言、汉文、数学、历史、理科、地理、体操、兵操共八门。每周上课时间共计41小时25分钟，其中"汉文"就占9小时35分钟。

可见，洋务派创办新式教育的观念根本没有突破封建伦理的局限，他们试图在不触动封建制度根基和不改变传统的纲常伦理的前提下，使学生掌握西方科技和工商业知识。用李鸿章的话来说，便是"变器不变道"。当然，在当时，正是因为有了"中体西用"作为辩护，才有了西学的引进和新式学堂的创办。"中体西用"成为创立新式学堂、订定宗旨、确立学制、颁布课程、编纂教材的思想基础，自强学堂也不例外。

三 商科尚未独立

中国自古对于人才的培养注重"义"而轻其"利"，对"义"与"利"的看法在先秦孟子"王何必言利，亦有仁义而已"（《孟子·梁惠王上》）与汉董仲舒"正其谊不谋其利，明其道不计其功"（《汉书·董仲舒传》）中即可看出，强调人才的价值在于道义而远离利益。洋务派的教育思想颠覆了传统教育理念，创办学堂兴办教育的目的就是"为求利以富强"。将"求利"的目的直言不讳地提出来，提倡教育与包括商业在内的实业结合，为商业近代教育开辟了道路。

---

① 陈学恂主编：《中国近代教育史教学参考资料》上册，人民教育出版社1986年版，第431页。
② 陈山榜主编：《张之洞教育文存》，人民教育出版社2008年版，第216页。

商业教育的发展与商业发展类似，商业发展的趋势已经确定，但格局还没有成型。商业教育近代化的契机已经产生，但发展条件还不成熟。这一时期无论是官办还是教会办的高等商业教育在全国没有充分发展起来，尚未独立成为一科，所以商业英语教育成为高等商业教育的嚆矢。

第二章

中国近代高等商业教育的雏形

1894—1895年发生的中日甲午战争，是全方位学习西方的日本与只学西方技术的中国之间一场较量。战前中国北洋水师舰队被称为"亚洲第一，世界第六"，但战争的结果是中国惨败，向日本割地赔款，整个中国社会危如累卵。甲午惨败迫使人们对洋务运动进行深刻反思，并进一步探寻中国自强的新路。内外交困，也迫使清政府的各项政策不能不做出重大调整。战争结束后不久的1895年7月19日，清廷上谕明确指出要"以筹饷练兵为急务；以恤商惠工为本源"。这标志着清廷的经济政策从压制私人资本，即剥夺国民的经济活动自由，转变为"恤商惠工"，力求保护和扶植私人资本。

历来主张全面学习西方近代政治、经济、学术，进行资本主义性质改良的维新派及其思想主张开始登上中国历史舞台，并逐渐发展为最有影响的思潮和运动。在康有为、梁启超、严复以及谭嗣同等领军人物的大力宣传和带动下，维新运动在戊戌年（1898年）发展到高潮，史称"戊戌变法"。

维新派意识到要达到变法图强的目的，要有新型政治与科技人才做支撑，若要培养这些理想的人才，必须大力兴办学堂。而且他们意识到，只学西方"形而下"的器物之学不是中国富强之道，必须进一步学习西方"形而上"的道理之学。

从早期的改良派开始，就已目睹了西方经济的发达，他们要求重视商战，学习西方的商务。于是，中国早期的实业教育思想及其指导下的教育实践开始萌生。在这一特殊背景下，维新运动时期所办学堂与甲午战前相比，出现了新的变化。一是兴办了一批综合性的学堂，而且出现了近代分级教学的雏形；二是专门学堂的门类更加齐全，初步建立了比较完整的近代教育体系。看到商业的发展前景，在洋务运动时期商业教育实践基础之上，各地纷纷开始筹建商业专门教育。教会组织也开始关注到商业的发展，在中国建立了一批高等商业学校。中国近代高等商业教育雏形渐显。

第一节　商业教育的实践基础与舆论准备

甲午战争前后虽然列强对中国经济侵略的程度不断加深，但民族工商业在夹缝中仍然顽强发展。以康有为、谭嗣同、梁启超等人为代表的维新派通过对早期改良派"商业为本"思想的发展，形成了重商观念和商业救国思想。正是这些实践和思想因素，共同促成了维新运动时期中国近代高等商业教育的雏形。

一　实践基础

甲午战争前后，随着各主要资本主义国家向帝国主义过渡，这些国家对华的经济侵略方式有所改变，从以商品输出为主转变为以资本输出为主，大批外国"过剩"资本侵入中国，使中国的经济完全为外国资本所控制，严重影响了中国民族资本主义工商业的正常发展，中国社会半封建半殖民地的性质日益深化。同时，中国自身的商业经济在来自内外的重压下仍然顽强发展，表现为近代企业的显著发展、商人地位提高、手工业商品生产发展、农产品商业化进一步发展、民族商业资本不断积累等方面。

（一）列强的经济侵略加深

甲午战争以前，各资本主义国家在中国设立的工厂企业并不多，规模也很小，基本上是为商品输出服务的。随着侵略性质的转变，这些帝国主义国家对在殖民地、半殖民地国家设厂、进行资本输出的要求愈加强烈，因而不惜再次发动武装侵略，以迫使清政府取消对外人设厂的限制，承认其在华设厂的权利，从而扫清在中国进行资本输出的障碍。通过甲午战争，帝国主义国家实现了这个目的。所以甲午战争以后，中国除了继续作为国际商品销售市场外，又成了国际资本投放场所。各帝国主义国家疯狂地扩大在中国的势力范围，掀起了对华投资的狂潮。帝国主义对华投资大体可分为两大类。

一是政治性投资，即以贷款方式借给中国政府，其用途为非生产性的，如支付军费、赔款、应付意外事变或紧急开支等。自甲午战争以后，中国的经济遭受严重打击。战争的巨额赔款不断刷新清政府的财政赤字。在甲午战争后的3年里，清政府在列强的逼迫下，先后3次向俄、法、英、德等国借款3亿两白银，约为当时国库的4倍。为获得各国贷款，清政府以主权换金钱。通过这些贷款，帝国主义控制了中国的海关行政管理权，并获得了许多其他政治特权。实现了帝国主义国家通过政治贷款的形式进行对华资本输出。

二是经济侵略性投资，即以资本在中国经营各种经济事业。其中包括经济性投资，如银行、交通、运输、工厂、矿山、贸易、保险、公用事业等无所不包。以银行，铁路、工厂、矿山和贸易三个方面为例。

首先，银行。前一章已做介绍，资本主义国家在甲午战争前就在中国设立银行，由于数量少，规模小，所以这些外资银行的势力还不太大。在中国的主要作用是为资本主义各国对中国的商品输出服务。甲午战争以后，这些银行负有特殊的经济侵略使命，帝国主义对中国进行政治投资、工矿企业投资、修筑铁路、经营贸易以及其他经济活动，都通过银行来进行。银行成了各帝国主义国家对中国进行资本输出的中心枢纽，垄断中国的金融市场。因此，各帝国主义国家在甲午战争后纷纷在中国设立银行。据统计，各帝国主义在中国的银行，1895—1913年，设立了13行，85个分支机构；1914—1926年，又设立了44行，125个分支机构。加上甲午战争以前设立的在内，总共有65行，分支机构共226处。①

其次，铁路、工厂、矿山。帝国主义投资中国铁路主要通过两种方式，一种是直接由外国人投资兴建并经营；另一种是借款给清政府兴

---

① 吴承明：《帝国主义在旧中国的投资》，人民出版社1955年版，第45页。

建。① 从甲午战争到 1900 年，列强各国还在中国共取得长达 1.9 万余公里的铁路投资和修筑权。帝国主义以铁路借款为主要投资方式，纷纷向清政府勒索大批铁路借款权，使铁路借款额大增。1895—1902 年只有 1840 万美元，而 1903—1914 年已高达 29560 万美元。各国利用政治之便利纷纷在华建立工厂，到 1894 年，外国在中国设立的工厂有 100 家左右。甲午战争以后，随着《马关条约》的签订，外国资本家"合法"地取得了在中国设厂的特权，外国在中国直接投资建厂的数量至 1911 年激增至 900 余家。这些企业利用中国廉价的原料和劳动力，制造大批商品，就地销售，严重地阻碍了中华民族工业的发展。随着列强各国取得在河北、山西、四川、河南、山东、新疆和东三省的开矿权，帝国主义在华工矿投资有增无减，中国近代工矿企业，大多为外国资本所控制和垄断。以煤矿为例，1926 年，全国煤矿总产量中，帝国主义国家控制下的产量占 53.1%，机械采煤部分则占 78.3%，年产百万吨以上的大型煤矿全部由外资控制。机械开采的铁矿及冶铁业，1920 年由外资控制的高达 94.6%。在纺织业中，外资控制的纱锭和布机，1927 年分别占 42.6% 和近 50%。②

除此之外，帝国主义为获取更多的铁路修筑权和开采权，在中国夺取租借地，划分势力范围。1896 年，俄国以干涉还辽有功为由，强迫清政府签订《中俄密约》，获得在黑龙江、吉林两省修筑铁路和采矿权，1898 年又强租旅顺、大连，将整个东北划为它的势力范围。1897 年，德国出兵强占胶州湾，翌年强迫清政府签订《胶澳租界条约》，强租胶州湾 99 年，将山东划为它的势力范围。法国强租广州湾，取得自越南到昆明的铁路修筑权，并把云南、广西、广东三省划为自己的势力范围。英国除控制长江流域外，1898 年又逼迫清政府签订《展拓香港界址专条》，强租九龙半岛 99 年。日本除已霸占台湾外，又把福建划为它的势力范围，美国则在"门户开放"政策的幌子下，根据"利益均

---

① 严中平等编：《中国近代经济史统计资料选辑》，中国社会科学出版社 2012 年版，第 90 页。

② 严中平等编：《中国近代经济史统计资料选辑》，中国社会科学出版社 2012 年版，第 123—124、127、132—135 页。

沾，机会均等"的原则，分享各国所取得的种种特权。这些做法严重阻碍了中国工业、商业的发展。

最后，贸易。帝国主义国家通过贸易投资控制中国的对外贸易。它们在中国设立各种贸易机构为其商业掠夺服务。这些贸易机构随着在华商业掠夺的程度加深和范围扩大，数量也在不断增加，1882年为40家，1892年为579家，1913年为3805家。① 甲午战后的在华外商，不少已是世界性垄断组织的分支机构，不仅是一般作为进出口中介的洋行。如美国的美孚石油公司（于1894年在华设立），它是有名的世界性托拉斯组织。中国的对外贸易就是由这些在华外商垄断着。中国对外贸易总额的90%都操纵在外商垄断组织的手中，一般的中国商人很难插足。

（二）民族商业顽强发展

1. 近代企业的显著发展

甲午战争后至戊戌变法之前的大约4年间，中国资本主义近代企业有了显著的发展。究其原因，包括以下几方面：首先，洋务派创办的企业仍在继续经营，有的规模还有所扩大。比如，江南制造局在1896年增建无烟火药厂，每年增拨常年经费20万两。湖北枪炮厂自甲午战后历年均有扩建。其他省份的军工企业和民用企业，也有不同规模的增建或扩建。其次，清政府对企业的管控力度减弱。甲午战争签订的马关条约确认了外国在华设厂权，清政府无法对本国民营企业再加以限制。从1899年起，官督商办企业不再新设，原有的官督商办、官商合办企业逐步向商办方向转化。更多手握重资的官僚、封建地主、商人转向投资经营私人资本企业。最后，私人资本发展迅速。在甲午战争前，由于受到当时种种条件的限制，私人资本近代工业刚刚起步，相对于外国资本和国家资本而言是很弱小的，处境十分艰难。但毕竟出现了商业资本向工业资本的转化，为甲午战争后至第一次世界大战爆发前的中国民族资本主义的初步发展奠定了一定的基础。据统计，1895—1898年，资本额可查的万元以上的厂矿共80家，资本总额1781万元，其中私人资本62家，资本额1246万元，占70%。而官办和官督商办资本18家，资

---

① 吴承明：《帝国主义在旧中国的投资》，人民出版社1955年版，第41页。

本额 534 万元，只占 30%。①

2. 商人地位提高

中国在甲午中日战争中惨败，《马关条约》规定对日割地、赔款，外国掀起对华资本输出高潮和瓜分中国的狂潮。中国有识志士充分认识到，唯有发展近代企业，摆脱贫困状态，才能战胜列强的侵夺。实业救国成为越来越多中国人的愿望和行动。到 1895—1913 年，向民族工业的投资成为一种普遍现象，投资领域扩展到铁路、工矿、轻工、纺织、卷烟、运输、水电、银行等各个领域。由于地主、官僚经商活动普遍化，商人通过官方卖官鬻爵而得官绅身份的做法颇为时尚，官商互融。这一方面使商人队伍迅速扩大，另一方面使官绅借商业经营而膨胀其资财。因此，即便一些人以官绅身份创办近代企业的资金，也有相当一部分在本质上出自商业资本的积累。所以，随着近代人们越来越重视商业的重要性，商人的地位逐步提高。

3. 手工业商品生产发展

甲午战争后，中国手工业产品在一定程度上受到中外工厂机械制造品的巨大挑战。另外，随着农村经济破产，政府苛捐杂税加重，人民群众购买力下降，使小手工业生产者日益走向破产。虽然从生产力发展的总趋势看，小手工业生产为大机器生产所代替是经济发展的必然规律。但是，中国的经济发展形势不但复杂，而且受到外国势力的影响。由于中国民族资本主义发展不充分，机械化社会大生产并不能完全代替小手工业生产来满足市场需要，尤其是国民在接受外国商品与资本的入侵时在某种程度上也会遇到一定的阻力，这就给民族小手工业生产得以存在甚至发展的空隙。

4. 农产品商业化进一步发展

一方面，由于帝国主义侵略的深入，世界市场对中国农业生产的影响日益加强。帝国主义在中国设立的一些垄断企业，通过买办，控制了农产品市场。丝、茶等重要农产品，在华外国洋行都直接派人到产地农村收购，有的甚至还有自己完整的收购组织系统。因此，为了适应市场

---

① 汪敬虞：《中国近代工业史资料》第 2 辑下册，科学出版社 1957 年版，第 869—891 页。

的需要，这个时期的农产品商品化发展，除了一般的经济作物种植扩大以外，还表现在农业专业化区域的出现和发展。其他如花生、烟叶以及稻、麦的专业化区域也十分明显。农产品专业化区域的产生和发展，说明农产品商品化的程度进一步提高了。另一方面，工业的发展，城市人口的增长，对粮食的需求不断增加，同时技术作物生产的发展，也推动了粮食商品化的发展，而农民的贫困化，也是促进农产品商品化的重要原因。大量农产品流入市场，并不是由于农业生产的扩大，而是由于农民贫困化的加深。农民贫困化是帝国主义、封建主义严重压迫与剥削的结果，它使农民失去土地成为无产者，为资本主义造就了劳动力市场，并开拓了国内市场。为了纳税、交租、偿利、还账，农民不得不以糠菜充饥而将粮食卖出，他们不仅出卖商品生产部分，而且还压缩自食部分来出卖，他们在收获季节廉价出售，青黄不接时又高价购进，以资周转，因而增加了农产品商品化的程度。因此，这一时期由于国内工业的发展，对粮食和技术作物的需求日益增长，地租、捐税，商业、高利贷的惨重剥削，迫使农民原为自己消费而生产的部分也不得不拿到市场上出售，农产品商品化由于这些因素的推动而被动地进一步发展。从以上农产品商品化发展的事实我们可以看出，当时的农产品商品化虽然较上个时期有很大的进步，但是主要还是建立在农民小商品生产之上的，资本主义农业发展还只是刚刚开始。

5. 民族商业资本不断积累

晚清民族资本主义商业主要是伴随着外国资本主义商品输出而产生和发展起来的。至甲午战争以后，一方面由于中国进一步沦为半殖民地半封建社会，外国资本主义加紧对中国进行商品输出和资本输出；另一方面，清政府不得不放松对工商业的控制，实行"通商惠工"，变"抑商"为"恤商"，在客观上为民族资本主义的发展创造了条件。甲午战争以后，进出口贸易迅速增长，农产品进一步商品化，扩大了国内市场和出口贸易，国内近代工业兴起和发展，商品运输工具得以改善，新的商业中心和商品购销网络逐步形成，新式银行、保险、通讯事业不断创办，新兴商业行业不断增加，新式商业组织如公司、交易所、商会等开始出现。以银行为例，随着商品经济的发展和国内市场的扩大，中国原有的金融机构——票号、钱庄都已经不能适应社会发展的需要。中国的近代银行开始发展起来。早在1859年，洪仁玕在《资政新篇》中就提出"兴银行"的建议。郑观应在《盛世危言》中表明创办"银行"的主张，但由于条件尚未发展成熟，这些构想都未实现。随着金融资本的发展，国人逐渐意识到银行的重要性，于是中国人自己创办于1897年由盛宣怀奏准设立的中国通商银行，成为我国第一家商办银行。银行的建立表明民族商业资本获得了很大的发展。

这个时期，总的说来我国的商品生产有很大的发展。商品生产是商品交换的基础。商品生产的发展，同时也就是国内市场的扩大和商业的发展。但是，我国商品生产的发展是在帝国主义侵略加深的条件下进行的。外国资本在我国形成了垄断势力，控制了中国的经济命脉。民族工业虽然也有发展，但很不充分。所以，这个时期中国商品化程度的提高，虽然在一定程度上反映了中国生产力的发展，但是与帝国主义掠夺的加深和封建剥削的加重相联系的。这种半殖民地半封建社会下商品生产发展的特征深深地影响了国内市场和商业发展的性质。虽然，中国近代银行的兴起，在一定程度上反映了中国市场的扩大，同时也促进了商品生产和商品流通的发展，但是在半殖民地半封建的社会条件下又具有浓厚的买办性和封建性，从而也影响了中国银行的正常发展。

总之，中日甲午战争后，随着帝国主义的侵略加深，中国民族矛盾不断激化，主权不断丧失，中国自然经济瓦解加速。对于商品经济来说有了进一步发展。商业的业务内容、规模和服务对象都有所扩大。世代相传的封建落后的商业发展和管理模式逐步向资本主义的管理制度和经营方式发展，为商业教育的正规化发展提供了丰富的教学内容。

二 舆论准备

甲午战争前后，随着自然经济的解体和商品经济的发展，代表新兴资产阶级利益的知识分子和开明士绅，在外国资本主义经济思想的影响下，对传统的轻商思想进行了大胆的批判，提出了积极发展资本主义工商业的主张。其中，郑观应除了特别强调商务的重要性外，还将经商比作战争，并根据洋务派失败的经验针对性地提出"习兵战，不如习商战"，"练兵将，制船炮，备有形之战，以治其标，讲求泰西士农工商之学，裕无形之战，以固其本"。①维新派领袖康有为也在《上清帝第二书》中强调商业在立国中的重要地位。在陈忠倚编写的《皇朝经世文三编》卷16中，记载了康有为对此的看法："古之灭国以兵，人皆知之，今之灭国以商，人皆忽之。以兵灭人，国亡而民犹存；以商贾灭人，民亡而国随之。中国之受弊，盖在此也。"他主张"设通商院，派廉洁大臣长于理财者，经营其事。令各省设立商会、商学、比较厂，而以商务大臣统之，上下通气，通同商办，庶几振兴。"一时间，商业救国成为海内风行的社会思潮。

（一）王韬："商为国本"

王韬（1828—1897年），原名王利宾，字兰瀛，号紫铨，后改名为王瀚。江苏苏州人。曾受雇于外国传教士，在香港、上海居住过几十年，游历过英、法、俄等国。在游历欧洲后受资本主义思想影响，主张在中国发展资本主义工商业，开始由地主阶级改良思想逐渐向资产阶级改良思想演进。他的主要经济著作收录在《弢园文录外编》和《弢园尺牍》中。

王韬早期的经济思想是传统的重农桑思想，提出"天下之大利在农桑，其次在商贾"，并且受林则徐、魏源的影响也提出主张学习西方制造船炮技术。随着与西方社会接触的增多，1861年，王韬最终提出"藉商力以佐国计"的主张。他首先将商业提高到与农业并重的地位。在《代上广州府冯太守书》中，王韬提出了商富则国富的"恃商为国本"的思想。认为将商业作为国家经济发展的根本对挽救国家危亡、促进手工业生产都有好处，且商业作用极大，"贸易之道广矣哉，通有无、权缓急、征贵贱、便远近，其利至于无穷，此固尽人而知者也"②。

王韬提出了一系列发展商务的主张。主张兴办近代机器工业、采矿业、交通运输业等各类企业，以大力发展商品生产与商品流通，与外商争利。如他对纺织业的主张："西人贸易于中土者，不过以匹头为大宗，若我自织，则物贱而工省，且无需乎轮船之转运，其价必贬，西人又何

---

① 夏东元主编：《郑观应集》上册，上海人民出版社1982年版，第595页。
② 王韬：《弢园文录外编》卷10，辽宁人民出版社1994年版，第390页。

能独专其利欤?"① 在《义利》一文中，他更详细地阐明了发展近代工商贸的思想，把资本主义近代商贸作为兴利的主要内容，这标志着王韬已打破了传统的本末与兴利观。在《理财》篇中他提出的对兴农、兴工、兴商、兴矿的具体做法，是全面的富国之道："今天下理财之急务，在乎节源开流，革奢崇俭，所以富国而足民者，其大要不外于此。"② 认为富国之道在兴农、兴工、兴商、兴矿："如开矿取煤铁，入山伐竹木，穷人力以尽地利，此开财之端一也。购机器以兴织，以便工作，以利耕播，俾工务日广，农事日盛，此开财之端二也。制造舟舰，远涉重洋，转输货物，以有易无，以贱征贵，俾商贾逐什一之利，而即藉商力以佐国计，此开财之端三也。辟五金之矿，开炉鼓铸金银铜三品之钱，流通民间，以裕国用，此开财之端四也。"③ 王韬思想性进步的与他周游欧洲各国，受资本主义思想影响是分不开的。

王韬也对厘金制度进行了抨击，指出："厘务之设，原以军需孔亟，不得已为权宜之计。今事平之后，久而不撤，且若视之以利薮。数十里之地，关卡林立，厘厂税厂征榷烦苛，商民交病，行旅怨咨，亦非所以为政体也。"因此，他极力主张撤厘金。他还批判了中国重农抑商的封建传统观念，说："中国自古以来重农而轻商，贵谷而贱金，农为本富而商为末富"，是以"……舍富强而言治民，是不知为政者也"。他还揭露顽固保守的地主阶级坚持重农抑商，并不是出于对农业生产的关心，而是为了"榨取封建地租"。④

清政府在帝国主义列强的迫使下签订的不平等条约《中英南京条约》，规定"凡有英商等赴各该口贸易者，勿论与何商交易，均听其便"。且"英国货物，自在某港按例纳税后，即准由中国商人，遍运天下"。⑤ 此后，鸦片在中国销售已然合法化。王韬看到英国人在中国贩售鸦片而获得的巨额利润，意识到清政府难以禁烟，提出与其让"西人得利而国财外流"，不如中国也应种植烟草，但考虑到鸦片对国人身体

---

① 王韬：《弢园文录外编》卷2，辽宁人民出版社1994年版，第65页。
② 王韬：《弢园文录外编》卷2，辽宁人民出版社1994年版，第65页。
③ 王韬：《弢园文录外编》卷2，辽宁人民出版社1994年版，第65页。
④ 朱坚真主编：《中国商贸经济思想史纲》，海洋出版社2008年版，第282页。
⑤ 王韬：《弢园文录外编》卷2，辽宁人民出版社1994年版，第65页。

产生的危害，认为应该栽烟与禁烟并行。鸦片之利全由国家获得，如果再辅之以禁烟措施，使西人贩卖之利日渐减少，鸦片就会不禁而止，就能达到杜绝祸患的目的："与其岁縻数千万以益西人，曷若自我栽种以收其利。徒爱惜损国体之虚名，而不顾敝国之实祸，是亦一偏之见也，且榷烟税于国体独无损乎！与其冒不韪以收利百一，孰若全收利之百。"① 王韬对于中国人自己种植鸦片以防白银外流的想法，体现出了当时吸食的国民人数众多与依赖和当时清政府的腐败无能，更反映了当时具有资产阶级思想的改革派对当时中国一种欲奋起而无力的现实。

王韬是中国近代史上较早明确提出变法主张的资产阶级改良派人物，他提出的反映资本主义经济关系特征的商业观点，在中国近代商业思想史上占有相当位置。王韬的"商为国本"观点说明先进的知识分子已经逐步认识到商业可富国强民的重要性，他将所懂得的资本主义的商业知识传于中国，并为"兵战"思想转为"商战"思想奠定了基础，对往后的商业思想家有很大影响。

总之，当时中国所面临的，是帝国主义国家要灭亡中国的现实，清朝政府的统治又是那样顽固、腐朽，资产阶级维新派为了挽救中国改变中国的命运，提出了许多新的见解，以及许多前人没有提出过的新的主张，如他们提倡的实行立宪政治，发展资本主义工商业，废八股、兴西学等主张，对封建统治和封建思想的桎梏进行了冲击，使闭塞的中国社会透进了一点新鲜空气和阳光，使在中外势力欺压下的人民看到了一线光明，抱有了一丝希望。维新派对国家存亡的责任感，对西方资产阶级民主思想的宣传，对封建主义思想的冲击，都给后人以启迪，并为资产阶级革命作了重要的思想准备。

（二）康有为"定为工国"

康有为（1858—1927年），原名祖诒，字广厦，号长素，又号明夷、更甡、西樵山人、游存叟、天游化人，广东省南海县丹灶苏村人，人称康南海，中国晚清时期重要的政治家、思想家、教育家，资产阶级改良主义的代表人物。康有为出生于封建官僚家庭，光绪五年（1879年）开始接触西方文化。光绪十四年（1888年），康有为再一次到北京

---

① 王韬：《弢园文录外编》卷2，辽宁人民出版社1994年版，第65页。

参加顺天乡试,借机第一次上书光绪帝请求变法,受阻未上达。光绪十七年(1891年)后在广州设立万木草堂,收徒讲学。光绪二十一年(1895年)得知《马关条约》签订,联合1300多名举人上万言书,即"公车上书"。

康有为的商业经济思想是在继承和吸收早期资产阶级改良派思想的基础上,提出了突破前人"以商立国"的观点,进而提出"定为工国"的思想。这一观点使人们的思维不再仅仅局限在商品的流通领域,而是转移到了商品的源头——商品的生产领域。这一观点标志着中国经济思想发展到了一个新阶段,他是主张中国实现资本主义工业化的第一人。

发展工商业的思想基础。康有为认为只有冲破中国传统的禁欲、贱利及重本抑末的思想束缚才能达到国家富强、人民幸福的目的。因此,康有为将西方资产阶级人本主义与中国儒家人道论相结合,论证了人的物质欲望的合理性。他认为人的物质欲望是自然天性:"人之欲甚多,然大者莫如饮食男女,为其切于日用也。"①所以,"普天之下,有生之徒,皆以求乐免苦而已,无他道矣"②。为此他抨击了传统的禁锢人们思想且阻碍资本主义发展的"禁欲""贱利贵义"观点,这是超历史超阶级的观点。在这一理论基础之上他进而提出了资产阶级利益至上等商业思想。

为此,他论述了只有发展工商贸易,从事物质财富生产开拓利源,才能满足人们物质欲望的天性。为了证明工商业的重要性,他说:"民之欲富而恶贫,则为开其利源,厚其生计,如农工商矿机器制造之门是也"③,并进一步提出"农工商矿机器制造之门"是致富开利的源泉。在《物质救国论》中,康有为更强调:"以中国之地位,为救急之方药,则中国之病弱,非有他也,在不知讲物质之学而已,中国数千年文明,实冠大地,然偏重道德哲学,而于物质最缺然"④,"今而欲救国乎,专从事于物质足矣,于物质之中,先从事其工艺兵炮之至粗者亦可

---

① 康有为:《康南海文集·礼运注》,台湾文海出版社1972年版,第32页。
② 陈学恂主编:《中国近代教育文选》,人民教育出版社2001年版,第120页。
③ 康有为:《康南海文集·礼运注》,台湾文海出版社1972年版,第32页。
④ 康有为:《物质救国论》,长兴书局1919年版,序。

支持焉"①。康有为这看似是片面强调物质救国之道,其实是针对当时资产阶级民主革命派所倡言革命救国而说的。

工商业改革的原则。经济改革是以政治改革为前提而进行的,于是康有为认为其他人不通过变法改革专制制度,就事论事地谈解决经济问题的主张,是不可能争取中国富强的。发展中国资本主义工商业,必须首先维新变法。他说:"今天下言变者,曰铁路,曰矿务,曰学堂,曰商务,非不然也;然若是者变事而已,非变法也。"② 也就是说,康有为认为在一系列变法主张中,兴修铁路,开发矿产资源,兴办新式学堂,发展工商贸等经济文化方面的问题非根本性的东西,只是"变事"而已,不是真正的"变法"。而真正的变法是全局性的,是"变政",这是国家"存亡强弱第一关键"③。这从本质上说明了经济改革必须以政治改革为前提,只有在"变政"的基础上才能建立资本主义经济关系的问题。他的这一主张大大超出了洋务派甚至早期资产阶级改良派的变法思想。他的思想价值在于:否定了早期资产阶级改良主义的思想,即不在政治体制内进行改革,妄图只是通过振兴商务,就可以改变中国贫穷落后面貌的幼稚幻想。而康有为在此时已经意识到只有在变革政治制度的基础上,才能全面改革社会其他方面,为发展工商业开辟道路。

工商业的改革方法。就如何发展资本主义工商业,康有为也有一套自己的见解和主张。在1895年的第二次上书中,他对此做出了详细解释:"养民之法",在于务农、劝工、惠商、恤穷,即对各行业都应予以关注和照顾,使人们各司其业。"富国之法",在于大力发展钞法、铁路、机器轮舟、开矿、铸银、邮政等新兴行业。他觉得中国极其穷苦:"夫以尽竭天下之财,而犹不足以为国,尽免天下之税,而犹不足以富民,然今之谋国其穷哉!其穷至是尚不思所以变计,是坐而待亡也。"④ 因而他主张国家不仅要彻底的变革:"能变则全,不变则亡,全变则强;

---

① 康有为:《物质救国论》,长兴书局1919年版,序。
② 康有为:《敬请天恩并统筹全局折》第2册,上海人民出版社1957年版,第216页。
③ 康有为:《日本变政考》,中国人民大学出版社2011年版,第18页。
④ 康有为:《康有为文选》,百花文艺出版社2006年版,第276页。

小变仍亡。"① 而且要进行全面的变革，他所主张的维新变法包括经济、政治、文化、军事等诸方面的变法。只有这样才能改变民穷国困的落后状况。

商业与其他行业的关系。首先是与工业的关系。作为民族资产阶级的代表，康有为并没有完全摆脱早期资产阶级改良派"重商"思想的影响，而是与同时期的改革者一样非常了解商业贸易的重要地位，他说："并争之世，必以商立国。"② 所以他把商业看成是发展资本主义经济的中心环节。而中国贫穷的原因在于："商务不兴，财源漏泄之故。"③ 康有为是中国主张实现工业化的第一人，在论述商业重要性时，他又强调中国应"定为工国，而讲求物质"④，他认为西欧富强的主要原因，就在于工业制造发达及工艺精奇，要求中国仿效西欧以工立国。由此可见，在"何为立国之本"的问题上，康有为并没有清晰的认识，"他对生产与流通的关系的认识尚不明确，其工业化思想并不是建立在对资本主义经济关系深刻理解之基础上的"⑤。

其次，在商业与农业、工业的关系方面。在论述这一点时，他说："农工者尤万宝之源"，"而农工因流通增长"。⑥ 即在肯定工农业生产是物质财富的源泉基础上，认为只有商贸流通才能促进工农业生产的发展，因此商业与工农业是紧密相关的。然而，就商贸与其他经济部门的内在联系问题，康有为尚缺乏详细论证。

最后是商业与教育的关系。康有为认为士农工商有轻重主次之分，

---

① 康有为：《上清帝第六书》，中国史学会主编：《中国近代史资料丛刊·戊戌变法》，上海人民出版社1957年版，第202页。
② 康有为：《戊戌变法·公车上书》，中国史学会主编：《中国近代史资料丛刊·戊戌变法》，上海人民出版社1957年版，第343页。
③ 康有为：《戊戌变法·条陈商务折》，中国史学会主编：《中国近代史资料丛刊·戊戌变法》，上海人民出版社1957年版，第244页。
④ 康有为：《请厉工艺将创新折》，中国史学会主编：《中国近代史资料丛刊·戊戌变法》，上海人民出版社1957年版，第227页。
⑤ 朱坚真：《中国商贸经济思想史纲》，海洋出版社2008年版，第302页。
⑥ 康有为：《戊戌变法·奏请裁撤厘金片》，中国史学会主编：《中国近代史资料丛刊·戊戌变法》，上海人民出版社1957年版，第265页。

指出:"夫士农工商,国之四民,而世有轻重。"① 应处理好这四者之关系。他将"士"摆在首位,强调人才是国家兴旺之关键:"天下民多而士少,小民不学,则农工商贾无才,产物成器,利用厚生,既不能精"②,因而"必使全国四万万之民,皆出于学,而后智开而才足"③,这样才能达到"民智大开,物质大进"④ 的目的。他意识到人才培养与振兴实关系极大。

综上所述,康有为不仅全面总结了早期资产阶级改良思想家有关振兴工商贸的思想,且在某些问题上,完善和发展了前人的理论。其思想对后来的思想家有很大影响。他提出的"定为工国"主张,对工业化缺乏深刻理解,尚没有明确工业化对发展资本主义经济关系、建立新的经济结构和经济秩序,进而产生资本主义的商品生产和商品交换的影响。就商贸部门与其他经济部门的相互关系问题,康有为虽做过一些论证,但没有完全摆脱前期思想家重商思想的束缚,甚至也把商贸看作发展资本主义经济的中心环节,从以工立国思想又退回到了以商立国的思想。

(三)梁启超:"生利分利论"

梁启超(1873—1929年),字卓如,一字任甫,号任公,又号饮冰室主人。中国近代思想家、政治家、教育家、史学家、文学家。戊戌变法领袖之一、中国近代维新派代表人物。维新变法前,与康有为一起联合各省举人发动"公车上书"运动。维新变法时,先后领导北京和上海的"强学会",又与黄遵宪一起主办《时务报》,兼任长沙时务学堂的主讲。其后又著《变法通议》为其变法做宣传。维新变法失败后与革命派思想产生分歧,政治思想渐趋保守。梁启超在学术上也卓有贡

---

① 康有为:《请厉工艺将创新折》,中国史学会主编:《中国近代史资料丛刊·戊戌变法》,上海人民出版社1957年版,第227页。
② 康有为:《公车上书》,中国史学会主编:《中国近代史资料丛刊·戊戌变法》,上海人民出版社1957年版,第123页。
③ 康有为:《请饬各省改书院淫祠为学堂折》,中国史学会主编:《中国近代史资料丛刊·戊戌变法》,上海人民出版社1957年版,第219页。
④ 康有为:《请厉工艺将创新折》,中国史学会主编:《中国近代史资料丛刊·戊戌变法》,上海人民出版社1957年版,第227页。

献,他介绍西学极博广,著作甚丰,后辑为《饮冰室合集》。

梁启超对西方经济学有一定的研究,在分析商业贸易等经济问题时,基本上是运用西方经济学概念、术语和范畴。因而其商业贸易等经济思想要比同时期其他人更具学术规范性且深刻、系统和全面。首先,他继承和发展了康有为"定为工国"的思想,认为振兴实业是关键之所在。其次,他深入研究了商业与农、工、矿诸业之间的内在联系,除了阐述商品生产与商品流通之间的关系之外,对商品生产本身的规律也做过一些有价值的探讨。再次,他还论述了如何将资本主义工业、农业、交通运输业等产业作为商业发展基础或前提条件。最后,他还对国内外贸易问题、货币论进行了较为系统的论述。因而,梁启超的商业思想是这一时期最有价值的。

商业思想基础。他继承和发展康有为"定为工国"的思想。作为康有为的忠实追随者,梁启超的商业思想基础也是从资产阶级利己主义出发,论证了人们追逐财富利益的合理性。因此,他主张用振兴实业来实现富国强兵。相较于康有为不甚坚定的"定为工国"的思想,梁启超坚定继承并发展了这一思想,并予以具体的论证。较之于其他人,梁启超更是注重于研究振兴实业的具体办法和措施。

首先,梁启超十分重视机器工业生产对社会发展的作用。认为"机器提高劳动生产力","固为富国第一义"。所以他既反对"以农立国",也反对"以商立国",而提出"以工立国"。"工"就是资本主义的大机器工业。梁启超认为物质财富的生产,不仅限于地力、人力,工业机器力也是物质财富生产的重要形式。他说:"原之大小,不以地为界,不以人为界,不以日为界,当以力为界。凡欲加力使大莫如机器。"[1] 他在这里所说的"力",是地力、人力和机器的结合,应该就是通常所说的生产力。他已认识到,机器能弥补地力和人力有限的生产能力,更能发挥二者作用。因此机器工业是提高生产力的重要手段和途径。他还认为要大力采用机器生产社会财富,"各种机器,农矿工之机器也。修通道理,利便转运,商之机器也"[2]。这样就会大大提高生产能力,打破

---

[1] 梁启超:《饮冰室合集》第2册卷2,上海中华书局1936年版,第35页。
[2] 梁启超:《饮冰室合集》第2册卷2,上海中华书局1936年版,第35页。

原有地力人力的限制，扩大衣食住行之源泉，达到"一亩所出，能养百人""一人耕，能养百人""一日所工，能给百日食"。"大地百物之产可以供生人利乐之用者。"① 另外，梁启超主张从产品成本方面考虑发展机器生产："中国之人耐劳苦而工价贱"②，若采用机器，则可以生产价廉物美的商品，对内可以"足供吾国人所求而有余"，对外"可以为战"，增强对外的商品竞争能力。③ 他已充分认识到机器工业是促进商品经济发展和其他行业发展的中心环节，纠正了当时流行的"以商立国"或"以农立国"的思想。从发展生产力从而提高商品生产领域效率这个角度来看，梁启超进一步论证了康有为提出的"定为工国"的思想。

其次，梁启超把振兴实业的希望更多地寄托在中国的大资本家身上。梁启超希望中国可以学习西方国家那样"尤视富人为国之元气"，实行"保富"，鼓励富人"出其资本兴制造等事，以求大利"，从而做到"举国贫民皆可以仰糊口于工厂，地面地中之货，赖以尽出，一国之货财，赖以流通"。④ 1903 年，梁启超游历美国时对垄断组织托拉斯产生了浓厚的兴趣，为此他特意写了《二十世纪之巨灵托拉斯》一文。文中梁启超称赞托拉斯是实现"以最小率之劳费，易最大率之利益"的"最善法门"。梁启超认为中国也可借鉴这种经营模式，在主要产品的经营上建立托拉斯组织，认为这样"可以使欧美产业界朦胧变色"，并认为"中国并无大资本家出现，则将有大国之大资本家入而代之"。梁启超主张依靠大资本家建立垄断组织来振兴中国实业的主张，反映了上层民族资产阶级的利益和要求，也是"新兴资产阶级期冀抵御外国帝国主义经济侵略的希望所在"⑤。

再次，生利分利论。梁启超根据西方古典政治经济学理论来分析中国社会劳动力利用情况和国家贫富原因，提出了生利分利论。这个理论从一个侧面印证了马克思主义的劳动者是生产力三要素当中的决定性要

---

① 梁启超：《饮冰室合集》第 2 册卷 2，上海中华书局 1936 年版，第 35 页。
② 梁启超：《饮冰室合集·文集》第 1 卷，中华书局 1989 年版，第 64 页。
③ 梁启超：《饮冰室合集》第 2 册卷 2，上海中华书局 1936 年版，第 35 页。
④ 梁启超：《饮冰室合集》第 2 册卷 2，上海中华书局 1936 年版，第 35 页。
⑤ 吴慧主编：《中国商业通史》第 5 卷，中国财政经济出版社 2008 年版，第 836 页。

素，是生产活动的主体理论。1902年，梁启超在其所著《新民说》当中提出"生利分利"论。所谓"生利"即生产劳动，所谓"分利"即非生产劳动。梁启超把能否生产剩余价值作为区分生产劳动和非生产劳动的标准。他认为"国之兴衰，一视其总资本总劳力之有所复无所复而已。有所复者资母孳子，生之者，生计家家名之曰生利；无所复者蚀母亡子，大学谓之食之者，生计学家名之曰分利"①。其中，"有所复"即资母孳子，就是能够产生剩余价值。"无所复"即蚀母亡子，就是不能产生剩余价值。

他将各种职业的人区分为生利者和分利者两大类。其中"生利者"包括直接生利者和间接生利者。而"分利者"包括"不劳力而分利"和"劳力而仍分利"两种。梁启超认为："生利之人有两种：一曰直接的生利者，若农工之类是也；二曰间接的生利者，若商人，若军人，若政治家，若教育家之类是也。"梁启超还对"生利"做了进一步的细分："而其生利之力亦有两种。一曰体力，二曰心力。心力复细别为二：一曰智力，二曰德力。"② 这一理论大大超越了前人与同期人的思想，他不仅看到体力，同时也意识到脑力也可以促进社会生产的发展。

梁启超在具体区分生产劳动与非生产劳动时，不仅运用了西方经济学的理论，还针对中国社会的实际，又掺杂了中国社会道德、伦理等方面的因素，他提出中国封建官吏与军人不能作为"生利者"而列入分利之人。"中国之官吏，实分利之罪魁，而他种之分利者，大率由彼辈而生者也……中国之兵勇，实兼浪子、盗骗、乞丐三者之长而有之者也。"③ 梁启超依据这种划分方法，认为中国在土地、资本和人力三要素中较缺资本，但是只要大多数人能从分利者转为生利者，中国就可由贫穷而变为富强。

最后，物质财富流通的积极作用。梁启超首先肯定了物质财富的重要作用，认为它的生产是商品流通的前提。他主张："凡富者莫善于出其财以兴工艺贸易，子母相权已可以获大利，而佣伴衣食于是焉，工匠

---

① 梁启超：《饮冰室合集》专集4，上海中华书局1936年版，第15页。
② 梁启超：《饮冰室合集》专集4，上海中华书局1936年版，第15页。
③ 梁启超：《饮冰室合集》专集4，上海中华书局1936年版，第15页。

衣食于是焉。"① 他举例说如果办一机器织布厂进行纺织生产，不仅投资者本人可以获利，而且可以带动与此织布厂相关的其他产业人员，如造机器者、种棉者、修房屋者、开矿炼铁者、赁地者、造粪料造农器者、卖棉花者等都可从中获利，因"其货物又有其所自出，彼之所自出者，又复有其所自出，如是互相牵摄，沾其益者，至不可纪极……而此种种之人，持其所得者，复以经营他业，他业之人有所得，复持以经营他业，如是互相摄引，沾其益者，亦不可纪极"②。在生产领域，财富流通会发展整个社会经济领域。其次，在消费领域，财富流通会反过来促进生产领域的发展。梁启超同样坚持认为尚奢有利于物质财富的增长。他从买方购买力增长会刺激卖方生产的角度出发，批判了不利于资本主义工商贸发展的"黜奢崇俭"思想。指出崇俭会造成"弃货于地"的不良后果，而尚奢有利于物质财富的增长，"愈奢而国愈富，货之弃于地者愈少"③，从而调动人们生产物质财富的积极性。他尤其反对中国传统的富人窖藏财富的思想和做法，认为"以私子孙，己身不食重肉，妾不衣帛，犹且以是市侩名于天下，雍全国之财，绝廛市之气，此真世界之蟊贼，天下之罪人也"④。鼓励富人将财富投入流通。梁启超通过消费刺激生产，又促进商品生产与流通的思想，比魏源等人主张的"奢俭论"更为深刻。但他片面地夸大了崇奢的作用，忽视了当时中国社会的经济水平和人们的传统思想，有一定的局限性。

商业与其他行业的关系。梁启超认为，农、矿、工、商是相辅相成、相互制约的关系，他提出："西人言富国学，以农矿工商分四门。农者，地面之物也；矿者，地中之物也；工者，取地面地中之物而制成致用也；商者，以制成致用之物通于天下也。"⑤ 农矿业是原料农产品的生产部门，工业是原料的加工部门，而商贸担负着工业品、农产品及原料的交换与流通职能。因此，商贸与农工矿业是相互联系、相互制约

---

① 梁启超：《饮冰室合集》第2册卷2，上海中华书局1936年版，第37页。
② 梁启超：《饮冰室合集》第2册卷2，上海中华书局1936年版，第37页。
③ 梁启超：《饮冰室合集》第2册卷2，上海中华书局1936年版，第37页。
④ 梁启超：《饮冰室合集》第2册卷2，上海中华书局1936年版，第37页。
⑤ 梁启超：《饮冰室合集》第2册卷2，上海中华书局1936年版，第39页。

的，"四者相需，缺一不可"①，四者皆不可偏废，"尽地力者，农矿工之事，观时变者，商之事也。两者相须而成，不可偏废"②。

梁启超还批判片面强调商务的观点，他说："劝商固今之急图也，然闻之万国商务赢绌之率，则恒视出口土货之多寡为差。工艺不兴，而欲讲商务，土产不盛，而欲振工艺，是犹割弃臂胫而养其指趾，虽有圣药，终必溃裂。今之言商务，大率类是也。"③他论证了农工商之间的相互关系，指出商贸不能离开工业，工业又离不开农业，商贸必须以工农业生产为基础。

梁启超从本与末、生产与流通等关系出发，论证了农业与商业关系这一传统命题。他把资本主义经营方式的农业视为发展商业的基础，提出农业为工业提供原料、为商业提供货源的重要性。他根据西方资本主义国家的经验，提出不应因为重视商业发展就忽视农业作用的观点："欧洲商务虽盛，其利不过农政十分之一耳。稼植之富，美国为最，每十方里所产，可养人二百。……故中国患不务农耳，果能务农，岂忧贫哉。"④在西方资本主义国家农业仍为重要的物质生产部门。他主张应当组织农工商联合生产与经营，生产以出售获利为目的的经济作物，"就权宜之计，莫如兴小农、劝小工，如萝卜之糖，葡萄之酒，畜牛制乳、牧羊织毯之类，费本不巨，尽人可行，及其既盛，获利亦可无量。……然必谓舍机器之外，而既无术以致富，亦未必然矣。彼至纤极琐如草帽边者，犹且为出口货物一大宗，他可知矣"⑤。梁启超还主张以"我国中天产之重要品，若丝若茶若皮货"，来抵制外国的商品输出，与外货竞争。⑥

根据这些理论，梁启超明确区分了商业与其他经济部门，纠正了以往商业思想家笼统地把一切新式企业视作"商务""商政"的观点，第

---

① 梁启超：《饮冰室合集》第 2 册卷 2，上海中华书局 1936 年版，第 39 页。
② 梁启超：《饮冰室合集》第 2 册卷 2，上海中华书局 1936 年版，第 39 页。
③ 梁启超：《饮冰室合集》第 2 册卷 4，上海中华书局 1936 年版，第 1 页。
④ 梁启超：《饮冰室合集》第 2 册卷 4，上海中华书局 1936 年版，第 1 页。
⑤ 梁启超：《饮冰室合集》第 2 册卷 4，上海中华书局 1936 年版，第 1 页。
⑥ 梁启超：《饮冰室合集》第 5 册卷 14，上海中华书局 1936 年版，第 33 页。

一次划分了商贸及农工运输业等不同的经济部门。①

　　发展对外贸易。梁启超在戊戌变法前，曾积极支持自由贸易，反对地主阶级顽固派实施的保护关税政策如"重申海禁""锁港谢客"等。而且极力主张与各国自由通商，"举全国而口岸之"②，允许各国自由贸易。梁启超所主张的自由贸易政策是在各国须平等互利的基础上提出的，是有条件的。他认为关税是进出口贸易的调节手段，仅在本国民族进出口交易中出现"不平不齐"的情况下，政府用"税则以左右之"。③义和团运动后，梁启超的这一思想发生改变，他针对西方列强对中国经济侵略和掠夺加深的现象，对其原有的自由贸易主张进行了修正。他放弃了自由贸易论，认为亚当·斯密的自由放任主义是"治欧洲之良药，而非治今日中国之良药"④。他转而主张保护关税政策，中国的情况是幼弱的民族工业面临着"外货之流入"的压力，有被扼杀的危险。只有实行与自由贸易相反的重商主义，才能挽救中国商业，抵御"外货之流入"。认为时代条件不同了，"按重商主义，在16世纪以后之欧洲，诚不免阻生计界之进步。若移植于今日之中国，则诚救时之不二法门也"⑤，因而，他主张中国仿法西方重商主义政策，实行提高进口关税并限制外货进口的措施。梁启超还在对西方列强的资本输出进行分析的基础上主张限制利用外国资本。认为"外国纷纷投资本以经营各大事业于我腹地，直接生影响于生计上，而并间接影响于政治中，此最为惊心动魄者矣"⑥。但他对外国资本也不是一概否定，认为如果能较好地利用外资则可以加速国家经济的发展。他认为，一个国家是否可能利用外资，主要取决于该国的政治经济状况。就中国而言，对外资的"欢迎与反对，要从政治组织能否改革为断"⑦。"苟政府财政之基础稳固，而所

---

① 梁启超：《饮冰室合集》第2册卷2，上海中华书局1936年版，第40页。
② 梁启超：《饮冰室合集》第2册卷2，上海中华书局1936年版，第41页。
③ 梁启超：《饮冰室合集》第2册卷2，上海中华书局1936年版，第41页。
④ 梁启超：《饮冰室合集》第5册卷10，上海中华书局1936年版，第34、21页。
⑤ 梁启超：《饮冰室合集》第5册卷10，上海中华书局1936年版，第34、21页。
⑥ 梁启超：《外资输入问题》，《饮冰室合集·文集》第16卷，中华书局1989年版，第61页。
⑦ 梁启超：《外债平议》，《饮冰室合集·文集》第22卷，中华书局1989年版，第90页。

以运用之者适其宜，则外资之必不足为国病明矣。"① 梁启超对利用外资的用途也有自己的主张，他认为外债不能用于弥补财政赤字和扩张军备，并提出宜于外债利用的方面，包括用作银行准备金，建立发行兑换券制度；在国外设立大清银行支行；整理旧债；整理田赋和其他税法；开办移民银行和农业银行；建筑铁路；等等。在对外贸易的认识上又有了新的发展和进步。由此可见，梁启超能根据实践发展及时修正自己的主张，这是值得称道的。但他把重商主义政策与保护关税等同看待，是不完善的。

　　货币论。这是梁启超对西方近代货币理论的认识和对货币政策的主张。梁启超对价值和价格的理解是将二者等同对待的。对于货币的职能，梁启超更重视价值尺度的职能，认为"货币最大之功用，则在其能为物价之标准耳"②。他还根据他的理解，将货币定义为："货币者何：立一单位以为价格标准，全国画一通行之，而此单位之上有倍数焉，此单位下有分数焉，成一系统，秩然不紊，斯可谓之货币矣。"③ 梁启超虽然希望建立货币本位制度，但在具体政策主张上前后变化较大。他先是将虚金本位制斥之为"童稚之言"，后又主张实行虚金本位制，并认为虚金本位制"实为银本位国自己之妙策，我国采行之，有百利而无一害"④。

　　梁启超在利用货币制度筹款问题上也有自己独特的主张。他认为，在维持货币制度稳定的条件下，发行兑换纸币是振兴实业必不可少的办法。甚至还认为发行不兑换纸币"为道诚险，然苟善利用之，往往足以济国家之急……不兑换纸币之弊，惟于滥发过度时开始现耳，使供给不

---

① 梁启超：《外资输入问题》，《饮冰室合集·文集》第16卷，中华书局1989年版，第78页。

② 梁启超：《币制条议》，《饮冰室合集·文集》第22卷，中华书局1989年版，第18页。

③ 梁启超：《吾党对于不换纸币之意见》，《饮冰室合集·文集》第28卷，中华书局1989年版，第4页。

④ 梁启超：《币制条议》，《饮冰室合集·文集》第22卷，中华书局1989年版，第22页。

过需要之额，则可以常保名价而健全以代实质之用"①。

梁启超的商业思想，是中国商业思想史中很有价值的部分。他发展了陈炽、康有为等人的商业思想，并在某些方面阐明了自己的主张和见解。他用西方资产阶级经济学的概念和术语，来研究中国经济问题，对商业领域的阐述较前人更具有系统性。对梁启超的经济思想，要进行全面的评价，更要用历史的眼光去看待，并与其本人的政治活动及政治思想适当区分。

(四) 谭嗣同："人我通"

谭嗣同（1865—1898年），字复生，号壮飞，湖南浏阳人。谭嗣同是一位伟大的爱国主义者，是19世纪末中国著名的思想家和政治活动家。戊戌政变发生后，谭嗣同拒绝人们要他逃亡国外的劝告，以身殉难。谭嗣同的商业思想，主要集中在他的代表作《仁学》以及一些书信中。谭嗣同是在甲午战争后才开始重视经济问题的，其商业思想主要产生于维新变法时期，随着形势变化而不断丰富。谭嗣同的商业思想前期具有浓重的重商主义色彩，而后期极力宣扬经济自由主义的观点。

"商战"思想。甲午战争后，谭嗣同和同时代资产阶级改良主义思想家一样，将振兴民族资本主义商业作为中国富强的根本。他尤其赞同郑观应等人的"商战"思想，强调中国必须"奋兴商务"，同外国资本主义竞争，"以杜漏卮之有渐"。②他还主张废除关税协定，实行"出口免税，进口重税"的保护关税政策，夺回税务司包办上海关之权。他建议用资本主义的公司组织形式，"招民股"以举办采矿、制造、铁路、银行等新式工商企业，并把商务特别是对外贸易看作是一切经济改革的关键。他建议清政府"设商部、立商总、开公司、招民股"等，其主张大致与前述的郑观应、陈炽等人的有关主张类似。

经济自由主义思想。谭嗣同的经济自由主义思想主要体现在两个基本观点上：一是"人我通"的资本主义经济方式观；二是"中外通"的自由贸易观。"人我通"和"中外通"是谭嗣同在《仁学》中表达他

---

① 梁启超：《币制条议》，《饮冰室合集·文集》第22卷，中华书局1989年版，第22页。

② 谭嗣同：《谭嗣同全集》第1卷，生活·读书·新知三联书店1954年版，第5页。

的商业思想的两个基本概念：

"人我通"，是谭嗣同在1890年的《仁学》著作中提出的商业思想方面的新内容，他提出了"人我通"这一发展资本主义工商业的理论。即在人与人之间做到"其财均以流"。① 他所说的"均以流"，不是指均平财富，而是要劝富人投资建立资本主义新式工商企业，使劳动者获得更多的就业机会，促进经济的发展和社会生产的增长，从而使资本主义生产方式代替封建主义生产方式。他说："夫仁者，通人我之谓也。"② 只有体现"人通我"精神，发展商品交换与流通，才是合理的，社会经济才能存在和发展。另外，谭嗣同通过驳斥"黜奢崇俭"的观点，从反面提出使财富"均以流"的方法。他认为，"黜奢崇俭"不过是封建落后的愚民之论，其实质是借"俭"之名而藏壅塞之富，又反对别人"兴功作役"、投资新式工商业，来达到奴役一乡的目的。谭嗣同认为这种封建剥削的办法本身对富人也并无好过，因为断绝了贫民的生路，使"民智不兴""物产凋窳"，而这样的后果便是"随之煨尽"，财富无法增殖。所以，只有投资新式工商业，才能使财富"扩充而愈厚"，进而使财富"均以流"。③ 在国内，实行"人我通"原则，就可达到贫富相通，社会财富畅通的目的。他认为，社会中的富裕阶层将财富投入流通，没有财富的穷民便会得到工作机会。这样一来，富人可获得巨额利润，并增加自己的生活消费，穷人也可以解决生计问题。谭嗣同已觉察到社会生产与流通、消费之间存在某种联系，因而他极力主张富裕阶层投资创办近代工商贸，尤其是机器工业，以增加社会财富的生产，繁荣国民经济，增加人们的生活消费。他鼓励富裕阶层"尚奢"，以为这样能便利财富在社会中流通，有利于刺激农工商诸业的发展，对整个社会有利。

通过政治改革保障"人我通"。为实现"人我通"，谭嗣同要求实行变法维新，以平等自由来取代中国原来的纲常礼教，以开议院、兴民权、实行分权制来取代封建君主专制。通过消除政治阻力，使资本主义

---

① 谭嗣同：《谭嗣同全集》第1卷，生活·读书·新知三联书店1954年版，第7页。
② 谭嗣同：《谭嗣同全集》第1卷，生活·读书·新知三联书店1954年版，第7页。
③ 谭嗣同：《谭嗣同全集》第1卷，生活·读书·新知三联书店1954年版，第7页。

工商贸得以顺利发展。谭嗣同从发展资本主义工商事业的角度提出要使人人"从容谋议,各遂其生,各均其利"①,提出了经济自由的主张,要求给予私人资本以充分的活动自由。他认为,在彼时的中国,要实现这种经济自由,最大的障碍在于封建的君主专制政权,因此,谭嗣同把"兴民权"作为实现"人我通"的政治前提,表达了他对人人平等的资本主义民主的向往。谭嗣同很乐观地认为,在政治改革前提下,能实现"人通我",中国各地就可以突破地域的限制,南北可实现商品流通与交换。否则,就会使商品"南不至北,北不至南,日用饮食,各取于其地,不一往来焉"②,给商业的发展带来阻碍。

通过发展机器生产实现"人我通"。谭嗣同认为,必须发展资本主义的机器生产。他提出机器生产可发展矿业、农业、工业等,"有矿焉,建学兴机器以开之,辟山、道通、浚川、凿险咸视此。有田焉,建学兴机器以代之,凡材木、水利、畜牧、蚕织咸视此。有工焉,建学兴机器以代之,凡攻金、攻木、造纸、造糠(糖)咸视此。大富则设大厂,中富附焉,或别为分厂。富而能设机器厂,穷民赖以养,物产赖以盈,钱币赖以流通,已之富亦赖以扩充而愈厚"③。由上可知,机器生产还能使社会发展进入良性循环。为了说明发展资本主义机器工业的必要性,谭嗣同批驳了顽固派的"机器夺民之利"的论点。他认为,机器工业虽然会减少对劳动力的需求,但"所省之人工日工,又将他有所兴建,利源必推行日广,岂有失业坐废之虞?"④

"中外通",是指从经济自由主义的立场出发,不仅要求国内私人资本有充分活动的自由,还要求在国与国之间实行自由的国际贸易。"中外通",是在"人我通"的基础上发展起来的对外贸易思想,是中国与外国发展通商往来,是"人我通"之体现,也能使彼此均受其益。他说:"夫财均矣,有外国焉,不互相均,不足言均也。通商之义,缘斯起焉。"⑤ 谭嗣同认为:"故通商者相仁之道也,两利之道也。客固

---

① 谭嗣同:《谭嗣同全集》第1卷,生活·读书·新知三联书店1954年版,第7页。
② 谭嗣同:《谭嗣同全集》第1卷,生活·读书·新知三联书店1954年版,第7页。
③ 谭嗣同:《谭嗣同全集》第1卷,生活·读书·新知三联书店1954年版,第7页。
④ 谭嗣同:《谭嗣同全集》第1卷,生活·读书·新知三联书店1954年版,第7页。
⑤ 谭嗣同:《谭嗣同全集》第1卷,生活·读书·新知三联书店1954年版,第7页。

利，主尤利也。两人商于中国，以其货物仁我，亦欲购我之货物以仁彼也。则所易之金银，将不复持去。"所以"中外通"是"通人我之一端"。① 他把西方资本主义国家的商品输华，称之为"仁我"，而把中国对外输出商品，称之为"仁彼"。他认为，不同国家生产不同的商品，需要相互调剂补充，需要彼此交换物资，以满足双方的短缺商品需要。在对外贸易方面，如能贯彻"中外通"的思想，则中外间的物资交流日益发展，对贸易双方皆有利。他认为中国没有工艺制造，没有货物，可以通过进口来分享通商之利。外商与中国通商，中国得到的是有用货物，而外国得到的只是金银，"货物必皆书于用，金银则饥不可食而寒不可衣。以无用之金银，易有用之货物，不啻出货佣彼而为我服役也"②，对中国极有利。这说明谭嗣同仍受传统的"食货"思想影响，忽视了货币在商品流通中的作用。

既然谭嗣同主张中国不必拒绝与外商贸易往来，所以他认为也不必对进口商品征收重税。他说："有所谓保护税者，重税外人之货，以阴拓其来，邻国不睦，或苛其税，藉以相苦，因谓税务亦足以亡国也。而其实皆非也。"③ 他主张实行自由贸易，反对实行保护关税政策。当然，这种观点在当时中国处于半殖民地的历史条件下是不正确的，但他主张积极发展正当的对外贸易往来，从中国与其他国家互通有无，交流本国所需要的物资技术，反对封建政府实行的闭关自守政策的角度出发，是有一定积极作用的。谭嗣同的"人我通"贸易论，并非有意为外国资本主义的经济侵略辩解，他多次强调"自振""自仁"，要求中国发展民族资本主义工商贸尤其是机器工业，以与外国资本主义展开竞争，并提出了"奖工艺，惠商贾，速制造，蕃货物，而尤扼重于开矿"④ 等振兴实业的措施。这说明谭嗣同的主观目的是好的。

在对外通商方面，同样也能起到"财均以流"的目的。谭嗣同结合中国的实际情况，认为那些经济不发达的农业国也可以从自由贸易中

---

① 谭嗣同：《谭嗣同全集》第1卷，生活·读书·新知三联书店1954年版，第7页。
② 谭嗣同：《谭嗣同全集》第1卷，生活·读书·新知三联书店1954年版，第7页。
③ 谭嗣同：《谭嗣同全集》第1卷，生活·读书·新知三联书店1954年版，第7页。
④ 谭嗣同：《谭嗣同全集》第1卷，生活·读书·新知三联书店1954年版，第8页。

"蒙通商之厚利",甚至认为工业既不发达,就更需要输入外国商品以满足国内之需。虽然在这种情况下必然会出现贸易逆差,须以大量的金银去偿付,但他认为这并不一定是坏事,因为进口的商品均是有用的货物,而"金银则饥不可食寒不可衣","以无用之金银,易有用之货物"。[①] 对入超国家还是有利的。谭嗣同从这种自由贸易的观点出发,不但反对顽固派的"闭关绝市""重申海禁"的主张,而且一变而反对他先前所主张实行的保护关税政策。

谭嗣同的商业思想,是建立在"人我通"理论基础上的,说明随着中国资本主义经济的增长,中国某些经济思想家已开始对经济问题作本原的理论性探讨,并使之中国化。谭嗣同之所以提倡自由贸易论,固然与其对外国商品输出的经济侵略本质缺乏足够认识有关。最主要的还是与他以"人我通"理论为基础,强调首尾相通的理论有关。同时,他受中国传统的"食货"观念束缚,片面强调货物的效用即使用价值,否定交换价值,否定金银的价值作用,强调外国货物对中国的好处,而忽视金银外流对中国的害处,因而得出失之偏颇的结论。

总之,维新变法时期的商业思想比之前的洋务派的商业思想有所进步和发展。首先,他们在深刻反思前期思想家成果的基础上,联系当时中国国情,提出了更为系统的振兴资本主义工商业的主张。他们对发展商业的设想没有局限在流通领域,而是通过论述农工商诸业及生产与流通之间相互联系的关系,提出了在中国实现资本主义工业化的思想。这时期的商业思想要比前期商业思想更为明确,他们已经认识到机器工业在社会生活中的决定性作用,提出了振兴资本主义工商业的具体方法。同时,他们进一步揭露与批判传统保守的生产方式及落后的本末思想,运用资产阶级世界观,论证了中国自由平等地发展资本主义工商贸的必要性。其次,他们在进一步了解西方资本主义国家实际情况的基础上,更加重视资本主义生产形式,并开始进行经济问题的理论探讨。他们对资本主义生产方式的优越性作了进一步的论证,主张继续学习西方资本主义工商业,并把学习西方的内容扩大到更广的范围。最后,他们已不单纯着眼于对外通商贸易、外国资本主义商品输出的问题,而是开始着

---

① 谭嗣同:《谭嗣同全集》第1卷,生活·读书·新知三联书店1954年版,第8页。

眼于振兴民族工商业作为贸易竞争、堵塞漏卮的重要内容，但他们更多是论述了国内发展商品生产与流通的问题，论述了商贸与其他经济部门之间的相互关系问题，并阐述了便利商品生产与流通的财政税收及金融思想。

维新变法运动虽然由于顽固派的反对很快就失败了，但是维新派变法图强、发展资本主义工商业的主张是适应历史发展趋势的。所以，1903年清政府不得不又发布上谕："通商惠工，为古今经国之要政，自积习相沿，视工商为末务，国计民生日益贫弱，未始不因此乎，此亟应变通尽利，加意讲求。"以及"振兴商务，全在官商连络一气，以信相孚，内外合力维持，广为董劝，以期日有起色"，并且"着各直省将军督抚，通饬所属文武各官及局卡委员一律认真恤商持平，力除留难延阁各项积弊。以顺商情而维财政，倘仍前需索刁难。着随时严参勿纵"①等主张，印证了维新派某些商业改革的正确性。清政府希望改变"视工商为末务"的旧习，实行"通商惠工"，进而发展中华民族工商业。在这种大的历史背景下，中国历史上几千年来占统治地位的轻视商业的思想也就根本动摇了。

第二节　早期实业教育思潮的兴起与高等商业教育初步发展

"实业"一词借用德文"realschule"的日文翻译，主要包括农、工、商、矿业，实业教育也包括这几个方面。19世纪70年代以后，在日益加深的民族危机面前，早期改良派努力探索中国之所以落后，西方之所以先进的缘由，开始陆续地意识到发展资本主义商品经济的重要性，出现了重视工商业的倾向。一批具有资产阶级思想倾向的革新派开始关注整个实业教育，而不仅仅局限于某一行业的教育。所以，他们的实业教育思想之中也包括了商业教育的思想。包括高等商业教育在内的实业教育，随着这次教育思潮的传播得到了发展。

---

① 刘锦藻：《清朝续文献通考》第4册，商务印书馆1955年版，第10页。

一 早期改良派实业教育思想中的高等商业教育

早期改良派在"商战"论的影响下,对商业教育极为重视。在1860年,容闳在南京拜会太平天国首领之一的干王洪仁玕时,就建议重视商业金融体系的建立,提出"建立银行系统和规定度量衡标准"。同时,提出"为民众建立各级学校教育制度"①,培养各类人才的主张。"他是近代首倡实业教育的先驱。"②

其他早期改良派代表在批判反思洋务派实业教育的基础上,对商业教育的认识也有了进一步发展。他们根据"逻辑主线是以商战求富强,商战之本是人才之战,而人才的培养则依靠学校,即展开学战"③的观点先后提出了自己的人才观。如郑观应指出,"国之盛衰系乎人才","学校者人才所由出,人才者国势所由强,故泰西之强强于学,非强于人也。然则欲与之争强,非徒在枪炮战舰也,强在学中国之学,而又学其所学也"④。而王韬也认为"人才者,国势之所系也,国家之有人才,犹人身之有精神"⑤。

一些改良派还针对现有教育的弊端,提出符合中国工商业实际需要的新教育。冯桂芬注重废除试贴、楷书等"无用之事",在通商口岸招收聪明智巧之士,学习西方的"制器尚象"之术,改变"长技俱无"的局面。重视机器、技术的应用,将来才能赶上并超过西方,"自强之道实在乎是"⑥。

还有一些改良派对学习西方的内容考虑得更为长远,他们没有仅仅局限在农、工、商范围内,而是更有前瞻性地提出学习西方自然科学技术更好地为农工商服务的要求。王韬称西方自然科学技术为"艺学",主张建立专门学校,培养为新式农、工、商服务的人才,要求中国的才

---

① 容闳:《我在美国和在中国生活的追忆》,王蓁译,中华书局1991年版,第61页。
② 吴洪成等:《中国近代职业教育制度史研究》,知识产权出版社2012年版,第18页。
③ 吴洪成等:《中国近代职业教育制度史研究》,知识产权出版社2012年版,第18页。
④ 郑观应:《郑观应集》上册,夏东元编,上海人民出版社1982年版,第606页。
⑤ 王韬:《代上苏抚李宫保书》,《韬园尺牍》,中华书局1959年版,第82页。
⑥ 冯桂芬:《校邠庐抗议·制洋器议》下卷,载赵靖主编《中国近代经济思想资料选辑》上册,中华书局1982年版,第83—84页。

智之士摒弃帖括，学习西方的地理、动植、水利、医学等实用知识，尤其致力于"教工""教农""教商"。这其实就是提倡工业教育、农业教育、商业教育，他认为农、工、商教育有助于争取回权利，是关系到民富国强的大事。马建忠深刻认识到中国要振新商务，必须考究西洋实学："办交涉以文辞律例为主，讲富强以算学格致为本。中国不患不富，而患藏富之不用，将来采矿、酿酒、制机器、创铁路、通电报诸大端，在在皆需算、化、格致诸学。"① 把自然技术作为富强之本，有了掌握科技的人才，实业才能发展。例如意大利、法国"种桑有方、叶肥茂，选种必良从而蚕硕壮"。这种技术在我国蚕书中都没有，而在意、法两国都创立艺学以教育农民，靠着农业教育的帮助，他们的茧业以及相关产业和商业才能不断发展。因此，马建忠提出建立学校学习西方科技，主张某项实业实施之前先培养应用人才，以做好人才储备。

以陈炽、郑观应为代表的改良派则着重提出建立专门学堂的建议。陈炽认为，要改革科举，非增设艺科不可，而欲增艺学科，非预有以教之养之不可，这就是要设立专门的学校。而专门学校的建立不再遵循传统由政府牵头的方法，而是根据各个行业自身需要建立专业学堂，为本行业培养人才。"今中国商业资本数十万数百万或数千万金者，自宜各提公积倡立学堂，如丝业则宜设蚕桑学堂，茶业则宜设制茶学堂，轮船江海通行，关系尤巨，宜设管轮、驾驶两学堂，自余纺纱织布、炼钢开煤以及铁道电报，中西制造各事，每创一业，开一厂，设一局，均应附设一学堂，或独立创兴、或数家合办，学成后入船入厂，习练有成。愚拙者为工人，聪颖者为总管。嗣后，无论扩充何事，分布何地，制造何工，需用何人，取之官中而皆备。"② 另外，陈炽还认为各行业有各行业的学问，所以专门教育极其重要："农非学，无以辨菽麦，别肥硗，尽地力；工非学，无以区美恶，审良楛，制械用；商非学，无以察时变，精确算，殖货财。由是而游惰之民多矣，彼异端邪说，乃得趁虚而

---

① 马建忠：《适可斋记言》第2卷，中华书局1960年版，第55页。
② 陈炽：《商书·分建学堂说》，赵树贵、曾丽雅编《陈炽集》，中华书局1997年版，第272页。

入，惑世诬民，甚则流为盗贼，暴戾恣睢，白昼横行，掠人于市。"①由此可见，"术业有专攻"，各行业发展都需要专门人才。而培养人才的途径则是通过行业办学，或公司办附属学校等方式。

郑观应作为"商战"论的提出者，自然是极为重视包括商用在内的各种专门教育。"第一个提出发展商学教育的是早期改良主义思想家郑观应。"② 1884 年郑观应在《考试》一文中提出，要学习西方教育，师资应聘请"精通西方天文、地理、农政、船政、算化、格致、医学以及各国舆图、言语、文字、政事、律例……以出洋官学生之学成返国者当之。"教学科目为"机器、商务、纺织、银行、格致、政事、农学、医学、钱法、钞法、测量、测候、地理、地舆"③。其中涉及商业的是商务、银行、钱法、钞法。他还是第一个主张设立商科大学的人，并"建议在京师设立大学堂，分设六科：文学、言语、格致、政事、杂学、武学。其中杂学含商务、开矿、税则、农政、医学等"。1892 年，郑观应对高等商业教育提出了更具体的建议。他建议仿照西方把商业也列入大学教育之中，设立专门的"商政"科。郑观应认为要想培养高等商业人才，应该设立独立的"通商院"，以数学、银学（金融学）、文字学为主要学科。课程设置不仅包括商业课程内容，如各国土产、通商路线、税则、和约、钱币、银单、条规、公司、保险等，更要学习各国方言，这是"关于商学课程设置的最早记录"。

中国之所以落后在于专门人才的缺乏，而这是由于没有相应的培训机构所形成的。通过研究西方的教育制度，郑观应还提出西方之所以富强，就是它们重视各种专门之学，从而促进了农、工、商的发展。西方各国"士有格致之学，工有制造之学，农有种植之学，商有商务之学，无事不学，无人不学"④。通过各种专门人才的培养，西方才能在农、工、商各方面取得重大进步，而兵战、商战的根本就在于"学"战，即教育之战。

---

① 陈炽：《商书·分建学堂说》，赵树贵、曾丽雅编《陈炽集》，中华书局 1997 年版，第 29 页。
② 刘秀生：《中国近代商业教育的发展》，《北京商学院学报》1994 年第 1 期。
③ 陈学恂主编：《中国近代教育文选》，人民教育出版社 2001 年版，第 503 页。
④ 郑观应：《郑观应集》上册，夏东元编，上海人民出版社 1982 年版，第 595 页。

郑观应提出要在中国广泛建立各级各类专门教育，并且建立教育制度。提出的各种专门教育既包括高等专业教育如农政、技艺、通商等，也包括初中等专门教育如夜校、工艺院、徒弟讲习所等。19世纪80年代后期及90年代初期，他初步形成了学制思想的大体框架。认为以州县、府省会、京师三级层次为主线，可分文武两系。而在文科的六科中格致（含声、光、电、化学）、艺学（含天文、地理、测算、制造）和杂学（含商务、开矿、税则、农政、医学）三目是教授自然科学、技术及各专门知识的。虽然这时他推行的学校制体系中对各专门教育的构想还不是很完善，但他对于农、工、商、矿等各类学校提出了一些具有创设性的建议，都描绘出了专门教育体系的大致轮廓。

同时，早期改良派还根据我国当时资本主义发展的需要，在求富的口号下引入西方国家专门教育的制度，主张学习西学，进一步提出在中国建立新式学校，尤其是为农、工、商培养专门人才的具体主张。他们顺应了时代发展的潮流，把培养人才的实用性作为培养目标和评价标准。他们对近代专门教育制度的构思和方案成为戊戌变法与新政时期实业教育制度的思想先导。

二 维新派的实业教育思想中的高等商业教育

甲午战争失败后，民族危机进一步加深。维新派上书言事，认为非兴办学校、改革教育不足以图存。如梁启超认为中国落后于西方在于教育的腐朽与工艺的落后，"救弊之法，归于废科举兴学校"[1]。变法期间，废科举、兴学校成为社会关注的焦点。无论是洋务大员，还是维新派领袖，都在发展教育的奏折中涉及了实业教育的广泛内容。维新派的实业教育思想具有承上启下的特点，他们继承和发展了洋务派和早期改良派的实业教育思想和兴办实业学校的主张，继而提出自己的建立实业教育制度的构想。尽管戊戌变法失败，有关实业教育的制度法令未得到实施，但他们的实业教育的思想和主张却广为流传，深刻影响了后来"新政"时期的张之洞、荣庆、张百熙等人，并通过他们实现了近代实业教育制度的确立。

---

[1] 梁启超：《清代学术概论》，上海古籍出版社1998年版，第61—62页。

(一) 康有为实业教育思想中的商业教育

康有为是坚定的实业救国和实业教育救国的倡导者。他认为中国只有通过变法才可富强。富强的方法包括铁路、钞法、开矿、机器轮舟、邮政、铸银、务农、劝工、惠商、恤穷。综合来看，这十条集中体现了工业、农业、商业的作用。康有为继郑观应后提出了商会对富强的作用。尤其是他看到了西方商会可以配合本国政府进行对外经济扩张，因而在《公车上书》中建议：令各直省设立商会、商学，而以商务大臣统之，上下通气，通同商办，庶几振兴。1905年，他撰写了《物质救国论》一书，认为中国当前遇到的最大问题是弱，而"以中国之地位，为救急之方药，则中国之病弱，非有他也，在不知讲物质之学而已"。他所谓的"物质学"实际上是指从18世纪下半期到19世纪中期遍布西方的工业革命与机械化大生产。工业革命使西方的农、工、商业进入以科技使用为中心的近代商品经济时代，西方强于中国就在于他们有物质学，"以吾遍游欧、美十余国，深观细察，校量中西之得失，以为救国至急之方者，则惟在物质一事而已。物质之方体无穷，以吾考之，则吾所取为救国之急药，惟有工艺、汽电、炮舰与兵而已"[①]。康有为通过对西方的走访调查，批评洋务派只学习了西学的表面上的器物之学，只是筑炮台、买枪炮、练洋操，而不知讲求学校。直到甲午战败，国人才意识到"渐知泰西所以富强，在于有学。于是议臣始言学。当今直省督抚，亦纷纷渐知立学堂矣。然学堂以何物教之，尚未计及也，学堂仅教诸生童幼，习西国文字语言，五六年后始能通其文字，语言尚未通，募政学，则又待之十年后矣。今世变甚急，朝不及夕，岂能从容待之卜年乎？其不在学堂中之人士，及任官之士夫，尤今日所倚而用之者。乃无从得地球掌墩物理，泰西政俗、经济农工商矿各学，而考求之"[②]。而西方之所以工、农、商业发达，国富民强，从根源上说，是因为它们重视教育尤其是实业教育。

---

① 康有为：《物质救国论》，载赵靖、易梦虹编《中国近代经济思想资料选辑》（中册），中华书局1982年版，第173、183页。

② 康有为：《请开局译日本书折》，载汤志钧编《康有为政论集》（上册），中华书局1981年版，第254页。

康有为在维新运动期间多次上奏光绪帝建立实业学校。1898年1月29日，他上奏光绪皇帝，"自京师立大学，各省立高等中学，府县立中小学及专门学，若海、陆、医、律、师范各学"①。何为"专门学"，康有为之后又作出解释，"专门者，凡农、商、矿、林及其工程驾驶，凡人间二事一艺者，皆有学，皆为专门也。……小学中学者，所教为国民，以为己国之用，皆人民之普通学也。高等专门学者，教人民之应用，以为执业者也"②。康有为的"专门学"主要包括工艺学校、铁路学校、商学校、农学校、茶务蚕桑学校、矿学校。这体现了商品的生产领域、流通领域与学校教育专业设置与人才培养的关系。

他对实业教育的学制有了一个初步的设想，就是凡有中小学校处都同时设立实业学校，凡有实业之处都立实业学校，希望普及实业教育。康有为对实业教育制度的设想源于西方，"今各国之学，莫精于德，国民之义，亦他于德；日本同文比邻，亦可采择。请远法德国，近采日本，以定学制。乞下明诏，遍令各省府县乡兴学"③。他的这一设想体现在《大同书》中。而在小学院，他认为要对儿童进行"金工、木工、范器、筑场"的教育，目的是培养儿童的动手能力，"既合童性之嬉，即资长大之业，童而熟习，长大忘形，尤于工艺易精也"④。中学院在普通学基础上开展"专门之学"，即是农、工、商、矿之类学科专业，并认为与农、工、商、矿有关的"凡百实验之事，莫不具备，以备学者游观、玩摩，热学，故体裁当极伟大，乃足备用"⑤。大学院接纳16岁离开中学的人，直至20岁。康有为认为到大学时，无业不设专门之学，也无一人没有专学。"人人各从其志，各认专门之学以就专门之师。其

---

① 康有为：《上清帝第六书》，载汤志钧编《康有为政论集》（上册），中华书局1981年版，第213页。

② 康有为：《上清帝第六书》，载汤志钧编《康有为政论集》（上册），中华书局1981年版，第305—306页。

③ 康有为：《请开学校折》，载陈学恂主编《中国近代教育文选》，人民教育出版社2001年版，第110页。

④ 康有为：《大同书·去家界为天民》，载陈学恂主编《中国近代教育文选》，人民教育出版社2001年版，第116—117页。

⑤ 康有为：《大同书·去家界为天民》，载陈学恂主编《中国近代教育文选》，人民教育出版社2001年版，第118页。

学政治、法律则为君、为长，学教育、哲理则为傅、为师，学贸易、种植则为农、为商，学一技、能则为工、为匠，虽贵贱攸殊，高下迥异，而各禀天赋，各级人官，各听自有，各从其好，分业成能，通力合作，其于利物前民，以供公众之用则一也。"① 可见，他认为经过大学院阶段的实业教育，学生可从事农、工、商业及其他专业技术的职业或领域工作。

康有为通过对西方的实业教育内容进行了深入了解，认为西方能培养大批社会所需要的人才，主要是他们从小到大都在学习图算、万国历史、天文地理、化光声电气、法律、格致工艺、绘图、测量等相关的科学技术内容。我国也要在学习这些西学的基础上，进一步学习专门的知识，百业千器万技，皆出于学，工则讲机器之用，农则讲化学、肥料、植物技术，商则讲资本、股票、银行等内容，矿则讲地质、水文等，务必使操农、工商业者，皆知植物之理，通制造之法，解万国万货之源。更可贵的是，康有为在力图说服国人学习西方知识的同时，还特别强调实践在教育中的重要作用。学农要在田中种过地，学工需在工厂作坊中有经验，学商的必要深入市场，学矿要到矿山去，只有亲自试验过、体会过，才能学到真实有用的东西，成为真正有用的人才。"盖大学转为世界有用之学而设预备之方，考求之用，乃所以亲切而有用，征实而可信也。"② 学习与实际易于联系，知行统一，增强学生的应用能力，是实业教育成败的关键。

康有为对人才的培养极为重视，他说："今变法之道万千，而莫急于得人才。"③ 人才是中国图强变法、求富求强的根本保障。但具有专业技能的人才十分缺少，乃至匮乏，这对一个国家来说是很不幸的。"方今海内多故，天子悯忧，特下明诏，搜求才识阔达及智能之人、一艺之士，而应诏者寡，固搜访之未逮欤？得无专门，风气未启有以致之

---

① 康有为：《大同书·去家界为天民》，载陈学恂主编《中国近代教育文选》，人民教育出版社 2001 年版，第 119 页。

② 康有为：《大同书·去家界为天民》，载陈学恂主编《中国近代教育文选》，人民教育出版社 2001 年版，第 121 页。

③ 康有为：《请废八股试帖楷法试士改用策论折》，载中国史学会《戊戌变法》第 2 册，上海人民出版社 1972 年版，第 208 页。

耶？故患贫而理财，而专精农、工、商、矿之学者无人；患弱而练兵，而专精水陆军及制造船炮之学者无人；乃至外国政俗，亦寡有深通其故者，此所关非细故也。"① 他呼吁尽快广设专门学校，培养实业人才，为变法服务。因为就人才培养而言，不可一蹴而就。未雨绸缪，才能收日后之效。"夫天下民多而士少，小民不学，则农、工、商更无才"，没有实业人才，则无论产物成器还是利用厚生，都难以实现。

（二）梁启超实业教育思想中的商业教育

梁启超的实业教育思想的理论基础是"生利分利论"。他将实业发展作为救国的工具。而实业是指近代意义上的农、工、商、矿这些从西方学来的内容，并指出它们对改进中国传统的农业、手工业、商业等具有重大意义。他认为铁路、开矿、通商、制造都是兴利之事，中国应学习西方，振兴工艺商务、发展新式农业，否则机器不备、化分不精、道路不通、土货滞销，根本谈不上兴利甚至争利。要达到增加生利、减少分利的目的，就必须生利人多，分利人少，而这需要通过教育培养国民具备生利的知识和技能。

梁启超从振兴实业的愿望出发，主张通过教育培养大批的生利之人，这些生利之人就是实业人才。他从开民智角度论证了人才的重要性。要救亡图存，就要发展实业。要发展实业，得先开民智，培养实业人才，民智不开，人才就不足。经济的竞争就是人才的竞争。中国落后最主要的原因是人才的稀缺，进而制约了农、工、商的发展。中国的农、工、商、矿、铁路等各类行业，能有现如今的水平，是雇佣洋人的结果。重金雇佣他们，使中国的财富外流，实际控制权在他们手上。为此，办学是开启民智的第一步，只要有一实业就要有一学堂。通过实业学堂，为农、工、商培养生利的实业人才。

对新旧教育产生的冲突，梁启超阐述了其中的缘由："然则岩穴之间，好学之士，岂无能自绩学以待驱策者？曰：格致、制造、农商、兵矿诸学，非若考据词章贴括之可以闭户獭祭而得也。书必待翻译而后得

---

① 康有为：《上海强学会序》，载汤志钧《康有为政论集》上册，中华书局1981年版，第169页。

读，一人之学能翻群籍乎？业必待测验后致精，一人之力能购群器乎？学必待游历而后证实，一人之身能履群地乎？此所以虽有一二倜傥有志之士，或学焉而不能成，或成矣而不能大也。"① 为解决旧教育的弊端，梁启超提出五点举措，其中两点与商业教育相关。

其一，开设译书局。"近年以来，制造局同文馆等处译出、刻成已百余种，晌知所务也。然所译之书，详于求艺而略于政事，于彼中治国之本末，诗句之重迅言之未尽。至于学校、农政、商务、铁路、邮政诸事，今日所亟讲求者，一切章程条理，彼国咸有专书详言之。今此等书，悉无译本。又泰西格致新学、制造新法，月异岁殊，后来居上。今所已译出者，率十年以前之书，且书亦甚多，未能尽其所长。今请于京师设大译书馆，广集西书之言政治者，论时局者，言学校农、商、工、矿者，及新法新学近年所增加者，分类译出，不厌详博，随时刻布，廉值发售，则可以增益见闻，广开才智矣。"②

其二，选派游历。"学徒既受数年，考试及格者，当选高才以充游历。游历之道有二：一游历各国，肄业于彼之学校，纵览乎彼之工厂，精益求精，以期大成。一游历各省，察验矿质，钩核商务，测绘舆地，查阅物宜，皆限以年期，厚给薪俸，随时著书，归呈有司，察其切实有用者，为之刊布，优加奖励。"③

梁启超根据前人思想也总结出了一套教育制度。在《教育政策私议》中，梁启超根据儿童身心发展阶段的特点，对实业学校教育从制度上加以规定，在小学 8 年义务教育基础上，专门设有实业教育一轨，即 4—5 年的各种简易实业学校，之后进一步进行 3—4 年的各种高等实业学校，毕业后再升入理、工、农、商各科大学。这套制度是以普通教育为基础发展实业教育的。实业教育主要是中等教育和专科教育，然后是分科的大学教育。建立实业教育制度是近代教育制度建设的重要部分，

---

① 李端棻：《情况学校折》，载陈学恂主编《中国近代教育文选》，人民教育出版社 2001 年版，第 64—65 页。

② 李端棻：《情况学校折》，载陈学恂主编《中国近代教育文选》，人民教育出版社 2001 年版，第 66—67 页。

③ 李端棻：《情况学校折》，载陈学恂主编《中国近代教育文选》，人民教育出版社 2001 年版，第 66—67 页。

这对封建教育体制是极大的冲击，对中国处于发展中的民族资本主义工商业经济至关重要。

梁启超还重视女子实业教育，他认为女子学习的优势在于"彼妇人之数千年莫或以学名也，未有以引导之也。妇人苟从事于学，有过于男子者二事：一曰少酬应之繁；二曰免考试之难。其居静，其心细，故往往有男子所不能穷之理，而妇人穷之，男子所不能创之法，而妇人创之"。另外，女子与男子一样能够学习所有实业教育的科目，"农业也，工作也，医学也，商理也，格致也，律例也，教授也，男子所共能，抑妇人所共能也。其学焉而可以成为用之材，一也"①。

梁启超的女子实业教育在后来又有进一步发展，他在《新民说·论生利分利》中提出妇女抚育后代，主持一家生计都是室内生利之事。而外出工作属于室外生利之事。无论是室内还是室外的工作，妇女都需要读书识字，要懂会计、教学之法，操作之技术。

梁启超通过生利分利论，提出实业教育对中国富强的重要意义。他的理论不仅从思想上推动了实业教育的发展，也为女子实业教育发展开辟了道路。

（三）严复实业教育思想中的商业教育

严复，字又陵，号几道，福建侯官（今闽侯）人，7岁就学，11岁从福建名儒黄少岩读经。14岁舍弃旧学考入福州船厂附设之船政学堂，毕业后服役船舰，25岁赴英国留学海军，回国后先在船政学堂当教习，1880年被李鸿章聘为北洋水师学堂总教习，以后逐步升任会办、总办，前后任职几乎20年。他学贯中西，倡议学习西方，主张"教育救国"。

严复毕业于福州船政学堂，是我国第一代实业学校毕业生的佼佼者。他的实业教育思想是以他对西方教育和中国国情的认识为起点的。他看到了中国社会的病症是贫穷与国衰，认为要挽救民族危亡，疗治贫困，寻求富强，就必须重视以工冶制造为中心的实业。英国等西方列强以蒸汽机的使用为龙头，掀起工业革命，对西方纺织、交通、制造、商品生产及行业产生了巨大影响，效率极大提高，产量飞速增加。相反

---

① 梁启超：《变法通议·论女学》，载汤志钧、陈祖恩等编《中国近代教育史资料汇编·戊戌时期教育》，上海教育出版社2007年版，第104—105页。

地，由于封建社会的深重危机与闭关锁国的虚骄狂妄，中国已经大为落后。据此他提出了一些富有个性的、独到的实业教育思想。

从自身的学习经历和对当时流行的实业教育进行反思与批判的基础上，严复确定了自己的实业教育观点。他所认为，"实业是西名谓之 industries，举凡民生勤动之事，靡所不赅而独于树艺、牧畜、渔猎数者，则罕用其字。而实业教育，则谓 technical education，所苞尤隘，大抵同于工业"①。严复认为，实业还包括路矿业，如果国家没有铁路，那必定利源不广，贫弱之患随之而兴。所以，中国不求富强则罢，要求富强，必以开铁路为端，只有广开铁路，矿业及一切制造树艺之事才会随之发展起来，主张在国家引导下，以商办为正宗，发展路矿业。与此同时，还须兴办军事工业以自保，兴办农业以支持工业发展，达到富强的目的，兴办新式教育，达到培养实业人才的目的。但是，目前中国相较于西方面向社会实业需要的教育十分薄弱，且不健全。

严复对他所倡导的实业教育与传统教育做了比较："是故欲开民智，非讲西学不可。欲讲实学，非另立选举之法，别鞠之途，而废八股、试帖、策论诸制科不可。"② "盖往日之教育笃古，实业幻有法今；往日之教育求逸，实业之教育习劳；往日之教育成分利之人才，实业教育充生利之民力。"③ 严复的这一对比突出了实业教育的优点及其实行的紧迫性。而且，与康、梁比较来说，严复更为高屋建瓴、鞭辟入里地论述了社会产业的关系、结构的调配与教育的互动性，体现了一代中西会通思想家的远略与识见。

严复认为，就其在教育系统的地位而言，实业教育是一种中等教育以上的专门教育，他说："实业教育者，专门之教育也。专门教育，固继普通教育而后施。"④ 可以看出，实业教育主要是指高等阶段的专门

---

① 严复：《实业教育·侯官严复在上海商部高等实业学校演说》，载王栻《严复集》（一），中华书局1986年版，第203页。
② 严复：《原强修订稿》，载王栻《严复集》（一），中华书局1986年版，第203页。
③ 严复：《实业教育·侯官严复在上海商部高等实业学校演说》，载王栻《严复集》（一），中华书局1986年版，第206页。
④ 严复：《实业教育·侯官严复在上海商部高等实业学校演说》，载王栻《严复集》（一），中华书局1986年版，第204页。

教育，即相当于工业专门学校和专门学院的教育。他想将实业教育放到一个高的起点上。经过实践，严复注意到实业具有发展的层次性，中国当时的实业处于初级水平，高等实业教育并不能适应社会广大民众的需要，而是与他们的实际状况相脱节。于是，他又提出建立初等、中等的实业教育更是当务之急。严复将实业教育的重点从农业转到工业，再转到初等工业，强调初等和中等实业教育的重要性，符合实业发展层次上步步推进的特点，是对清末实业状况的一种真实反映，从而构成了严复的实业教育地位体系的层次结构，初等实业教育是实业教育的入手之端，也是实业教育发展的切实基础。

严复认为实业教育具有重要作用。首先，实业教育不仅可以促进生活经济发展以及产业进步，而且能克服传统士子"征逐虚名，作为无益，坐令脑力萎耗，则四十以往，其人必衰"① 的弊病。其次，实业教育还可以"鼓民力""开民智""新民德"。西方国家之所以强盛就是在于"莫不以民力、民智、民德三者断民种之高下，未有三者备而民生不优，亦未有三者备而国威不奋者也"，而中国的贫弱正是因为"民力已茶、民智已卑、民德已薄"所造成的。所以说，振兴国家在于振兴实业，振兴实业在于发展实业教育。

严复的实业教育思想是层次分明、有机联系的，涉及实业教育的地位、目标、内容、途径等。这些见解和主张之间的相互联系、融会贯通，主要源于他学贯中西的素养和采取了对中西社会发展比较鉴别的方法，以及对中科化交融的思考。但是他的实业教育设计体系，过分强调了学生得之于课外及社会的阅历，而忽视了学校实业教育阶段应有的经验积累环节，即实习和试验，这不能不说是一种缺憾。

综上所述，早期改良派和洋务派共同推动了实业教育思想的产生，维新派在早期改良派的基础上，对实业教育思想有了较为深刻的认识，而且他们对西方实业教育制度的介绍相对完整，对中国实业教育制度的构想更加充分，成为清末实业教育制度化的直接推动者。与洋务派运动时期的实业技术教育相比，维新时期的实业教育思想不再局限于军事技

---

① 严复：《实业教育·侯官严复在上海商部高等实业学校演说》，载王栻《严复集》（一），中华书局1986年版，第205页。

术一种，而将范围扩大到农、工、商、矿各方面。

三 早期实业教育思潮对高等商业教育初步发展的影响

早期改良派和维新派的教育思路都围绕着批判科举制度及考试内容，是一个建议设置新式学堂，建立近代学校教育制度，不断深化和完善的过程。在这个层层递进的过程中，高等商业教育的办学思路逐渐清晰。维新运动兴起时各地创办的商业学校，大大丰富了教育实践的内容。无论是从思想上还是实践上，高等商业教育大致形成了近代化的轮廓。

（一）废八股、改科举为高等商业发展扫除障碍

洋务运动时期，各地兴办的新式教育培养了大批洋务人员。这些人的学习内容与八股取士的科举格格不入。早在戊戌之前，洋务派和早期维新思想家均提出过有关建议。如李鸿章鉴于"小楷试帖，太蹈虚饰，甚非作养人才之道"，主张"于考试功令稍加变通，另开洋务进取一格，以资造就"。① 即通过开设"洋务"一科，把西学引入科举考试的内容。张之洞也曾声称"废八股为变法第一事"，但恐涉及面太广，而顾虑重重，"恐触数百翰林、数千进士、数万举人、数十万秀才、数百万童生之怒"，始终未敢上折请求予以废之。② 早期的改良派如薛福成、王韬、郑观应等，他们对科举考试的批判观点更为鲜明，态度更为坚决。他们明确提出要废除八股取士制度。郑观应认为"不废时文帖括，则学校虽立亦徒有虚名而无实效"③。清醒地意识到科举考试与新学堂、新教育的严重对立。1895年，清政府在甲午战争中战败，帝国主义掀起瓜分中国的狂潮，民族危机日益严重。中国先进的知识分子认识到学习西方的"船坚炮利"并非强国之路，还须变革政治制度。废除八股文尤为当务之急。维新派继洋务派、早期改良派之后，又对科举制度进一步抨击。梁启超对科举考试的腐朽性做出了深刻的揭露。他在《戊戌政变记》中提出"八股取士，为中国锢蔽文明之一大根源，行之千年，

---

① 李鸿章：《李文忠公全集》奏稿卷53，上海商务印书馆1921年版，第105页。
② 梁启超：《饮冰室合集》专集第3篇，中华书局1989年版，第84页。
③ 郑观应：《郑观应集》上册，夏东元编，上海人民出版社1982年版，第251页。

使学者坠聪塞明，不识古今，不知五洲，其弊皆由于此"。"科举不变，荣途不出，士大夫之家聪颖子弟皆以入学为耻，能得高才乎？如是则有学堂如无学堂。"所以梁启超愤慨地指出："强敌交侵，割地削权，危亡岌岌……天下扼腕殷忧，皆以人才乏绝，无以御侮之故，然尝推求本原，皆由科举不变致之也。"严复将八股取士的危害精辟地概括为"锢智慧""坏心术""滋游手"，"使天下消磨岁月于无用之地，堕坏志节于冥昧之中，长人虚骄，昏人神智"，并坚决要求"痛废八股，大讲西学"。① 类似上述抨击科举制度和八股的言论，在当时资产阶级维新派的著作中几乎俯拾皆是。这些资产阶级维新派认为在科举制度下培养出来的知识分子，只能是一些愚昧无知、脱离实际、抱残守缺的封建卫道者。资产阶级维新派对科举制度的这些揭露和批判的是尖锐辛辣的。光绪二十四年（1898年），康有为力陈科举之害："今日之患，在吾民智不开，故虽多而不可用。而民智不开之故，皆以八股试士而为之。学八股者，不读秦汉以后之书，更不考地球各国之事，然可以通籍，累至大官。今群臣济济，然无以应事变者，皆由八股致大位之故。故台、辽之割，不割于朝廷而割于八股；二万万之款，不赔于朝廷而赔于八股；胶州、旅、大、威海、广州湾之割，不割于朝廷而割于八股。"② 光绪帝也深有感触地说："西人皆为有用之学，而吾中国皆为无用之学，故致此。"因而康有为借机提议："上既知八股之害，废之可乎？"光绪帝断然回答："可。"在康有为等维新派人士支持下，光绪帝力排众议下诏："自下科为始，乡、会试及童生岁、科各试向用《四书》文者，一律改试策论。"

之后，清政府对科举制度的改革主要表现在废除八股取士，改试策论，实行经济特科。光绪皇帝采纳维新派人士关于废除八股试帖楷法试士，变通科举的奏议，于1898年6月23日发布上谕，下令自下科为始，乡、会试及童岁、科各试向用《四书》文者，一律改试策论。7月19日，光绪帝批准了礼部《遵议乡会试详细章程疏》，下诏"著照所拟，乡会试仍定为三场：第一场试中国史事国朝政治论五道，第二场试

---

① 严复：《严复集》第1册，中华书局1986年版，第43页。
② 中国近现代史丛书编写组：《戊戌变法》第4册，上海人民出版社1972年版，第140页。

时务策五道，专问五洲各国之政，专门文艺，第三场试四书义两篇，五经义一篇"。7月23日，又下诏催立经济特科（法律、财政、外文、物理学），以选拔新政人才。并强调科举考试要以实学实政为主，不讲求楷法。经济特科的建立，表明了人们对实业教育尤其是对商业教育的一种态度的转变，对于提升商业教育的地位，有不可忽视的影响。虽然戊戌政变后，"百日维新"期间颁行的各项教育改革措施中，多数为昙花一现，也曾一度恢复八股取士制度，并罢经济特科，然其影响之深广，在近代教育史上堪称资产阶级教育对封建主义教育的一次重大冲击。这种改良主义教育思想的具体实践，为资产阶级新学制的建立奠定了初步基础。所以其后不久，清政府不得不再次宣布废除八股取士制度。

（二）改书院、办学校为高等商业发展创造条件

维新运动时期讲求实学的思想主张通过办学实践得到推行，发生了现实的作用或影响。书院的改良、各种实科技术学堂、工艺学堂的创办充分反映了实学实用价值导向及社会观念已成主流，"风吹草偃"，深入人心。

书院教育是中国古代特有的教育机构，由于原有民办性质及学术性追求，在近代走向官学化的历史条件下，仍然显得灵活多变，顺应新潮的特征，因而书院的改革尤能表现学术、文化及教育内容的转变历史。

光绪二十二年（1896年）六月，山西巡抚胡聘之等奏《请变通书院章程折》：

> 书院弊端丛生，或空谈讲学，或溺志词章，皆无裨实用，厉行更改，"综核经费，更定章程，延硕学通儒，为之教授，研究经义，以穷其理；博综史事，以观其变。"由是参考时务，兼习算学，凡天文、地舆、农务、兵事，与夫一切有用之学，统归格致之中，分门探讨，务臻其奥。①

可见，书院是一种组织机构，而本体核心成分则是学堂的新课程。

---

① 朱有瓛主编：《中国近代学制史料》第1辑下册，华东师范大学出版社1986年版，第156页。

其实，这已经寓意书院通向近代学堂已是大势所趋。同年8月，礼部又批准侍讲学士秦绶章《请整顿各省书院折》。整顿的重点是定课程、重师道、核经费。秦氏主仿宋儒苏湖教法，将书院课程扩而为六——经学、史学、掌故之学、舆地之学、算学、译学。此折经政府令通行各省督抚学政，以参酌进行。① 这是西方自然科学首次出现于书院这个特殊领地，使书院教育开始向近代教育过渡。

旧书院失去了昔日的光环，为适应社会发展的需要，清廷在改良旧书院的同时也默许了一批新式书院。如最早设立的上海格致书院、北京同文馆与湖北自强学堂等。而培养了开国领袖毛泽东，开国大将陈赓、谭政，著名国际诗人萧三，著名社会活动家易礼容，革命烈士毛泽覃、杨幼麟，杰出学者萧子升等一大批英才俊杰的东山精舍，开创了湖南新式教育之先河。东山精舍筹建于1890年，1895年正式开班授课，始名"东山精舍"，1900年易名为"东山书院"。其《精舍章程》于1895年12月6日呈送湖南巡抚陈宝箴，当日就获批。与"应科举、登仕途"为目的的书院教育不同的是，《精舍章程》特别强调了匡时救世、经世致用的办学理念。其教学内容与湖北自强学堂类似，都以算学、格致、方言和商务为主。这实是一种假书院之名，行新式教育之实的教学组织形式。在维新变法期间，各地创建了一大批新式学堂，学习的内容包括了近代各个学科，这些书院徒有传统书院之称，而无书院教育的旧式内容及组织之内里，实是新式学堂的代名词而已，尤以西学科技内容的教学为特征。

维新派在改革书院的同时，还要求新建一批教授实学的新式学堂。1895年5月2日，康有为、梁启超等联合18省举人1300余人签名上书，请拒和、迁都、变法，史称"公车上书"。在教育改革方面，主张"才智之民多则国强"，应令"各省州县遍设艺学学院，凡天文、地矿、医律、光、重、化、电、机器、武备、驾驶，分立学堂，而测量图绘，语言文字皆学之"，"京师广延各学教习……其法与省学同"。② 维新派

---

① 朱有瓛主编：《中国近代学制史料》第1辑下册，华东师范大学出版社1986年版，第157—158页。

② 赵丰田：《康长素先生年谱稿》，《史学年报》1934年第2卷第1期。

批判封建传统教育既"无实"又"无用",培养出来的人既不会务农,又不会做工,更不会经商,对国家毫无益处。因此,他们主张新建学堂必须经世致用,讲求时务,切不可脱离社会实际。康有为要求在小学开设文史、算数、舆地、物理、歌乐等实用课程。梁启超则强调:"学非一业,期于致用;言非一端,贵于可行。"故所设课程均应以适合"时用"为原则,其中"时务一门,为诸学之归宿"。① 不必专门设立时务课程,但却要将其精神贯穿于各门课程之中。

在中学和西学的关系上,维新派强调的是中西并重,观其会通的原则,并且对"中学"进行了批判改造,无论中学西学,所选择的内容都必须是以致用为原则。维新派认为,面对当时国家命运危亡的局势,教育的内容就应该是对救亡图存有用,对维新变法有用。梁启超说:"故今日欲储人才,必以通习中国掌故之学,知其所以然之故,而参合之于西政,以求致用为第一等。"② 严复在此基础上更进一步,认为中体西用、政本艺末的提法都是十分荒谬而错乱颠倒的,因为"政艺二者乃并出于科学"。③ 科学才是真正的立国之本,才具有疗病起弱之实力。他认识到西方列强之所以富强,并不仅仅因为它们的船坚炮利,而首先是它们科学、文化教育的先进和发达。因而他大声疾呼,认为要救亡富强,须"不容不通知外国事,欲通知外国事,自不容不以西学为要图,此理不明,丧心而已;救亡之道在此,自强之谋在此"④。所以,严复认为只有用"西学"代替"中学",认真地向西方列强学习,这才是救亡图存的唯一正确途径。因而他主张全面学习西学,在教育内容设计上阔视远想,统新故而视其通,包中外而计其全,反对那种学西学"只得诸耳剽之余"的学风。

---

① 梁启超:《上南皮张尚书论改书院课程书》,载陈学恂主编《中国近代教育文选》,人民教育出版社2001年版,第154页。
② 梁启超:《上南皮张尚书论改书院课程书》,载陈学恂主编《中国近代教育文选》,人民教育出版社2001年版,第153页。
③ 严复:《与外交报主人论教育书》,载陈学恂主编《中国近代教育文选》,人民教育出版社2001年版,第218页。
④ 严复:《救亡决论》,载陈学恂主编《中国近代教育文选》,人民教育出版社2001年版,第198页。

基于对西学的推崇，以及对西学内涵外延的深刻认识，维新派创办的学堂把西学扩大到西方的社会政治学说。如康有为万木草堂的教学内容就有孔学、宋明理学、中国经史学、中国词章学、泰西哲学、万国史学、万国政治沿革得失、外国语言学、政治经济学、数学、致格、群学等。其讲学，是"每论一学，论一事，必上下古今，以究其沿革得失，又引欧美以比较证明之"，具有"循循善诱""至诚恳恳""诲人不倦"的特点。

在向西方学习"西艺"时，与洋务运动时期的新学堂不同，维新运动时期的新式教育不再局限于个别学科的人才培养，而是通过创建一批综合性的学校培养各个学科的专门技术人才，如江南储才学堂。两江总督张之洞于1896年2月1日奏请"就江宁省城创设储材学堂一区"，建议在南京创办江南储才学堂，获光绪帝批准。10月20日两江总督张之洞在金陵同文电学馆基础上建立江南储才学堂，校址设在仪凤门内三牌楼和会街，1897年6月建成，7月开学。江南储才学堂设"交涉、农政、工艺、商务四门"。因为这四门在当时社会是较为要紧的，"皆有益国计民生之大端"①，关乎国家生死，而相关的学校数量却很少，社会对相关人才的需求与学校的人才供给的巨大差距让筹办专门学校成为当务之急。1898年1月14日，陕西巡抚魏光拟创设格学堂一所，名曰游艺学塾。举凡天文、地舆、兵、农、工、商与夫电、化、声、光、重、汽一切有用之学，统归格致之中，分门探讨，各臻其实。②

近代民族资本主义的发展使一批具有资本主义意识的知识分子意识到发展商业对教育的重要性。而现实的变革也使商人们看到教育对商业发展的促进作用。所以无论是书院的改革还是新式学堂的创办都离不开商人的投资。而这些书院或学堂也开始关注和设置商业的科目。

（三）建学会、讲实学扩大高等商业教育的影响

甲午战败后，康有为、梁启超等人为变法图强，上下奔走，广造舆论。维新派利用多种方式广开民智，推行自己的主张。其中之一的方法

---

① 张之洞：《张文襄公全集》，中国书店1990年版，第357页。
② 朱寿朋编：《光绪朝东华录》四，中华书局1958年版，第4012—4013页。

是主张大力发展教育，虽然教育作用不言而喻，但周期长见效慢，涉及面窄。维新派还借鉴西方经验，通过建立学会传播思想，"群中外之图书器艺，群南北之通人志士，讲习其间，因而推行于直省焉"①。这些学会的建立推广了实业及实业教育。

强学会

强学会由康有为、文廷式于1895年8月在北京发起成立。成员数十人，有清廷官僚、维新人士、英美籍传教士等。发行报刊为《万国公报》。11月在上海成立分会。次年1月，学会及其报刊被清政府封禁。

上海强学会建立的初衷体现在《上海强学会序》中："开风气而成人才，以应圣天子侧席之意，以济中国之变。"而当前中国没有专门的人才，所以在面对国家需要的时候，"应诏者寡"。中国之所以贫困落后也在于此，"故患贫而理财，而专精农工商矿之学者无人，患弱而训兵，而专精水陆军及制造船炮之学者无人"②。学会通过翻译出版图书、刊发报纸、开设图书馆和博物院四项业务在民间推广西学与西艺。如在博物院中展览"凡古今中外兵农工商各种新器""以为益智集思之助"。③

为了可以扩大相互交流的范围，强学会鼓励各行各业的人成为会员，"天文舆地、化重光声、物理性理、生物、地质、医药、金石、气力、治术、师范、测量、文字减笔、农务、牧畜、商务、机器制造、营建、轮船、铁路、电线、电器制造、矿学、水陆军事，以及一技一艺"④。同时，有新的学科可通过强学会的报纸扩大影响。

南学会

于1898年2月成立于湖南的南学会也是讲求新学的团体。由谭嗣

---

① 康有为：《上海强学会后序》，载汤志钧《康有为政论集》上册，中华书局1981年版，第171页。

② 郑振铎主编：《晚清文选》，载任继愈《中华传世文选》，吉林人民出版社1998年版，第287页。

③ 康有为：《上海强学会章程》，载汤志钧、陈祖恩等编《中国近代教育史资料汇编·戊戌时期教育》，上海教育出版社2007年版，第151页。

④ 康有为：《上海强学会章程》，载汤志钧、陈祖恩等编《中国近代教育史资料汇编·戊戌时期教育》，上海教育出版社2007年版，第152页。

同、唐才常等发起，受到湖南巡抚陈宝箴支持。学会的宗旨是："专以开浚知识，恢张能力，拓充公益为主义"；"本会以同心合力，振兴中国为务"。南学会的运行模式与强学会基本相仿，也设有报刊《湘报》和藏书楼。不同之处在于南学会要求对本省各地的学堂情况记录在案，目的是整合与调配本省教学资源，"本会设总会之意，在立一联络全体之学规，寓零于整，化涣为萃，为振兴政学之权舆"。"凡农、工、商、矿、医、武备、水师、女学各学会、学堂，皆须联合于分会，受成于本会，遇事知照，教益均沾。"①

南学会也在会员之间展开讲学，且科目不限。"本会思拯时艰，原欲诸友精研政艺，如京师大学堂天地、道政、文武、农、工、商、医等科，宜认习一学，或但求大略，或专门讲求，均可不拘。"② 而且南学会为宣传时政开设讲坛并定期开讲。如有案可查的十三次讲学中的第十二次，五月十五日（四月初三日），主讲人皮锡瑞的《论洋人来华通商传教当暗求抵拒之法》。第十三次，主讲人曾广钧（重伯）之《论开矿当不惜工本》。

圣学会

1897年4月，康有为以宣传变法、传播西学知识为目的，在广西桂林发起成立"圣学会"。除了与其他学会一样办报、设图书馆、建博物馆的职能之外，圣学会还计划兴办农工商的专门教育。由于过去的教育着重于经义，农工商的教育不在当政者的考虑范围之内，所以当前中国"农工商之业，日以弊陋，至四海穷困"，就是"徇虚谈而不求实学之故也"。而西方之所以富强，就是在于其从小学就重视实学的教育："泰西之富，不在治炮械军兵，而在务士农工商，农工商之业，皆有专书千百种，自小学读本，幼学阶梯，高等学校皆分科致教之，又皆有会，以讲格致新学新器，俾业农工商者考求，故其操农工商业者，皆知植物之理，通制造之法，解万国万货之源，用能富甲大地，横绝四海，

---

① 佚名：《南学会总会章程》，载汤志钧、陈祖恩等编《中国近代教育史资料汇编·戊戌时期教育》，上海教育出版社2007年版，第166页。

② 佚名：《南学会总会章程》，载汤志钧、陈祖恩等编《中国近代教育史资料汇编·戊戌时期教育》，上海教育出版社2007年版，第169页。

今翻译其书，立学讲求，以开民智。"①

质学会

1897年7月，质学会在武昌成立。质学会的建立宗旨就是"意在劝学"。因为"夫济变者才，达才者学，非学无以成才，非讲无以成学"，学习要分科学习，"分科肄习，以作士夫之气，以闓风气之先"。②质学会将学问共分成十四个学科：其中经学、史学、法律学、方言学、算学和图学六门被称为"兼习之学"，即基础学科。而后八门——天文学、地学、农学、矿学、工学、商学、兵学、格致学，被称为"专门之学"，在前六门学习基础上根据自身情况选择后八门的专业学习。

苏学会

1897年10月，张一麐等人在江苏省苏州发起成立了"苏学会"。建立目的是为宣传新式教育服务的，"振起人才，为将来建立学堂张本"③。通过会员之间的相互影响，在全省范围内都普及了实学。从苏学会购书的门类中可看出其所谓的实学：史学、掌故学、舆地学、算学、农商学、格致学。

据统计在1896—1898年短短两年中，全国各地共成立了学会87个，学堂137所，报馆91所。④ 这些宣传或组织形式，大大扩大了高等商业教育的社会声誉与影响，为高等商业教育的进一步发展创造了条件。

（四）构想近代学制体系吹响高等商业教育制度化号角

甲午战争中清政府的惨败，使持续了30余年的洋务运动接近尾声，而洋务教育的发展并没有停滞不前，西艺教育思潮也并未因此消失，而是继续发展。各门类专业学堂也相继成立，并逐渐与维新教育思潮相融合。甲午战争后，洋务派正处于对过去30余年洋务教育进行利弊总结

---

① 佚名：《南学会总会章程》，载汤志钧、陈祖恩等编《中国近代教育史资料汇编·戊戌时期教育》，上海教育出版社2007年版，第178页。
② 佚名：《南学会总会章程》，载汤志钧、陈祖恩等编《中国近代教育史资料汇编·戊戌时期教育》，上海教育出版社2007年版，第184页。
③ 佚名：《南学会总会章程》，载汤志钧、陈祖恩等编《中国近代教育史资料汇编·戊戌时期教育》，上海教育出版社2007年版，第185页。
④ 吴晞：《图书馆史话》，社会科学文献出版社2015年版，第48页。

之时，此时的维新派也积极宣传其维新变法思想，倡导西学，兴办新式学堂。这些学堂已经初步具备了近代化的特征。

首先，学制分级。这个时期所办学堂与甲午战前相比，兴办了一批综合性的学堂；同时也开始关注师范与女子的专门教育，专门学堂的门类更加齐全。这些新式学堂在创办时就开始注意根据施教对象的不同分级设置，出现了近代分级学制的早期雏形。如果说自强学堂的分科分级教学制度虽还有些不太成熟的初创性，但这一做法被当时创办的学校广泛采用，并逐步发展。

张之洞将自强学堂的教育理念，更为清晰和明确地注入江南储才学堂中去，实施分科分级教学。江南储才学堂开设交涉、农政、工艺、商务四大纲。这些专业课程的部分教材直接源于国外，且聘请外籍教员进行教授。这些学堂根据学生掌握西语的程度，将全部学生分为高等班和初等班。高等班学生要具备一定"西文"基础，比较精通西方语言文字，"能读华书兼通西文"，可以直接学习专业课程。初等班针对从未接触过"西文"或只是"略通"的学生，所以他们只能"先以文法语言为第一要义"①，否则"西师以西书相传授，学生不懂西文即无从受西师之教，无从读西国之书"。② 因此初等班学生必须精通"西文"后，才能接受专业课程的教育。

南洋公学为盛宣怀在光绪二十二年（1896年）创建于上海，为中国近代历史上中国人自己最早创办的大学之一。首先，南洋公学学制分级更为全面和完整，它包括了初中高三级教育体制，从小学、中学到大学。南洋公学最令人称道的是它的创办者注重师资的培养。所以南洋公学还是我国最早兼有师范教育体制的学校。它不仅加速结束在中国延续一千三百多年的科举制度在学校教育中的主导地位，同时也为清廷两次学制的制定与颁布提供了可资参考的成功实例。

其次，教育体系完备。与洋务派无先后相继的教育体系不同，维新

---

① 杨凤藻：《江南储才学堂学约》，载《皇朝经世文新编续集》卷5，台湾文海出版社1972年版，第383页。

② 张之洞：《创设江南储才学堂折》，载苑书义等《张之洞全集》第2册，河北人民出版社1998年版，第1081—1083页。

派在不断反思和实践摸索中，开始初步设想并实施了比较完整的近代教育体系。在维新运动时，康有为、梁启超等一些维新派思想家和李端棻等政府官员都开始关注教学体系，并提出了自己的设想。其中康有为、梁启超的设想已在前文提到。李端棻因为是政府官员，所以他的一些设想在实践中得到了体现。

光绪二十二年五月初二（1896年6月12日），刑部左侍郎李端棻向光绪帝上了一道由梁启超代为起草的奏折《请推广学校折》，这成为建立学制系统的先声。① 奏折中首次明确提出在京师以及各省府州县均设学堂的建议，从奏折中可以看出，李端棻对学校的级别进行了三级构建："府州县学"是初级学校，"选民间俊秀弟子年十二至二十者入学，其诸生以上欲学者听之。学中课程，诵《四书》《通鉴》《小学》等书，而辅之以各国语言文字及算学、天文、地理之粗浅者，万国古史近事之简明者，格致理之平易者，以三年为期"；"省学"为中级学校，"选诸生年二十五以下者入学，其举人以上欲学者听之。学中课程，诵经史子及国朝掌故诸书，而辅之以天文、舆地、算学、格致、制造、农商、兵矿、时事、交涉等学，以三年为期"；京师设"大学"，是最高一级的学校，并主张"京师大学，选举贡监生年三十以下者入学，其京官愿学者听之。学中课程，一如省学，惟益加专精，各执一门，不迁其业，以三年为期。其省学、大学所课，门目繁多，可仿宋胡瑗经义、治事之例，分斋讲习，等其荣途，一归科第，予以出身，一如常官。如此，则人争灌磨，士知向往，风气自开，技能自成，才不可胜用矣"。李端棻在奏折中除对办学经费、教习的聘用等都一一提出建议外，还主张为广开风气，应设立藏书院、仪器院、译书局，广立报馆及选派游历。他认为："既有官书局，大学堂以为之经，复有此五者以为之纬，则中人以上，皆有自励于学，而奇才异能之士，其所成就益远且大，十年以后，贤俊盈延，不可胜用矣。"②

李端棻的奏折引起了光绪帝的关注，并将此折批复总理衙门议奏。两个月之后的1896年7月13日，《总理衙门议复左侍郎推广学校折》

---

① 罗廷光：《教育行政》下册，福建教育出版社2008年版，第283页。
② 朱寿朋主编：《光绪朝东华录》，中华书局1958年版，第3773页。

肯定了李端棻的奏折：“综观环球各国三十年来，莫不以兴教劝学为安内攘外之基；崇学者积治以富强，虚伪者积衰以贫弱，事如操券，成效炳然。则今日广励学官，诚属自强本计。”同时总理衙门还建议"该侍郎所请于京师建设大学堂，系为扩充官书局起见，应请旨饬下管理书局大臣察度情形，妥善办理"。① 光绪帝听取了总理衙门的意见，即命当时管理书局的大臣孙家鼐从扩充官书局开始，筹划在京师设立新式大学堂的事宜。京师大学堂成立后共设多科，"一曰天学科，算学附焉；二曰地学科，矿学附焉；三曰道学科，各教源流附焉；四曰政学科，西国政治及律例附焉；五曰文学科，各国语言文字附焉；六曰武学科，水师附焉；七曰农学科，种植水利附焉；八曰工学科，制造格致各学附焉；九曰商学科，轮舟铁路电报附焉；十曰医学科，地产植物各化学附焉"②。以此来实行分科教学。京师大学堂是中国近代第一所国立大学，其成立标志着中国近代国立高等教育的开端。它的筹办和建立在国内的政治和学术界都引起了广泛关注和讨论。戊戌政变失败后，京师大学堂因"萌芽早，得不废"，是戊戌变法仅存的成果，当时在天津出版的《国闻报》曾记载说道："戊戌政变"后的"北京尘天粪地之中，所留一线光明，独有大学堂而已"。③

维新派在维新运动不长的时间内，提出的关于学校体系设想与实践的重大成果，使戊戌学堂逐渐显现了近代化的特征并初显轮廓，这也成为以后的"壬寅癸卯"学制产生了重要影响。

第三节　商业教育中的新现象
——近代商人参与办学

商人的地位被主流的农业社会压抑了千百年，商业知识的传承方式

---

① 朱寿朋主编：《光绪朝东华录》，中华书局1958年版，第3773页。
② 孙家鼐：《议复开办京师大学堂折》，载汤志钧、陈祖恩等编《中国近代教育史资料汇编·戊戌时期教育》，上海教育出版社2007年版，第123页。
③ 朱有瓛主编：《中国近代学制史料》第3辑下册，华东师范大学出版社1996年版，第649页。

主要以学徒制为主。直到近代机器大工业引进中国，随着民族资产阶级的发展，商人的地位才有所提升。看到中国兴衰与自身有着密切联系，随之带来的便是商人民族意识觉醒，积极参与各类社会活动，其中办学的积极性最为高涨。维新运动时期，广设学堂成为社会各界普遍达成的共识。张之洞为建立学堂提出的建议之一就是"劝绅富捐资以增广之"①。政府的鼓励与支持，加之商人的投资热情，举凡新式学堂的建立都有商人的捐资。无论是官商盛宣怀于1897年创办的南洋公学，还是"状元商人"张謇在南通开办的职业教育和普通教育，抑或是著名绅商经元善1898年创办的经正女学，都体现了近代商人的时代责任和家国情怀。

商人捐资助教促进了中国实业教育的发展，而中国实业教育为工商业培养的专业知识技术人才又促进了工商业的发展，二者形成一个良性互动。

一 近代商人参与办学的主要动因

19世纪末开始，中国商人积极参与社会办学，捐资助学不仅与近代经济发展有着密切的联系，还与商人受到的中国儒家文化熏陶相关。

（一）受近代商业发展的影响

在近代中国这个特殊的历史背景下，每个人的命运都与民族兴衰紧密相连。商人更是如此，在帝国主义和封建主义的压迫和盘剥下，艰难地求得生存和发展。中国社会从洋务派提出的"兵战"发展到维新派提出的"商战"，使整个社会对商业有了全新的认识，对商人也有了全新的看法。这也引发了商人群体的民族责任感，商人个体的眼界不再局限于自身的利益得失，而是扩展到国家与民族的命运。

这一时期，西方列强通过甲午战争的不平等条约获得了更多的通商特权，进而对中国经济的侵略急剧加深，这些国家趁机继续迅速扩展在华经济的规模。面对汹涌而来的西方商品和资本，中外商业贸易竞争不断加剧，中国传统工商业面临着前所未有的挑战。落后的生产力水平、因循守旧的经营模式、与世界脱节的经商观念都严重阻碍了民族工商业

---

① 陈东：《中国教育史》下册，福建教育出版社2009年版，第369页。

发展，导致商人的经济利益遭受巨大威胁。在与外国商人的竞争与贸易中，多数中国商人或遭受损失，或处于被动地位。"欧风美雨咄咄逼人，外强中干，岌岌不能终日。智存愚灭，天择其群，眷念同胞，不觉泪下。"① 痛定思痛之后，广大华商不得不总结自己失败的原因，思考如何才能抵御外国资本与商贸在中国无孔不入的扩张渗透。许多商人深切地体会到当今之社会与传统封闭的社会大不相同，传统的商业模式已经不能适应时代发展的需要，《申报》在1909年11月写道："闭关时代，商业只观察一面，而交通时代之商业宜周察各方面；闭关时代之商情只观本国，而交通时代之商情宜纵览世界；闭关时代之商人只取法于既法，而交通时代之商人宜远测未来，明乎此者庶可立于万国交通之市场矣。"商业经营不再墨守成规，必须革故鼎新，培养精通中西方经营之道的新式人才来提高经商技能，中国的商人才能在世界竞争中获得生机，"今日之时代，一商战之时代也，一学战之时代也"。②

因为经商的经验使他们这一群体具有长远发展的眼光，"然与其坐以待困，毋宁先自为谋，请未雨而绸缪，勿临渴而掘井"③。商人着手从根本解决对外贸易不利的局面，他们开始更多地关注教育。"兴商学，开商智"成为一些有见识商人的困局破解之法。作为代表了买办商人与早期维新思想的资产阶级改良主义的郑观应，很早就认识到教育的重要作用，"教育为立国之本，国运之盛衰系之，国步之消长视之"④。认为应该在中国广开学校，"学校者，造就人才之地，治天下之大本也"⑤。

中国近代商人本着国家富强的目的兴办学校，所以在办学种类上没有局限于实业学校，而是带有全局性的思维，创办了各级各类学校。例

---

① 华中师范大学历史研究所等编：《苏州商会档案丛编》第1辑，华中师范大学出版社1991年版，第20页。
② 华中师范大学历史研究所等编：《苏州商会档案丛编》第1辑，华中师范大学出版社1991年版，第20页。
③ 华中师范大学历史研究所等编：《苏州商会档案丛编》第1辑，华中师范大学出版社1991年版，第20页。
④ 郑观应：《盛世危言》后编卷2，中州古籍出版社1998年版，第75页。
⑤ 郑观应：《郑观应集》上册，上海人民出版社1982年版，第245页。

如商人兴办教育的代表人就是盛宣怀，他作为中国近代企业的开拓者，在民族资本主义工商业的探索中深刻体会到，学堂培养人才对于国家强盛的重要性："自强之道，以作育人才为本，求才之道，尤宜以设立学堂为先。"① 盛宣怀在一南一北各创建了一所铭记史册的近代学堂，即北洋大学堂与南洋公学来身体力行。其中南洋公学是我国最早兼有师范、小学、中学、大学的完整教育体制的学校，它设四院，实行分层设学。盛宣怀十分重视基础教育，他把师范和小学放在学堂教育的首要地位。1897 年首招师范生，设师范院，成为中国近代最早的新型师范学校。盛宣怀仿照日本师范学校有附属小学校的做法建立了外院即小学堂，由师范生分班教学。南洋公学外院是中国最早的公立新式小学，之后开办了二等学堂中院以至规划创设头等学堂大学。这种不带个人功利性质的商人办学在近代社会还有很多，这成为近代商人办学的特色。

（二）受传统儒家文化的影响

"达则兼济天下，穷则独善其身"，这是儒家文化中对个人修为的一种概括与总结。这些儒家思想经过世代流传已深深地根植于中国人的血脉之中。无论是出身社会底层的市井小民，还是出身钟鸣鼎食的世家子弟，无论来自哪个阶层，近代商人自幼便受到以儒学为社会主流思想的影响。他们在经商取得成功之后，便开始积极投身兴办教育的事业之中。

如出身于缙绅世家的周学熙，② 受家庭环境的影响自幼熟读儒家经典，后受洋务派"中体西用"的影响，又因会试屡未中第，便弃科举之路而投身实业。因其兴办实业成绩卓著，与南方实业家张謇齐名，有"南张北周"之说。又因与袁世凯关系密切，成为"北洋政府的财政操盘手"。在建立实业企业之时，周学熙积极创办实业教育。在为袁世凯起草的《山东试办大学堂暂行章程折稿》中，提出了著名的"国势之强弱，视乎人才，人才之盛衰，源于学校。诚以人才者立国之本，而学

---

① 陈景磐：《清代后期教育论著选》下册，人民教育出版社 1997 年版，第 2 页。
② 周学熙（1866—1947 年），字缉之，号止庵，安徽至德（今东至）人，中国近代著名实业家。其父周馥曾任两广、两江总督。

校者又人才所从出之途也"。他设想省城设立大学堂,奏陈得到清廷的照准,于是山东首先办起了一个官立山东大学堂。这是继京师大学堂之后,在各省最早兴办的官立大学堂。他的办学思想是"使端趋向,而重实学"。所以在1903年,周学熙被任命为直隶工艺总局总办时又创办工艺学堂,提出了人才培养的重要性:"科学与实业如影随形,为国而思握实业之霸权,必有通于各种科学之人才,然后旧者可图改良,新者可期发达。此泰西富强各国之公例也。"① 到后来工艺学堂改为高等工业大学。

卢作孚②作为从社会底层逐渐成长起来的实业家,因自幼家庭贫困,在艰难中获得求学机会,就读于瑞山书院,清末新政时改为瑞山小学。小学毕业后因父亲去世而辍学。由于认识到教育的重要性,他终生致力于教育实践活动。早年持"教育救国论",他积极创办教育,希望通过教育提高国民素质来挽救国家危亡,却屡遭失败。最终他意识到没有坚实的经济作后盾,仅凭教育无法救国。于是,他由"教育救国"转变为实业与教育并举,边创办实业边开办教育来进行探索。在这一过程中,卢作孚越来越认识到"科学"的重要性,提出"科学救国"的观念。为此卢作孚投资科学研究,创建西部科学院。他引进科学技术以培养科技人才,穷一生之力希冀促进中国近代化事业。

传统的儒家思想不仅驱动着商人兴办教育、实业救国,而且还促进他们将传统儒家伦理道德的思想融入学校的创办理念中去。"言商仍向儒"的"状元"商人张謇,在他创办的各级各类学校中都十分注重学生"勤、俭、诚、信"等儒家传统品质的培养。他还把这些思想发展成校训制成匾额,悬挂在学校学生出入必经之地,希望他们每次看到时皆有所悟。"勤""俭""诚""信"这些传统的儒家思想,在近代商人所办的学校中几乎都有所体现,成为他们办学的重要理念之一。

---

① 周尔润主编:《直隶工艺志初编》,天津古籍出版社2004年版,第8页。
② 卢作孚(1893—1952年),重庆市合川人。著名爱国实业家、教育家、社会活动家;民生轮船公司的创办者。

（三）自身发展的需求

从中国近代商业发展的过程中，人们认识到商业教育的重要性。中国大量商人主要的学习形式仍是学徒制，在师傅"领进门"之后，完全依靠徒弟的"自我修行"。学习的形式与内容缺乏系统性和科学性，1904年10月《申报》对中西商业教育的不同做出对比："其幼而学者，系口耳传习之书籍，博奥精深鲜知其义，一行服贾，文字便废。故商场书算熟课程且不备及，况切于商者舆图之学、生物之学、制造之学、预决算之学。夫察世情，明时变。保全本业，抵制外人，彼商人亦何自而知，何自而能哉？"而西方却极为重视商业教育，"虽然各国之争也以商战，实则以学战。学而后能智，智而后能谋，智周谋远。"进而积极推广，"教商无异于教士，商之于士皆同出于学，此人所以多才，商业所以盛也"。教育的内容广泛，"不独通文义、算术、历史、舆地、制造见长也，且能周知各国之情势"，这样培养的商业人才才能使国家强盛。还有学者提出"通过工商学堂培养出来的西方商人，故所见者广，不屑以招徕接待为能，鸡虫得失自私也，实能保护己国之权利，故所争者大"①。

而我国的商人，"我华之商，力薄资微，智短虑浅，既无学问，而又坚僻拘墟"，与西方受过系统教育的商人完全无法相提并论，"以无学识之人与有学识者遇，其胜负可立决矣"②。陈嘉庚③先生对此做了精辟的总结，他对中国商业落后于欧美的原因归结为商人对商业知识的无知，"我国人之所谓商者，不特对商业各种原理，茫然不知，即对于商业上各种常识，亦付缺如，而徒拥虚名，听天由命，因人成事，芸至一身命脉，均操纵于外人，而不克自振，此固无可讳言者也，似此资格，何足与言商，何足与言商战，更何足与言商战中之寓夫学战哉"。商业与商业教育是一个互动的关系，商业教育的落后带来商业的落后："我

---

① 华中师范大学历史研究所等编：《苏州商会档案丛编》第1辑，华中师范大学出版社1991年版，第25页。
② 华中师范大学历史研究所等编：《苏州商会档案丛编》第1辑，华中师范大学出版社1991年版，第66页。
③ 陈嘉庚（1874—1961年），是著名的爱国华侨领袖、企业家、教育家、慈善家、社会活动家，福建省泉州府同安县集美社人。

国商业之不振,推原其故,地非不大也,物非不博也,人非不敏也,资本非不雄且厚也。所独缺乏者,商人不知商业原理与常识耳。"同时,商业落后也无法发展教育,"兴学缺乏成绩之原因,大都因于经济之缺乏"。因而,陈嘉庚的结论是"纵此而观,教育之必需经济,经济之必填实业。实业也,教育也,国大有互相消长之连带关系也明矣"①。

创设西式工商实业学堂,培养新式商业人才是中国商业适应时代发展、实现自身转型的需求。但无论是在洋务运动、维新变法还是"新政"期间,从现有资料来看,商业学堂在晚清各类实业学堂中数量少、发展慢。如北方对外商贸的窗口天津,直至1911年才在天津商务总会创办了直隶高等商业学堂。从1904年到1912年只有初等、中等、高等商业学校各一,尚处于初创阶段,不但规模较小,而且教师数量和学生数量也比较少。对近代商业人才的大量需求与商业教育的相对落后,也是近代商业积极兴办教育的重要原因。

二 近代商人捐资办学的方式

近代商人捐资助教已蔚然成风,捐助的方式多种多样,包括个人捐助、企业捐助、行业捐助和商会捐助等形式。以下分而论之:

(一)个人捐助

在商人开始关注教育、投资兴办学校之初,都与自身经历有着密切关系。他们大多以个人名义捐助教育。例如,著名爱国华侨陈嘉庚,虽富甲一方,但身居异国他乡,亲身感受到西方殖民主义者对华商的种种歧视和排斥。这些经历使他更希望把创办、经营实业同爱国、报国、救国紧密地联结起来。他在家乡不遗余力地捐款办学,1919年他在家乡创办集美学校,后来发展为一个包括集男小、女小、男中、女中、水产、航海、商业、农林、国学专门、幼稚师范及附属幼稚园于一体的颇具规模的教育体系。后又创办厦门大学,认捐开办费一百万元,经常费三百万元。当他经营实业处境不利、经济陷入困境之际,有人曾劝其减

---

① 陈嘉庚:《本报开幕之宣言·实业与教育之关系》,载王增炳等《嘉庚教育文集》,福建教育出版社1989年版,第185—186页。

少厦门、集美两校经费，他却以"宁使企业收盘，绝不停办学校"① 为由断然拒之。

著名实业家叶澄衷②曾于年幼时因家境贫困辍学。事业有成之后，念及年幼经历决心兴办学校。于是在1899年在上海捐置土地30余亩，并以10万两银兴建澄衷蒙学堂，这是上海创立最早、声名最盛的民办学校。1901年蔡元培曾任校长，培养了社会各界诸如李四光、胡适、竺可桢、李达三、钱君陶等一大批优秀人士。

（二）企业捐助

近代企业生产方式已经逐步由手工作坊式向机器生产方向转化。作为近代化的企业工人必须掌握一定的文化和专业技术知识。为提高企业劳动生产率、加强企业凝聚力，尤其是提高工人的素质，有条件的企业以各种形式开办培训班。

第一，业余培训班。利用职工业余时间开设专业培训班。如叶澄衷的五金行内，曾每晚"延西师，聚少年之子弟，课以语言文字并商学税关各窍"进行夜间培训。③ 周学熙在华新青厂设立职工补习学校，带领工人学习文化知识和技术知识，使企业后备力量不断成长，工人素质不断提高。第二，新型学徒制。如荣氏企业内设立养成工训练所，也就是将生产技术不熟练的工人集中到一起，边学习边干活。周学熙在督办全国棉业时设立的棉业传习所内培养了一些纺织方面的人才，这些人后来便成为华新纺织公司的技术专家。第三，建立专门培训学校。如荣氏企业内部创办了中国纺织染工业专科学校，于1946年改为中国纺织染工程学院。另外，企业还出资捐助普通中小学和师范教育。

（三）行业捐助

如上所述，行业兴学的目的也是本着发展本行业的目的，对行业内的人才有着更高的要求。一些行业在发展过程中，自发建立职业教育机构，为本行业培养所需人才。这些学校大多数量少、教育水平低。光绪

---

① 王增炳等编：《陈嘉庚教育文集》，福建教育出版社1989年版，第66页。
② 叶澄衷（1840—1899年），原名叶成忠，宁波庄市人，是著名的宁波商团的先驱和领袖，被誉为"五金大王"。
③ 徐鼎新：《中国近代企业的科技力量与科技效应》，上海社会科学院出版社1995年版。

三十年后上海先后创立若干行业性学堂，如金业创办的金业学堂，茶馆业创立的先春义务小学堂，鲜肉业创办的香雪义务小学堂，典质业创办了典质业小学堂，花业公所创办的花业公学，银楼业创办的银楼业小学堂，衣业公所创办的衣业小学堂以及豆米业公所创办的初等商业学堂。

（四）商会捐助

戊戌变法失败之后，清政府开始施行"新政"，其中一项重要措施就是建立商会。商会的建立标志着商人的社会影响力日益壮大。各地商会建立之初，秉承商人重视广建学校的传统，继续将兴学视为己任。不过商会集体的力量和影响力远远大于商人个人的力量。创办的学校数量和质量都逐步提高。这些兴学成果突出的商会一般都集中在商业发达地区，如上海、天津、苏州等地。具体内容在下章，此处付之阙如。

三 近代商人参与办学的特点

以盛宣怀、周学熙、张謇、卢作孚、叶澄衷、陈嘉庚等一大批官商、民商、侨商为代表的近代商人，以国家兴亡为己任，以发展实业为宗旨，通过捐资的方式创办或参与创办了一批近代学堂，实施工商实业教育，以培养各级各类的专业技术人才。作为近代教育事业重要参与者，中国近代商人参与的办学行为具有鲜明的民族和时代特点。

（一）心怀天下，不计私利

近代商人捐资助学是一种内在道德外显的行为。传统的儒家文化"修身、齐家、治国、平天下""穷则独善其身，达则兼济天下""先国后家"的道德伦理思想，使得任何一个有责任感的中国商人面对当下侵略者任意恣为而国势衰微，山河破碎以百废待兴的局面，都无法无动于衷。有商人曾疾呼"凡我商人，宜发爱国之热忱，本爱国之天良，届期多来聚议办法，勿失商家体面为要"。《苏报》于1903年4月提出"现国事如家事爱国土如家产，勿任他人妄割取一寸之土，妄侵窃我一毫之权"。商人将国富民强作为自己的世代使命，认为自己肩负着对国家民族的一份责任，这份爱国情怀彰显得淋漓尽致。

当社会普遍意识到"商战"是手段，"学战"是根本，从而将发展教育视为国之根本时，商人则不遗余力兴办教育。张謇视教育为立国之大计，他说"中国今日国势衰弱极矣。……欲雪其耻而不讲求学问则无资，欲求学问而不求普及国民之教育则无与"①。这时，身怀家国情怀的商人们对金钱与物质达到了超然的境界。陈嘉庚曾说："我办学动机，盖发自民国成立后，念欲尽国民一分子天职，以一平凡侨商，自审除多少资财外，绝无何项才能可以牺牲。而捐资一道，窃谓莫善于教育，复以平昔服膺社会主义，欲为公众服务，亦以办学为宜。"② 被誉为"中国船王"的卢作孚创办了规模宏大的企业，积累起雄厚的资金，但是他却能廉洁奉公，生活简朴。甚至弥留时仅仅嘱咐"把借用家具还给民生公司，今后生活依靠儿女"③，来兴办教育以强国。

近代商人捐资助教并不是为沽名钓誉，而是出于时代责任感、社会的使命感和个人的道德感，以胸怀天下的气魄积极投身文化教育事业。

（二）目光长远，夯实基础

近代商人深刻认识到工商业教育要想取得成效，必须要有坚实的生源、师资基础和整个社会民智的开启。所以近代商人捐助兴办的不仅是与其利益息息相关的实业学堂，而是包括从初等教育到高等教育、从普通教育到师范教育的整个教育体系。

如前所述，盛宣怀在创办南洋公学时，将小学教育与师范教育作为重点。张謇创造性地提出"教育为实业之母，师范为教育之母"。他一手经办实业，一手创办教育。张謇将小学、师范视为办学的重中之重，他曾说"小学惟在得师，则师尚焉。鄙人立志办师范学校，盖始于此"。又发自肺腑地提出"家可毁，师范不可毁!"将"兴办教育、兴办师范学校与民生国计放在了一条因果链上"④。他花费了大量的精力和金钱创办了中国近代第一所师范学校——通州师范。接着又创办了中学、小学、女子师范等普通教育事业。征之文献，薮列其在南通创办教育的情况如下：

张謇、张詧一生创办通州师范、女子师范、通海五属公立中学（今南通中学）、私立实业敬孺初级中学（今南通第二中学）、东台母里师

---

① 张謇：《张謇全集》第 4 卷，江苏古籍出版社 1994 年版，第 24—25 页。
② 王增炳等编：《陈嘉庚教育文集》，福建教育出版社 1989 年版，第 214 页。
③ 吴洪成：《教育开发西南：卢作孚的事业与思想》，重庆出版社 2006 年版，第 452—453 页。
④ 张光武：《重读张謇》，《中国民商》2013 年第 8 期。

范学校等中等学校21所,高校(包括农科、医科、纺科即纺织专门学校、医学专门学校、农业专门学校)3所,小学370所,职业学校20多所。其中包括盲哑学校、育婴堂、幼稚园、商业学校、蚕桑讲习所、工商补习学校、艺徒学校、女工传习所、保姆传习所、伶工学社、法政讲习所、巡警教练所等不下几十种,形成以基础教育和农、工、商、科学技术为中心,包括学前、初等、中等和高等教育在内的近代学校教育体系。而通州师范、纺织专门学校、盲哑学校和伶工学社等在中国近代教育史尚属首创。张謇、张詧兄弟二人毕生致力于教育的普及,惠及南通广大弱势群体,如创建中国第一个聋哑学校以及大量的补习夜校,在当时连南通青楼女子亦可进入张氏创办的"济良所"接受文化教育、培养就业能力。①

张謇不仅在南通创办了种类齐全、内容丰富、学制健全的教育,还在南通之外的地区建立起多所学校。

1905年,张謇与马相伯在吴淞创办了复旦公学,即今复旦大学前身。1909年,张謇创办邮传部上海高等实业学堂船政科,后称吴淞商船专科学校,1949年后学校改组为上海航务学院,1953年,上海航务学院、东北航海学院、福建航海专科学校合并成立大连海运学院,即今大连海事大学。1912年,张謇在上海老西门创办江苏省立水产学校,1913年迁往吴淞,改名吴淞水产专科学校,即今上海海洋大学前身。1912年,张謇创办河海工程专门学校(南京河海大学前身)。1917年,获张謇支持,同济医工学堂(同济大学前身)在吴淞复校。1921年,上海商科大学(即今上海财经大学)成立,其前身是南京高等师范学校商科,后南京高等师范学校扩展为国立东南大学,张謇为国立东南大学主要创建人之一。1919年,由张个人出资,上海博文女子学校在蒲石路(今长乐路)复立,张謇为名誉校长,黄朴(绍兰)任校长。一年后,迁白尔路(后改蒲柏路)389号(今太仓路127号)。1921年7月,中共一大召开,博文女校为会议代表唯一宿舍和除开幕式、闭幕式外代表唯一议事会所。其余,由张謇创办或资助创立的学校还有中华职业学校、苏州铁路学校、龙门师范、扬州两淮两等小学等。

---

① 张光武:《重读张謇》,《中国民商》2013年第8期。

张謇在南通和全国办学数量之多，成效之著，影响之大，空前绝后。美国教育家杜威在参观考察南通教育状况后对其评价至高："南通者，教育之洋，吾尤望其成为世界教育之中心也。"

荣宗敬和荣德生兄弟在家乡创办了一系列教育事业，从小学、中学到大学，从普通教育到实业教育、社会教育，从男子教育到女子教育等，为无锡的教育事业做出了巨大贡献。

近代商人视野广阔，积极推进了中国各级各类教育的近代化进程。在近代商人的推动下，中国的商业教育已经具备了近代形态。

（三）突出实用，注重实践

近代实业教育的目的极为明确，就是为促进相关行业的发展而培养人才。创办的实业学校包括电报、铁路、轮船、制造、矿务、纺织、商业等，与相关行业有直接关系，课程设置以实用技术为主，并重理论与实践相结合来学以致用。由于中国近代实业教育由西方移植引进，没有原发的过程，所以在兴办相关行业的实际具体过程中才能发现是否具有相应学校与人才。为解决这一棘手问题，盛宣怀依附这些部门和机构建立相应学堂，培养相关人才，如轮船招商局驾驶学堂、卢汉铁路学堂等。因此，盛宣怀等人所办的实业学堂就具有明确的实用性。

周学熙在创办教育的同时，在教学方法上注重理论与实践相结合。他在建立工艺学堂后，为推动该校与工厂间的联系与协作，为学生提供实践实习的场所，他又设立实习工场，建立教育与实践的联合，培养有实际才能的人。实习工场还附设织染监工传习所，为直隶各州县纺织、染色业储备管理人才。又创办北洋劝业铁工厂培养机械工人，该厂附设图算学堂，采取半工半读形式，成为津沽机匠帮的发源地。在他督办全国棉业时设立的棉业传习所时培养了一批纺织方面的人才，这些人后来成为华新纺织公司的技术骨干。另外，他还在企业内创办学校用以培养企业人才。如华新青厂设立职工补习学校，带领工人学习文化知识和技术知识，使企业后备力量不断成长，素质不断提高。职业技术学校依托工厂而建，教学与实践互动，学用相长，这不仅大大提高了人才的实用性和培养周期，还解了工商业发展人才匮乏的燃眉之急。

（四）突破藩篱，面向民生

晚清时期，各行业商人创办的诸多实业学堂中，开始出现了近代资本主义的性质，一定程度上突破了"中学为体，西学为用"的办学方针。这体现在以下几个方面。首先，服务对象的改变。旧式学堂、书院主要是为封建统治阶级服务的，而由商人出资新办的职业技术学堂，尤其是行业、企业附属学堂不再受封建阶级把持，只为自己的创办者——商人服务。其次，教育目标的改变。传统教育的主要目标是培养学生恪守三纲五常等封建伦理道德，而商人参与开办的新兴学堂则以"开民智"为宗旨，为商界培养拥有"营业之智能"和"谋生之计虑"的新型商业人才。最后，教育内容的改变。传统教育的内容是宣扬"尊君尊孔"的儒家一门的学说，而近代商人参与办理的学校大多以实业教育为内容，且分科细致。以商业科为例，包括了经济学、商品学、统计学、商事法规、商事要项、商业实践和商业簿记等内容。

  从清末时期商人捐资助学的影响看，这些实践活动不仅有效地促进了近代中国包括实业教育在内的新式教育的蓬勃发展，而且也加强了中国民族资本主义商业的竞争实力。同时，由于各类新式实业学堂的创办，不仅培养了一批专门人才，而且开阔了商界人士的眼界。正如当时有识之士所提出的那样："智识日开，则必于实业多所裨益。"事实表明，这一时期近代民族资本主义工商业确实得到了比较迅速的发展。虽然推动其发展的因素较多，但商人的兴学活动无疑是其中的一个重要因素。

  综上所述，近代商人捐资助学是中国教育近代化进程中的一个有力推动力。他们用自己独特而敏锐的视角规划着中国近代教育的愿景。他们不仅立于经济领域以自强求富为目标，将教育的发展与国家的命运紧紧联系在一起，同时，他们还站在人民大众立场上提出"启民智必由教育"的主张，这种对国家的责任感，对时代的感悟是独到的也是深远的。近代商人在自强求富以图御侮的自觉意识下，与近代知识分子精英阶层"一起以经营天下为志"，将教育事业作为他们施展政治抱负、实现人生理想的舞台。他们关于教育的审视与思考丰富了中国教育思想史的宝库。而他们捐资助学的行为打破了世人对商人阶层的固有看法，树立了新式商人的新形象。

第四节 高等商业教育的雏形
——以江南储才学堂为例

江南储才学堂是由两江总督张之洞与刘坤一创办的中国近代史上第一批综合性的近代高等学堂之一。授课内容兼修外国语和实业技术,用以培养专门实业人才。江南储才学堂虽然是由洋务派支持建立,但从时间上看,学堂是在甲午战争之后的1896年2月1日开始筹建,于1897年6月建成并于7月开学的,时间跨度在维新运动之中。而且无论是在创办还是在教学实施过程中,学堂的创办人和学堂的教学活动都受维新运动影响颇深。所以江南储才学堂应属于维新运动的产物和维新教育的代表学堂之一。

一 江南储才学堂的创设原因

甲午战争的失败促使国人进一步觉醒,以康有为、梁启超为代表的维新派认为中国富强之本不尽在军事实力,而在于经济振兴,把发展实业、兴学育才作为社会改良的重要手段。而张之洞在《创设江南储才学堂折》中阐述的创办学堂理由,说明他深受维新派教育主张的影响,或者说此时他的办学理念和培养目标与维新派并无二致。

(一) 兴学育才以致富强

甲午战败使最高统治者深感"国事艰难",光绪帝急于"图自强而弭隐患",提出要"力行实政为先",包括"修铁路、铸钞币、造机器、开矿产、折南漕、减兵额、创邮政、练陆军、整海军、立学堂",并认为应该"以筹饷练兵为急务,以恤商惠工为本源"。在如何使中国振兴富强的问题上,人们纷纷提出自己的意见和建议。而张之洞的主张是"设立学堂,即今日亟应举办之一端"[①]。

与维新派兴办教育之缘由相类,张之洞也以人才培养为国家富强前

[①] 张之洞:《创设江南储才学堂折》,载汤志钧、陈祖恩等编《中国近代教育史资料汇编·戊戌时期教育》,上海教育出版社2007年版,第305—306页。

提。而教育是人才培养关键所在。于是他在1896年《创设江南储才学堂折》中指出,"国势之强由于人,人材之成出于学",1898年在《劝学篇·内篇·同心第一》中更是提出"学术造人才,人才维国势"的观点。这是他兴学育才数十年总结出来的经验。

事实上,张之洞很早就发现学校教育是国家强盛的根源,他通过中西方学校与数量的对比得出这一结论:"学校之盛,近推泰西,合计英、法、德三国幅员不及中国之半,而所设初学、中学、大学三等学堂凡二十余万区,所收学生在堂有额可稽者共一千七百八十余万人之多",而"其专门小学堂尚不在此数"。① 由此他有感于西洋诸国之盛在于设学之广,人才之多。在甲午战争之前,他已经意识到洋务运动过于注重"兵战"和大力发展军备,而没有意识到中国与西方之间差异的根本原因在于教育,所以在1890年(光绪十六年),张之洞在奏请设立自强学堂的奏折中提出:"人皆知外洋各国之强由于兵,而不知外洋之强由于学。"②

于是秉持这一主张的张之洞在甲午战争之后实业教育思潮涌起的背景下,率先在中国办起了首批综合性的高等实业学堂,实行分科分级教学。他积极创办新式学堂也体现其欲为振兴中国培养人才的迫切心情。

(二)设专门之学育专门之才

张之洞到任两广之后不久便发现,"粤东官吏,结识洋人者甚多,而讲求洋务者甚少。向来号称熟习洋务者,非学识粗浅,即品行猥杂"③。这一现象使他意识到培养熟悉洋务人才的重要性,也坚定了他开设实业学堂以培养经世干才的决心,所谓"善俗之道,以士为先;致用之方,以学为本"④。

在任职期间,张之洞与洋人的接触日渐增多,处理的洋务种类也日益繁杂。他也意识到设置专门学校的重要性:"泰西诸大国之用人,皆

---

① 苑书义等主编:《张之洞全集》,河北人民出版社1998年版,第1140页。
② 苑书义等主编:《张之洞全集》,河北人民出版社1998年版,第99页。
③ 苑书义等主编:《张之洞全集》,河北人民出版社1998年版,第270页。
④ 苑书义等主编:《张之洞全集》,河北人民出版社1998年版,第585页。

取之专门学校,故无所用非所习之弊。"① 通过对甲午战争战败的反思,张之洞指出日本崛起的原因:"日本小国耳,何兴之暴也。伊藤、山县、复本、陆奥诸人,皆二十年前出洋学生也……学成而归,用为将相,政事一变,雄视东方。"② 从日本教育的成功例子,张之洞除了主张出国留学外,他还主张要向西方学习。向西方学习的内容包括律例、赋税、爽图、翻书、种植、水利、畜牧、农器、化学、汽机、矿务、工程、各国商务、中国土货钱币货物等。

而《创设江南储才学堂折》中,张之洞提出中国"晚近来惟士有学,若农若工若商,无专门之学,遂无专门之才,不如西洋各国之事事设学,处处设学"。他由此设置了江南储才学堂,分立交涉、农政、工艺、商务四个大科目和十六个子科目,以培养这些领域的高级专门人才。

二 江南储才学堂的开办

1896年2月1日,时任两江总督张之洞奏请光绪帝,建议在南京创办江南储才学堂,获得批准。同年10月20日在原金陵同文电学馆基础上开始筹建,1897年6月建成,7月开学。创办过程中,张之洞负责总体安排和规划,而刘坤一则负责具体实施,他们对招生、师资、经费来源、课程设置、教学管理、学生出路等都做了详细规定。

(一)办学经费

张之洞认为,国家欲用人才,则取之于学堂,外洋各国,"官无不习之事,士无无用之学"③。因此他主张:"各省、各道、各州县皆宜有学,京师省会为大学堂,道府为中学堂,州县为小学堂。中小学以备升入大学堂之选。府县有人文盛物力充者,府能设大学,县能设中学尤善。"④ 此种主张,亦当时维新者之一般见解,以为国事糜烂如彼,求才孔亟,故设学以多多益善。而唯恐各府州县之不设学校。而针对有人

---

① 苑书义等主编:《张之洞全集》,河北人民出版社1998年版,第996页。
② 张之洞:《劝学篇》,两湖书院光绪二十四年三月刊本。
③ 张之洞:《学制篇》,载苑书义《张之洞全集》,河北人民出版社1998年版,第357页。
④ 张之洞:《设学篇》,载苑书义《张之洞全集》,河北人民出版社1998年版,第355页。

提出的自此则天下学堂以万数，经费从何而来的疑问，张氏提出四点办法：①

    1. 改书院为学堂，移其经费充之。不足则：
    2. 一县以善堂之地，赛会演戏之款为之；一族以祠堂之费改为之。再不足则：
    3. 改佛道寺观为学堂，取其田产什七充学堂，什三养僧道。然后再：
    4. 劝绅富捐资以增广之。

新建学堂的经费要远远高于扩建的经费，所以新学堂扩建是全面发展的基础。张之洞是这样建议的也是这样做的。江南储才学堂便是在金陵同文馆的基础上扩建而成。同时他还发现金陵同文馆专业面窄，仅有"英法文学"专业，且学生人数少，共"三十名"，而且"经费无多"发展较难。张之洞认为扩建成储才学堂后，不仅学科可扩充丰富，学生增多，而且能节省大笔资金。首先，由英法两种外语扩充为英、法、德三国文字。学生由三十名扩大为每科各四十名，共120名。真正实施之后，江南储才学堂设置了四门外语专业：英、法、德、日，每门各招三十人，共120名。其次，学堂的经费来源张之洞有详细规划，除却金陵同文馆每年原有款项银4000余两，张之洞还动员商人捐资，"仪征淮盐总栈每年节省商捐局用银三万两，皖岸督销局每年节省商捐局用银三万余两，尽数拨给学堂"②，也造成了广泛影响——"这在中国教育制度史上可谓一大创举，至今仍有现实意义。他不仅有利于筹措办学资金，而且能引起商界对教育事业的关注。"③ 这些资金基本上能满足学堂包括洋教习薪水、学生膏火奖赏、购置图书器具等各项费用支出。

---

    ① 陈东：《中国教育史》下册，福建教育出版社2009年版，第369页。
    ② 张之洞：《创设江南储才学堂折》，载汤志钧、陈祖恩等编《中国近代教育史资料汇编·戊戌时期教育》，上海教育出版社2007年版，第305—306页。
    ③ 李国钧、王炳照：《中国教育制度通史（清代）》（下），山东教育出版社2000年版，第208页。

(二) 商务专科的设立

江南储才学堂按照当时人们对新式教育的构想，实行分学科专业教学，设交涉、农政、工艺、商务四纲。四纲之下每纲又分设四个子目。其中作为四门学科之一的商务之学，又被细分为：各国好尚、中国土货、钱币轻重、各国货物衰旺，共计四门十六目。

江南储才学堂商务专科的设置，是中国近代高等商业教育发展过程中的一个标志性事件，它表明中国近代高等商业教育终于初具形态。

第一，与洋务运动时期相比，维新运动时期人们对贸易的知识有了进一步认识。在创办之初自强学堂仅设"商务"一科，由于师资水平不高、教件的稀缺、教学无即时实效等原因，加之社会对相关实业教育的重视程度不够而最终归于失败。因此只能将商务教学并入外语教学中，这种情况至方言馆时期亦是如此。虽然在教学设计中纳入"理财学"课程，却仍未设商务科。另外，洋务时期的官方学堂如京师同文馆，或上海中西书院类的教会学堂在课程设计中虽有翻译商业书信，教学内容仍以翻译技巧为主。真正涉及商业理论的唯有"富国策"一课。即洋务运动时期，商业理论知识的学习仅存于"富国策""理财学"二者之中。到了维新运动时期，实业思潮的发展促使人们拓展了学习西方实业的内容与深度，内容从"器形"的学习转入了"内涵"的学习，从实用技术的学习深化到人文社会科学的学习。这种转变也使人们不再表面化地学习商业语言和实用技术，而是将商业理论知识的学科教育引入中国，"各国好尚、中国土货、钱币轻重、各国货物衰旺"成为现今"国际经济与贸易""货币银行学""金融学"等相关科学的嚆矢。可见，人们对新事物的认识都有一个由浅入深、由量变到质变的过程。维新运动时期，是中国近代教育承上启下的一个时期，人们对西学西艺逐步有了量的积累，虽然没有产生近代学制这个质变结果，但已经形成了近代学科体系的一个雏形。

第二，虽然重点还是英国，但清政府也开始以日本商业作为学习对象。作为以商业贸易发家的英国，在世界各地建立自己的殖民地，最主要的目的是将这些国家作为倾销自己的产品的出口国，和将这些殖民地作为攫取原材料的进口国。所以作为老牌资本主义国家，英国的商业理论体系发展最为完善。中国的国门首先被英国打开，一直是中国学习的对象，尤其是商业学习的对象。为此，张之洞在《创设江南储才学堂折》中提出"工艺、商务之教习，宜求诸英国"[①]。由此可见，从洋务运动时期到维新变法时期，中国商业学习对象的重点都是英国。但在维新变法时期，中国开始关注日本的相关信息。由于中日甲午战争的失败，使社会各界在震惊之余开始反思中国洋务运动失败，而明治维新变革成功的原因。所以江南储才学堂在张之洞设想的开设三门外语的基础上，正当其时地开设了日语课。

第三，商业课程使用原版教材，洋教习。维新变法时期，洋务运动时期的教育成果与影响开始显现。由于洋务运动时期通外语人才匮乏，因而无论是官办学校还是教会学校等新式学堂都普遍注重学生外语能力的培养，有二至三年的外语学习经历者为先。这一时期派出的历史上第一批留学到欧美各国的学生对近代社会产生了方方面面的深远影响。

因而在维新运动时期，这些教育成果开始产生作用。张之洞在为江南储才学堂规划招生对象时，提出"先招文义清通，能读华书兼通西文者四十名充高等学生，分学以上所指各门"。释其原因是认为"西师以西书相教授，学生不通西文，即无从受西师之教，无从读西国之书，若必待已翻之书始能披览，必得中国之师始能转授，则知闻少而见效迟，且不免有差误隔膜，而不能尽得其精意，故不得不以语言为始基"[②]。这段话除了说明江南储才学堂聘用的是洋教习和原版教材外，也表明维新变法时期新建学堂招收的对象不再是"只通文法"的士子，而是可以中西文兼修的学生了。这时的学习也不会再有洋教习不懂中文，中国学生不懂外文，教师与学生因为语言不通、文字不同等教与学不对等的情况出现了。考虑到学生英语的外语水平不高，有的如日德外语零基础的情况，学堂也可要么聘"华帮教习两员，从旁助教"，要么"先以华

　　[①] 张之洞：《创设江南储才学堂折》，载汤志钧、陈祖恩等编《中国近代教育史资料汇编·戊戌时期教育》，上海教育出版社2007年版，第305—306页。
　　[②] 张之洞：《创设江南储才学堂折》，载汤志钧、陈祖恩等编《中国近代教育史资料汇编·戊戌时期教育》，上海教育出版社2007年版，第305—306页。

帮教习两员启迪，俟两年后再延洋教员"。①

（三）分级教学组织形式

根据学业的深浅分为四个班，"以初学学生列入头班，后即升为高等学生末班，似此层递而上"②。并不是所有的学生在入学后即刻就学习四门专业课程，而是根据学生对西文掌握的程度，被分往不同的班。头班的学生西文水平最差，则"先以文法语言为第一要义，然后分授各课，以重实学"。而具有一定西文基础，"能读华书兼通西文"③者，则被分配到末高等班，直接接受洋教习的西文原版教科书授课。这种按照学生程度不同实行的教学分级制，具有办学层次鲜明的特征，这与天津中西学堂（头等、二等）、上海南洋公学（上院、中院、外院）略有不同，但三者都成为中国近代教育早期分级学制的开端。

三 江南储才学堂的历史地位与影响

维新运动期间创办的江南储才学堂，在中国近代教育发展史上具有重要的地位和深远的影响。

（一）标志着中国近代高等商业教育的雏形

之所以说维新运动时期是中国近代高等商业教育雏形时期，主要依据就是江南储才学堂所进行的商业教育，已经具备了较为成熟的近代高等商业教育的基本特征。

第一，商业教育作为独立学科，已经不再从属于外语教育。江南储才学堂设四个专业，将"商务"与"交涉""农政""工艺"并列。在"商务"专业之下开设了四门专业课：各国好尚、中国土货、钱币轻重、各国货物衰旺，共计四门十六目。表明这时商业已经作为一个独立学科出现。

第二，根据学科难易不同施行分级教学。"现代教育最显著的特征

---

① 张之洞：《创设江南储才学堂折》，载汤志钧、陈祖恩等编《中国近代教育史资料汇编·戊戌时期教育》，上海教育出版社2007年版，第307—308页。

② 张之洞：《创设江南储才学堂折》，载汤志钧、陈祖恩等编《中国近代教育史资料汇编·戊戌时期教育》，上海教育出版社2007年版，第305—306页。

③ 张之洞：《创设江南储才学堂折》，载汤志钧、陈祖恩等编《中国近代教育史资料汇编·戊戌时期教育》，上海教育出版社2007年版，第307—308页。

之一是有层次之分,这是所有近现代教育的一个基本特征。它标志教育内容上的由浅入深,教育功能上的由泛到专,教育组织上的由简到繁地发展,以及对人的生理成熟与发展客观可能性的顺应。"① 江南储才学堂创办时虽然中国的近代学制尚未出现,但它已经根据学业的深浅分为四个层次不同的班,"以初学学生列入头班,后即升为高等学生末班,似此层递而上"。这是中国早期分级学制的雏形。

第三,江南储才学堂属于高等学堂。首先,学堂建于南京,属江苏省的省城。光绪二十七年八月初二日谕于《各省、府、直隶州及各州、县分别将书院改设大、中、小学堂》"着各省所有书院,于省城均改设大学堂"。这一圣谕虽与之后颁布的学制规定相比有很大差距,但大致将全国的学校分成高、中、初级,江南储才学堂属于其中的大学堂。其次,光绪二十九年十一月二十六日(1904年1月13日)《奏定高等学堂章程》言:"设高等学堂,令普通中学堂毕业愿求深造者入焉;以教大学预备科为宗旨,以各学皆有专长为成效。"江南储才学堂的招生对象要求是有一定文化基础的学子,且课程实行分科设置,培养目标是使学生毕业后有所长。在"新政"的学制颁布后,江南储才学堂更名为江南高等学堂。由此可见,江南储才学堂在创办之时清政府虽然没有颁布学校级别的规定,但综合来看属高等学堂。

总之,江南储才学堂中商业专门教育的出现标志着中国近代高等商业教育的雏形。

(二) 引发了近代学制出现前的办学热潮

维新运动时期,江南储才学堂等一批实业学堂的出现标志着近代职业教育在中国的诞生。② 江南储才学堂在形式上采取近代学校教育的分科分级的形式;在内容上注重文化知识传授与实践操作技能并重。以江南储才学堂为代表的实业学堂的诞生顺应了社会发展的变化:在中国由传统农业社会向近代工业社会转变过程中,掌握实业技术的人才是关键。这些学堂正是培养实业技术人才的摇篮,同时,它们在某种程度上

---

① 杜作润、廖文武编:《高等教育学》,复旦大学出版社2003年版,第22页。
② 汪光华:《晚清职业教育的转型与嬗变》,《河北师大学报》(教育科学版)2006年第9期。

推进了中国教育近代化的进程。

江南储才学堂作为封建社会背景下建立的学堂，虽极力主张学习西方的时政要务，但终归具有封建意识的烙印。课程设置以"中四西六为断"，讲求中西兼修。而中学部分教学中还包含了《春秋》《左传》《战国策》的讲授。这是在中外文化冲突下，中国近代教育的一个缩影。在外国侵略者的枪炮下，国人被迫学习侵略者的先进科学技术；但另一方面还需坚守自己的传统文化，顺应本土教育的内在发展逻辑。在这种情形下，江南储才学堂开时代之先，以其办学特色带动了地区兴办新式学堂的热潮，江苏地区在此之后不论是蒙养学堂还是中学堂，都有了长足进步。有学者对江南储才学堂褒奖道："江南储才学堂创办之后，江苏专门学堂的创办才渐有起色。"① 江南储才学堂不仅对江苏省的教育产生了深刻的影响，在全国范围内也对新式学堂的建立产生了较大影响，如《申报》1897年7月29日报道说"中日一役，以大国而见侮于小邦，各省建学堂，振兴西学，湖南巡抚陈佑民中垂大加整顿，出示招考学生，其规例与陵储材学堂不相上下"②。由此可见，江南储才学堂从办学理念到办学体制在当时社会是比较先进的，成为此类学堂效仿的对象。江南储才学堂是中国首批开办的近代综合性学堂之一，成为近代分级学制的嚆矢，在中国教育近代化进程中发挥了示范作用，从而推动了近代教育的发展。

（三）培养了一批著名的高级商业人才

作为从1898年至1910年在清政府学部立案的17所高等实业学堂之一，江南储才学堂培养了一批涉及金融、银行、商企业在内的各个领域的专门人才。这些人在各自领域也都发挥了积极作用，在近代社会产生了很大的社会影响。如陈其采（1880—1954年），浙江吴兴人，字蔼士，别号涵庐，国民政府要员、金融家。他是江南储才学堂毕业生。早年追随孙中山参与推翻清政府的统治，辛亥革命胜利后任中华民国总统府咨议。之后离开军界涉足金融界，应晚清著名实业家张謇邀请，赴江

---

① 刘正伟：《督抚与士绅：江苏教育近代化研究》，河北教育出版社2001年版，第145页。

② 佚名：《振兴西学》，《申报》1897年7月29日。

苏任大丰公司总经理，经营实业。南京国民政府成立后，先后担任浙江及江苏财政厅厅长、中央银行理事会理事，国民政府总统国策顾问等要职。①

许葆英（1877—1957年），号伯明，浙江海宁人，江南储才学堂学生，曾留学日本。1912年被授予陆军少将军衔，兼任北京总统府咨议。后于1920年任沪军都督府财政部部长，中国银行天津分行襄理，保定、太原、郑州分行经理等。1930年许出任江苏银行总经理，后任江苏省政府委员兼财政厅厅长。并在1935年任中央银行南京分行副理、昆明分行经理兼昆明中央信托局局长等职。

这些江南储才学堂培养的优秀毕业生，与同时期的先进知识分子共同推进了中国近代化的进程，发挥了重要的历史作用。

综上所述，维新运动时期，在"启民智"的旗帜下，人们开始了对西方社会更深层次的研究与探索，各门学科得到了进一步发展。高等商业教育不再是外语学堂的"附庸"，掺杂在外语的教学之中，商业开始作为独立的学科附设于综合大学的内部。在先进知识分子的努力下，商业教育不再是单一课程的设置，而是开始注重课程体系的构建。根据学业难易与学生学习程度施行分班，是教学近代分级学制的早期雏形。因此，可以说维新运动时期的高等商业教育已经具备了近代高等教育的基本形态。

第五节　雏形时期的中国近代高等商业教育特征

在洋务运动初期，随着洋务军事工业的引进，近代机器生产在中国出现。19世纪70年代，在"求富"的口号下，发展了机器生产的民用工业，由此催生了实业教育思想是顺理成章的事情。在1902—1904年"新学制"建立之前，人们普遍受到西方和日本实业教育的影响，认识到商战、学战胜于兵战，学习西方的实业和制度迫在眉

---

① 高云贵：《国民党元老陈其采》，《文史春秋》2008年第11期。

睫，以培养实业人才为导向的教育愿望极为迫切。他们或多或少地提出来各自对实业教育的认识、构想，形成了早期实业教育思潮。维新派在前人的基础上已经较为明确地勾勒出近代实业教育制度的轮廓。实业救国落实到了实业教育救国，实业教育思想逐渐深化为制度构想，对实业教育的呼唤和热情转化为对师资、课程、学生、考试、设备、教学过程等具体问题的研究。这一切使得维新运动期间的高等商业教育呈现以下特征。

一 近代性逐渐显现

虽然"商战"发展到"学战"，但人们已经认识到商业重要性，一些学校开设商业科中的一两门课程，以期学生对商业有所了解。商人也认识到教育对国家对行业发展的重要性，成为教育的投资主体，除了积极投资地区教育，还开办本行业、企业的内部培训班。教育与商业形成良性互动。

维新运动时期的学堂普遍实行分科分级教学。根据学科内容进一步丰富，根据课程的内容深浅设立不同级别，学生入学之后从初级班开始学习，经过考核通过可升入高级班。这是从传统教育制度向近代教育制度转变的重要过程，为建立完备的近代学校教育体系打下了基础。维新变法期间建立的高等教育包括高等商业教育普遍具有近代高等教育的形态。

1895年创办于天津的中西学堂虽然不是商科学校，但它将"理财学"作为必修课。而中国近代大学的雏形始于此校的教学分级，即头等学堂（同今大学本科）和二等学堂（同今大学预科）。头等学堂第二年以前课程不分科，为通学课程，也就是现在的必修课。包括英文、制图、物理、化学、天文、地理、万国公法、理财学等科目。第二年开始开设专业课。"各就性质所近，可习专门学一种。"专门学共五科，包括工程学、电学、矿物学、机器学及律例学。二等学堂招收年龄13—15岁，读过"四书"，并通一、二经，文理稍顺者。课程设英文、数字、各国史鉴、舆地、格物等。毕业后可升入头等学堂。

1898年建立的京师大学堂是我国第一所由中央政府建立的综合性大学。课程设置仿照西方资本主义国家办法，分普通学科和专门学科两类：普通学科为全体学生必修课，包括经学、理学、掌故、诸子、初等算学、格致、政治、地理、文学、体操10科。专门学科由学生任选其中一门或两门，包括高等算学、格致、政治、地理、农矿、工程、商学、兵学、卫生学等科。另设英、法、俄、德、日5种外语，学生凡年在30岁以下者必须修一门外语；30岁以上者可免修。

二 "会通中西"的课程设置原则

甲午战争后，"教育救国"论成为社会各界的普遍共识。社会各界、中西各方人士纷纷上疏发表要求政府广设新式学堂，改革"中学"教学内容。1897年6月，林乐知与蔡尔康（1851—1921年）提出"广学兴国说"，认为中国应学习西方，在全国范围内普遍设立学堂，"道在学，学之奈何？道在广，广之奈何？道在会，会以广学名，广西国之学于中国也"[①]。同年7月，李佳白（Gilbert Reid，1857—1927年，近代美国在华传教士）提出"中国宜广新学以辅旧学说"，他指出时移世易，中国不能只固守学习古人的学问，应学习新的西方知识，"请观于华人之智能，事事远不逮古人，西人之智能，事事直突古人，深思其故，反求其本，息偏枯之空谈，讲博通之实学，勿堕入焚群籍愚黔首之恶趣，于是学堂隆起于国中，人才竞长于海外"[②]。由于维新派在洋务派的基础上对西学有了进一步认识，所以维新派提倡学习西学，在课程理念以及具体课程内容上与洋务派倡导的"中体西用"存在本质的不同。维新派认为的西学不再只是西文、西艺，而主要的是西方政治制度、社会理论和自然科学。维新派在处理中学与西学的关系时提出"会通中西"的主张。也就是要打破中、西学的界限，实现二者的融合。

维新派秉承这一思想在创办学校时提出的基本原则是"中西并举、政艺兼学"。在他们的倡导下，各省纷纷创设新式学堂。维新学

---

① 林乐知、蔡尔康：《广学兴国说张之洞》，载汤志钧、陈祖恩等编《中国近代教育史资料汇编·戊戌时期教育》，上海教育出版社2007年版，第45页。

② 李佳白：《中国宜广新学以辅旧学说》，载汤志钧、陈祖恩等编《中国近代教育史资料汇编·戊戌时期教育》，上海教育出版社2007年版，第46页。

堂不再仅仅关注洋务运动时期以培养翻译人才、军事人才和科技人才为主的教育。教育内容中进一步引入自然科学、民用技术等实用科学和技术，扩大了西学的范围，为实业近代化培养相应的新式人才。同时，模仿西方学制，初步建立了初中高级的普通教育体系，以及师范教育、实业教育等专业教育，为清末"新政"确立近代学制打下了基础。这也是从传统教育向近代教育的重要转折。同时，对旧有书院的改造，改变了书院以儒学为中心的教学内容。中国近代教育虽以中体西用为主旨，但是随着人们将西学当作救国救亡的良药，西学的比重在教学中越来越大，从而导致了西学对中国传统知识结构的冲击。通过中西学对比，维新派更为反对中国传统空疏无用的教育内容，抨击科举制度。清政府也对西学充满了期许，希望通过开设新科、变通考试等改革，振兴清廷。

新式课堂中西学比重增加，中学比重减少，总理衙门在《筹议京师大学堂章程》中曾指出学堂对中学的忽视，"近年各省所设学堂，虽名为中西兼习，实则有西而无中"，以及当时的人们对中学的看法，"偶涉西事之人，辄鄙中学为无用"。① 传统教学结构被打破，科举制度的改革，都使人们对中学产生了质疑，"中体西用"的教育指导思想在实践中逐渐被瓦解。

三　商业成为一门独立学科

商业与英语是两个本应并列而设的学科，由于商业学科相关理论在中国发展不完善，只能以商务英语的形式展开教学。维新运动时期，随着西学的范围不断扩大，人们对商业的了解也更为全面。越来越多的商业书籍书引入中国，商业学科的理论知识在中国日渐丰富。但商务英语不等同于商业学科知识，将商业置于英语教学之下，在英语教学中融入商业知识的内容的情况，已经远远不能满足商业学科的发展。维新运动时期，商业教育终于成为一门独立的学科从英语专业中分离出来，附设在综合性大学中。在江南储才学堂中已经出现各国好尚、中国土货、钱

---

① 总理衙门：《筹议京师大学堂章程》，载汤志钧、陈祖恩等编《中国近代教育史资料汇编·戊戌时期教育》，上海教育出版社2007年版，第230页。

币轻重、各国货物衰旺四门课程。

综上所示,维新运动虽然时间较短,却是高等商业教育发展的一个重要时期,这一时期继承了洋务运动时期教育改革的成果,高等商业教育进一步发展,已经具备了近代高等商业教育的形态。

第三章

近代高等商业教育制度的确立

义和团运动导致的八国联军侵华，使清政权内外交困、危如累卵。无论是流亡在外的维新派还是国内的新兴资产阶级，要求实行全方位体制改革的呼声日益高涨。迫于内外压力，清政府于1901年初设立督办政务处，宣布实行"新政"。

新政对中国近代教育的影响是巨大的，废除科举、兴办学堂、鼓励出洋留学是教育改革的主要内容。教育改革不仅改变了中国几千年来传统的人才培养模式，也改变了以儒学经典为中心的教学内容。以近代自然科学和社会科学为主的教育内容，不仅传播了西方的文化知识，培养了人民的近代政治观念，而且促进了近代知识分子群体的形成。新式教育也是开启民智、培养新民的重要举措。这一时期颁布了两个重要学制，一个是1902年的"壬寅学制"即《钦定学堂章程》，是中国近代教育史上最早由国家正式颁布的学校系统，但由于种种原因未能付诸实施。另一个是1904年的"癸卯学制"即《奏定学堂章程》，它是中国近代教育史上第一部由国家颁布并实施的学校系统。自此，高等商业教育正式成为中国近代性质的制度化教育的有机组成部分。商业的法制化与教育的规范化都成为近代高等商业教育确立的有力保障。

第一节 中国近代高等商业教育制度确立的背景

"新政"期间清政府的经济决策直接推动了近代工商业的发展。在举国上下要求发展实业的呼声中，商业和贸易引起世人的空前关注。经商成为社会的时尚,"商务日盛"①。一方面,清政府效仿资本主义国家的做法,初步建立起规范化的近代商业体制,尤其是商业管理体制系统和商业法律法规体系,以规范和促进商业经济的发展;另一方面,经过多年西学东渐的积累,以严复为代表的中国人对西方经济思想和原理的了解深度与广度已远超前人,他们通过多种方式在社会上传播西方最新的商业经济思想与观念,使人们对商业的作用与地位有了更进一步的认识。这些都构成了中国近代高等商业教育最终实现制度化的深厚背景。

一 近代商业体制的确立

这一时期,商业有了重大发展。1903年,清政府效仿西方着手制定商律。同年8月,清政府设立商部,并于各省设立分部。为了保护商人的利益,同年年底,谕令各省设立商会,各州县设立分会。由商部奏定的《简明商会章程》,对保护华商利益、鼓励发明创造多有规定。商会的建立使得商人阶层成为清末中国社会政治生活的一支重要力量,在随后的保护利权运动、请愿开国会运动中,各地商会也都发挥了重要作用。为了鼓励民间自由经商,保护工商业者、投资者的利益,清廷又先后颁布了《公司律》《破产律》《商标注册章程》《奖励公司章程》《奖励商勋章程》等一系列法律。

(一)建立管理全国商业的行政机构——商部

中国的历代封建王朝都未建立专门管理商业的行政机构。鸦片战争以后,虽然有总理各国通商事务衙门、南洋通商大臣、北洋通商大臣等部门或官职涉及,但主要应付对外事务,与国内商业无关。维新变法时期,虽计划设立商务大臣,各省也设商务局,但并未将商业纳入中央机构管理变为事实。进入20世纪以后,在各种重商言论中,要求仿效西方设立商部以协调管理全国的工商活动的呼声最高。有人指出封建官制中,独无司理工商事务的部门,是非常不合理的,"四民之中,独商无专治之部,意者古昔之世商务固视为不足重乎?不然何商务竟缺其官欤?外洋商务皆统于商部大臣,商人有疑难莫决之事,商部为之剖决、筹划、疏通。商人有危险之事,商部为之保护,必思所以成全之,以故

---

① 朱寿朋主编:《光绪朝东华录》,中华书局1958年版,第5013页。

商人咸服而上下一心。中国此时当仿其法而行之，亦设商部一官，其位与六部等，而各省则皆有公司之员"①。

在各方面的压力之下，清廷开始筹备建立商部。1902年，清廷派庆亲王奕劻之子载振赴欧美和日本考察商务。回国后即提出设立商部的请求。11月，庆亲王奕劻亦请奏设商部，"以为振兴商务之地"②。经过一段时期筹备，清廷于1903年8月正式谕令设立商部，任命载振为商部尚书，伍廷芳、陈璧任左右侍郎。"商部其应如何提倡工艺、鼓舞商情一切事宜，均著载振等悉心妥议，请旨施行。"③这样，商部作为中央政府管理全国商务的行政机构也就正式成立。在职能上，商部系"联络官商之情"的国家机构，担负着制定各项政策、领导发展国家工商实业的重任，其作用和地位十分重要。正因如此，有人认为，中国"实业之有政策，以设立商部始"④。商部下设四个司：保惠司、平均司、通艺司、会计司。其中，保惠司处理商务和商业学校事宜，负责保护商人，奖励兴办工商企业、颁发专利权等事；平均司负责管理垦荒、蚕桑、造林等事；通艺司负责管理工业、铁路、轮船、采矿等事；会计司负责税收、岁入、银行、通货、工商交易会、度量衡和处理工商诉讼等事。同时，还设立了一系列中央专业机构，有商律馆、商标局、公司注册局、工艺局、商报馆、高等实业学堂和艺徒学堂等。商部设立之后，各省的商务局转为商部的下属机构，商务局的总办同时为商部的商务议员。这样，从中央到地方中国的商业行政管理机构渐入正轨。

（二）制定商业法律制度

传统社会商业、商人地位都处于社会最底层，其权利权益根本得不到政府保护和法律支持。用"沉沉冥冥为无法之商久矣"形容最为贴切。随着民族工商业的发展，民族资产阶级不断发展和壮大，从而商业立法、维护正常交易、保障商人正当权益成为新兴阶级要求。在筹组商部的同时，清廷令载振、袁世凯、伍廷芳等人先研究德国和日本的商

---

① 马敏：《商战：中国近代化思潮的一个侧面》，《人文论丛》2000年第11期。
② 《清德宗实录》卷506，中华书局1987年影印本，第5页。
③ 刘锦旗：《清朝续文献通考》卷391，商务印书馆民国二十五年版，第110页。
④ 杜亚泉：《十年以来中国政治通览》，《东方杂志》1913年第9卷第7期。

法,"先订商律,作为则例",为以后制定完备的商法打下基础。1904年制定的《商律》包括《商人通例》和《公司律》,这是中国法制史上第一部"现代意义上的法典",也成为中国第一部正式的商法,它为近代商人的经商活动提供了一定程度上的法律保障,同时也为解决各种各样的商事纠纷提供了相关法律依据。

1904年1月,《商律》中的《公司律》率先制定并由清廷颁布施行。《公司律》卷首的《商人条例》共有9条,其中具体规定了商人的法律身份及经商权利。《公司律》主体条文共131条,公司注册章程28条,破产律69条等。

由于是第一部商法,《商律》在一定程度上还不是很完善,在后来具体实施中很难有效地维护商人的利益。对此,民族工商业者呼吁必须制定一部"征引各国现行之商律,参酌考订,成一专书。必详必尽,宁繁勿漏……事无大小,系依已定之法律"的商法。尤其是上海商会绅商强调"我商人积数十年之经历,可谓艰苦倍尝矣,其中颠顿狼狈,时起时仆,危得危失,通盘计算,信胜之日少,而败迹之日多,此何以故,此惟无法律之故"。新兴资产阶级也极为支持修改商法,明确指出:"商法草案之发起,实鉴于商人无法律保护之可危,而欲合通国商民共同挽救"。①认为完备的商业立法是立宪政治的重要组成部分,"民、商法典,为宪政成立之一大关键",只有预先拟定各项法典,才能"无误宪政成立之期"。

不可否认,虽然当时的这些法律制度还比较简单,却是我国近代商务法律的开始,使工商业者创办实业公司得到政府的正式承认和法律保护,其意义也是十分重大的。在商法制定上,来自上层的重商主义政策,尽管进程并不尽如人意,但在民间社会力量的推动下,是继续向前发展的。

(三) 颁布奖励工商业发展的章程

在自上而下的重商思潮下,官僚、地主、商人都以各种形式投资工商业。最初在轻商抑商风气下,许多官僚和地主仍以经商为耻,对工商业的投资都以匿名或借他人之名进行。1907年《商务官报》对这一现

---

① 天津市档案馆编:《天津商会档案汇编》上,天津人民出版社1989年版,第284页。

象描述道:"向来官场出资经商者颇不乏人,惟狃于积习,往往耻言贸易,或改换姓名,或寄托他人经理,以致官商终多隔阂。"商部设立后,在《商部奏酌拟奖励公司章程折》写道:"商情观望已久,倘无以鼓舞而振兴之,决难冀其踊跃从事。"经商再也不是低贱的行当,士农工商皆可经商。由于近代之商在社会上的地位日显重要,士人和官员向工商界的转化大大加剧,"弃士经商"蔚然成时尚,连清廷也在1907年的《商报》上公开表态:"现在朝廷重视商政,亟宜破除成见,使官商不分畛域。"风气所及,甚至连蟾宫折桂的"状元"也率先"下海"。1895年,新科状元南通张謇奉命兴办大生纱厂,成为"通官商之邮"的大绅商;1896年,同治年间的苏州状元陆润庠创办苏纶纱厂。"状元办厂"成为士转商的榜样。在重商思潮下,实业活动实际上已成为仕途之外另一条可以为士人所接受的出路。晚清绅士之经商营工已不再单纯是偶发逐利或赶时髦,而是从上到下,从南到北,汇聚成一股不可逆转的潮流,蕴含了某种新的社会意义。

在这种社会风气下,各类大小工厂纷纷设立,民间掀起了首轮投资实业的热潮,振兴实业的思想变为现实。1872—1894年,中国本国新式企业共创办了195家,资本额为35191000元,其中商办企业180家,占资本总额的20.53%,官督商办、官办企业15家,占资本总额的79.47%。1901—1911年全国兴办民族实业共585家,是此前30年总数的两倍多。①

梁启超对晚清重商思潮和实业救国思潮对当时中国社会的影响,有较高的评价,指出:

> 全国人心营目注嚣嚣然言振兴实业者,亦既有年矣。上之则政府设立农工商部,设立劝业道,纷纷派员奔走各国考察实业,日不暇给,乃至悬重爵崇衔以奖励创办实业之人,即所派游学及学生试验亦无不特重实业,其所以鼓舞而助长之者,可谓至极。下则举办劝业会、共进会,各城镇乃至海外侨民悉立商会,各报馆亦极力鼓

---

① 马敏、付海晏:《中国近代商会通史》第1卷,社会科学文献出版社2015年版,第82页。

吹，而以抵制外货挽回利权之目的创立公司者所在多有，其呈部注册者亦不下千家。①

为进一步发展工商业，清政府决定颁行各种奖励章程予以鼓励，而且价码越开越高，以致到了无以复加的地步。1898年总理各国通商事务衙门议定的振兴工艺给奖章程12条，1903年商部制定的奖励公司章程20条，1906年商部颁布的奖给勋商章程8条，1907年农工商部颁布的华商办理农工商实业爵赏章程及奖牌章程10条和改订奖励公司章程10条。从1903年起，整个新政期间，清政府先后颁布的旨在鼓励商人和其他社会人士投资工商实业的章程有《奖励华商公司章程》《奖励实业章程》《奖给商勋章程》《改订奖励华商公司章程》《援照军功例颁赏商业奖牌章程》《华商办理农工商实业爵赏章程》等多种。奖励等级逐年提高，逐年的颁奖范围也随之扩大。在1903年的《奖励实业章程》中，规定集股2000万元以上者，拟准作为商部头等顾问官，加封头品顶戴。筹集资本50万元以上者，拟准作为商部五等议员，加七品顶戴。1907年清政府又修订《奖励华商公司章程》，大幅度降低了所定集资奖励标准，来吸引更多士人和商人。如授头等顾问官衔加头品顶戴，原定须集股2000万元，后改为800万元，降低60%以上。② 1907年商部颁行《奖给商勋章程》，规定凡能制造轮船、火车、发电机，对探矿、冶炼、水利、垦殖等卓有成效者，可颁给不同等级商勋。次年8月，清廷又颁布《华商办理农工商实业爵赏章程》，规定凡华商投资2000万元、1800万元、1600万元以上者，分别特赏一、二、三等子爵；投资1400万元、1200万元、1000万元以上者，分别特赏一、二、三等男爵；投资700万元、500万元者，分别特赏三品卿、四品卿；投资在10万元以上者，奖给五品衔。③

这些奖励章程，对消除传统的轻商思想观念，提高工商业资本家的

---

① 梁启超：《饮冰室合集》卷21，中华书局1989年版，第113页。
② 《改订奖励华商公司章程》，载《大清光绪新法令》第16册，上海商务印书馆宣统二年铅印本。
③ 《改订奖励华商公司章程》，载《大清光绪新法令》第16册，上海商务印书馆宣统二年铅印本。

社会地位起了很大的作用。正如1907年的改订奖励公司章程中指出："向来官场出资经商者颇不乏人，惟狃于积习，往往耻言贸易，或改换姓名，或寄托他人经理，以致官商终多隔阂。在现朝廷重视商政，亟宜破除成见，使官商不分畛域，合力讲求，庶可广开风气。"① 这些奖励的设定直接促使了商人社会地位的大幅度提升。从"四民之末"的卑贱到邀享"加头品顶戴""赐双龙金杯"的恩宠，极大地刺激了人们对近代工商的投资。后人曾为之感慨，"今乃以子男等爵，奖创办实业之商，一扫数千年贱商之习，斯诚稀世之创举"②。

（四）设立近代商会

1904年初清政府颁行《奏定商会简明章程》标志着中国有了正式的商会。与明清时期行业自发成立的会馆、公所相比较，近代商会属官办性质，是一种规章制度比较完整、机构比较健全的商社团体。清政府谕令各省迅即设立商会，规定："凡属商务繁富之区，不论系会垣，系城埠，宜设立商务总会，而于商务稍次之地，设立分会。"③ 上海首先于该年年初在商业会议公所基础上改设商务总会，推荐严信厚做总理，推荐徐润为协理，而周金箴则为坐办。同年11月天津商务公所也改组为商务总会。在此前后，江宁（南京）、广州、重庆、苏州、杭州等地也相继创立商务总会。到1905年，全国共创设商务总会和分会约70个，而次年一年之内所设立的商会就达108个。与此同时，外洋各埠的华侨商人也纷纷设中华商务总会。1904—1913年，全国除西藏外，在各省都设立了商会，共有1076个，其中总会52个，分会1024个。据1912年统计，全国加入商会的商号有19.6万家，商会会员近20万人。

商会在经济上具备了以振兴工商业为主旨的各项社会功能，诸如联络工商、调查商情、兴办商学、调息纷争、改良品物、发达营业等。正

---

① 汪敬虞：《中国近代工业史资料》第2辑上册，科学出版社1957年版，第637—647页。
② 杨铨：《五千年来中国之工业》，转引自陈真、姚洛编《中国近代工业史资料》第1卷，中华书局1962年版，第7页。
③ 天津市档案馆等编：《天津商会档案汇编（1903—1911）》上，天津人民出版社1992年版，第21—28页。

由于商会组织能较好地适应商战时代的要求，因此在清末民初始终保持着蓬勃发展的势头。商会还具有联结作用。通过商会组织的联结，商人之间的凝聚力进一步增强，不再以个人或落后的行帮形象，而是以社团法人的姿态与官府相周旋。

总之，清政府的这些重商惠工的主张和措施，与历代的"重农抑商"相比，无疑是一大进步。它肯定了工商业在国民经济中的重要位置，提高了工商业者的社会地位，对促进工商业的发展起到了一定的推动作用。但是，清政府实行这些商业措施的主要目的，在很大程度上是为了挽救日益严重的财政危机，以维持自己的封建统治。从1891年至1911年的二十年间，清政府的财政收入增加了3倍以上，这些都源于名目繁多、交叠累计的赋税。清朝末年的工商业还没有得到预期的发展，就被辛亥革命所推翻了。

二 近代商业思想的传播

虽然严复是维新派，但他商业思想的代表作——《原富》，却是在新政时期出版，并对社会产生重要影响的。所以这一时期的商业思想以严复的经济自由主义为代表。在帝国主义列强通过经济侵略，几乎控制了中国经济命脉，中国民族资本主义艰难发展之时，严复将亚当·斯密的《原富》介绍到中国，并结合中国的实际情况对亚当·斯密的理论做了解读，反映了当时民族资产阶级反对帝国主义与封建主义的强烈要求，符合历史发展的需要。这也成为民族资产阶级发展的先进理论支撑，为他们反帝反封提供了有力的思想武器。梁启超对其译著的评价是："启发学者之思想力、别择力，所益非浅鲜"，1902年《新民丛报》对严复的评价是"于中学西学皆为我国第一流人物"。

严复（1854—1921年），初名传初、体乾，入福州船政学堂后改名宗光，字又陵，后又改名复，字几道，号㾕野老人等，福建侯官（今闽侯）人。1867年考入福州船政学堂学习海军，1877年被派往英国海军学校留学，1879年回国，任福州船政学堂教习和北洋水师学堂总教习、总办。1895年，发表《论世变之亟》《原强》《救亡决战》《辟韩》等政论文章，鼓吹维新变法。1897年参与创办天津《国闻报》，发表赫胥黎的《天演论》译文，在思想界引起很大反响。1901—1909年，先后翻译出版了亚当·斯密的《原富》、孟德斯鸠的《法意》、斯宾塞的《群学肄言》、穆勒的《群已权界论》、甄克思的《社会通诠》、耶方斯的《名学浅说》、赫胥黎的《穆勒名学》等书，成为当时资产阶级社会学说的主要传播者。其译著辑入《侯官严氏丛刻》《严几道诗文钞》《严译名著丛刊》等。

严复的商业经济思想，主要集中在《原富》中《译事例言》和《按语》部分，其核心是经济自由主义理论。在《原富》的《译事例言》及6万余言的按语中，除补充一些其他经济学家的理论外，严复一抒己见，综合起来考察可概括出严复商业经济思想的基本观点。

（一）宣传经济自由主义

经济自由主义的理论来源。严复在经济理论上更倾向于经济自由主义，这也是严复接受亚当·斯密思想影响最深刻的部分。严复十分赞赏亚当·斯密的自由贸易理论，为英国实行自由贸易政策后所取得的成效而折服。他翻译《原富》的目的是希望借斯密之口宣扬经济自由主义的观点。亚当·斯密主张经济上的自由放任主义，要求国家不得干预社会经济生活，让资产阶级展开自由竞争，以发展资本主义工商业。严复基本同意这个思想，但又不是照搬他的理论。而是根据时代的需要对斯密理论进行了某些修正。亚当·斯密学说自由放任包括自由贸易，严复则用自由贸易来总括自由放任。二者的出发点不同，亚当·斯密是从经济发达的资本主义社会出发，讨论的是商品扩大再生产的问题。其理论是适应已成为当时世界最发达的工业国的英国现状，反映了新兴资产阶级渴望把商品输往他国，为资产阶级扫清阻碍资本主义发展的重商主义政策及封建残余势力的需求。而严复的经济思想包括弱势国家如何发展，他认为自由主义适应中国民族资本主义工商业发展，民族资产阶级是反对封建国家抑制压迫并抵制西方资本主义经济侵略需要而产生的。严复反对国家干预经济活动，认为国家进行的经济活动应限制在三个方面，这就是"一、其事以民为之则费，以官为之则廉，比如邮政、电报是已。二、所利于群者大，而民以顾私而莫为，比如学校之廪田、制造之奖励是也。三、民不知合群而群力犹弱，非在上者为之先导，则相顾趑趄"①。他认为，资产阶级要取得发展资本主义工商业的自由，必须首先在统治上获得一定的民主权利，没有民主权利，"法"就不可能变，私人也不可能得到经济活动的自由，国家也不可能达到富强。

经济自由主义的理论基础。严复根据斯密的个人利己主义思想，结合中国传统的义利观，提出了"义利合"的观点，以此为其经济自由主义思想的理论基础。严复认为，义与利是相统一的，两者不可分。他说："治化之所难进者，分义利为二者害之也。……天演之道，不以浅夫昏子之利为利矣，亦不以谿刻自敦，滥施妄与者之义为义，以其无所利也。庶几义利合，民乐从善，而治化之进不远欤。"② 在这里他将义与利统一起来作为社会进化发展的动力。严复认为，既然义与利是统一的，那么就应消除国家对社会经济生活的限制和干预。所以他坚决反对清廷对民族资本的压迫，要求给予私人资本投资的工商业活动以充分自由，让人们拥有追求个人利益、自由发展资本主义工商业经济的权利。严复按照西方资产阶级古典经济学家的说法，认为只有个体才最了解自身利益，因此要想使国家富强和"利民"，就必须使个人的经济活动具有最大限度的自由。"民各能自利又必自皆得自由始"，"民力自由既侵，其收成自狭"③，并把这种自由看作是不可违抗的自然规律，只有实行变法，废止一切妨碍私人资本自由活动的政策措施，才是顺应这种自然规律的明智行为。

经济自由主义的实现途径可分为国内贸易和对外贸易。从国内贸易来说，私人经济活动要听民自谋，政府取消种种限制，只负责征税，无论政府还是个人都按照章程办事，就可以达到民乐其业，国家富足的情形，"工商民业之中，国家去一禁例，市廛增一鼓舞之神，虽有不便，特见于一偏一隅，而民气之所发舒，新业之所导启，为利至今，偿之不止于有余，且转运至速，前之不便，瞬息无所"④。具体做法如下：首

---

① [英]亚当·斯密：《原富》，严复译，商务印书馆1981年版，第7页。
② [英]亚当·斯密：《原富》，严复译，商务印书馆1981年版，第10页。
③ [英]亚当·斯密：《原富》，严复译，商务印书馆1981年版，第19页。
④ [英]亚当·斯密：《原富》，严复译，商务印书馆1981年版，第41页。

先，鼓励私人经济自由发展。由于财富是民力创造的，国家的经济政策要以利民为主旨。要利民，就要使民能自利。也就是说国家要给予私人经济以充分发展的自由，民富则国家也就自然而然地富强起来。他说："……民之生计，只宜听民自谋，上唯无扰，为裨已多，而一切上之所应享，下之所宜贡者，则定之以公约，如此上下相安而以富。"① 如若阻碍私人经济的发展，则必然会是"收成自狭"。其次，主张自由竞争。在发展私人经济的基础上，可通过公平竞争使物价下降，不仅可使国民买到各种质优价廉的生活用品，还可使君富治隆。不然就会使物产腾贵。因此，严复反对政府以"保护"或"扶持"为名，干涉私人经济活动。为此，他反对洋务派的官办企业或官督商办的企业，认为这是对私人经济活动的妨害。这实际上是为民族资本主义自由发展开辟道路。经济发展还需要政治做保障，"民富必基于政美"②。严复所认为的"政美"是"为帝王者，其主治行政，凡可以听民自为、自由者，应一切听其自为、自由，而后国民各得尽其天职，各自奋于义务，而民生始有进化之可期"③。

在对外贸易方面。严复认为自由贸易不仅在国内商贸活动中可行，在发展国际贸易时，推行自由贸易政策都是合理的。他说："前此欧洲各国……立为护商法，入口者皆重赋税以困沮之，乃此法行而各国皆病。洎斯密氏书出，英人首驰海禁，号曰无遮通商（亦名自由商法），而国中诸辜榷垄断之为，不斯自废……自此以还，民物各任自然，地产大出，百倍于前，国用日侈富矣。"④ 因而在积极推行自由贸易的同时，他坚决反对贸易保护政策。"名曰保之，实则困之，虽有一时一家之获，而一国长久之利所失滋多"，"于是翕然反之，而主客交利"⑤。而"保商专利诸政，既非大公至正之规，而又足诅遏国中商业之发达，是以言计者群然非之"⑥。严复认为保护贸易既不利于国与国之间的物资交流，

---

① ［英］亚当·斯密：《原富》，严复译，商务印书馆1981年版，第17页。
② ［英］亚当·斯密：《原富》，严复译，商务印书馆1981年版，第104页。
③ 严复：《庄子批点》，载王栻主编《严复集》，中华书局1986年版，第111—112页。
④ ［英］亚当·斯密：《原富》，严复译，商务印书馆1981年版，第51页。
⑤ ［英］亚当·斯密：《原富》，严复译，商务印书馆1981年版，第102页。
⑥ ［英］亚当·斯密：《原富》，严复译，商务印书馆1981年版，第102页。

也无利于国内工商业的发展。只有废除对外贸易中的一切限制和垄断，才能实行自由竞争，促进本国民族工商业的发展，实现国家的"地产大出，国用日侈"。严复的对外贸易思想比前期康有为、梁启超、谭嗣同等人的经济自由主义思想更为深刻之处在于，他把实行对外贸易政策和消除国家干预垄断结合起来考虑，是有一定见地的。它反映了中国民族资产阶级要求解除封建主义与外国资本主义双重压迫的愿望。

反驳漏卮论与重商主义。由于中国工商业的稚弱，以及清政府的无能，在鸦片战争后，中国在对外贸易中一直处于贸易逆差的地位。漏卮论与重商主义在中国盛行便源于此。严复提出的自由贸易主张却与这两种理论相反，他认为虽然实行自由贸易会使中国金银流失，但并非国贫的主要原因，中国不能因为贸易逆差就反对自由贸易。所以严复对这两种理论予以驳斥。

首先，他认为漏卮并没有可隐忧之处。他认为金银并非真正财富，国家贫富与金银多少没有直接关系。因此争取进出口顺差没有必要："由于以金为财，故论通商则必争进出差之正负，既斤斤于进出差之正负，则商约随地皆荆棘矣。极力以求抵制之术，甚者或以兴戎，而不悟国之贫富，不关在此。"① 他还认为国与国之间的进出口贸易总是趋于平衡的，不存在不足或有余的问题。他说："出口货多而进口货少者，其所有余者，固皆银也"，既然金银也不过是货物之一种，故"进出之间，初无所谓有余不及者，多少必相抵"。② 既然国家之间的贸易能相抵，则实行贸易保护政策就没有必要。

其次，严复批判重商主义单纯强调贸易逆差的观点。这一观点的合理之处在于：严复正确地认识到，货币是在商品交换中自发产生的，本身就是商品之一种。另外，严复主张供求价值论，他指出："盖物无定值，而纯视供录二者相剂之间，供少求多，难得则贵，供多求少，易得则贱。"③ 这是典型的供求决定价值论。他甚至还认识到金银的贵贱也决定于供求之间的关系。"金银本值贵贱之理，与百货之所以贵贱本同，

---

① [英] 亚当·斯密：《原富》，严复译，商务印书馆1981年版，第3页。
② [英] 亚当·斯密：《原富》，严复译，商务印书馆1981年版，第53页。
③ [英] 亚当·斯密：《原富》，严复译，商务印书馆1981年版，第53页。

视供求之相剂。"① 他对商品价值、价格及供求关系作了理论性探讨。这使他成为有史以来中国第一个正式提及价值论的思想家。在论及商品的价值时他提到："斯密氏以产物之功力为物之直值，值之高下视功力之难易多少为差，其言虽近理，然智者千虑之一失也。益物无定值，而纯视供求二者相剂之间。供少求多，难得则贵；供多求少，易有则贱。方其难得，不必功力多；方其易有，不必功力少也。"② 他进一步考察商品价格与供求关系的变动问题，得出商品价格变动从长时期看是接近于"经价"（自然价格）的。他说："物价趋经，犹水趋平，道在任其自己而已。顾任物为竟，则如纵众流以归大墟，非得其平不止。"他由此主张"自由相竞，则物价最廉，以常法任之，其大例自不可易"③。这是有一定见地的观点。然而，严复把金银的流出与流入等同于商品的出口与进口，是不正确的，混淆了金银作为货币商品与一般商品之间的区别。同时，说明严复对货币的本质及其职能尚缺乏深刻理解，是典型的货币名目论者，他看不到金银是社会财富的结晶及金银能充当世界货币的价值尺度等职能。

总之，严复以西方古典经济学家的思想作为宣传经济自由主义的武器，认为国内的商业贸易实行经济自由主义，反对清政府对民族资本主义的压制政策，代表了民族资产阶级要求自由发展民族资本主义的时代需求，具有进步意义。但他宣扬的自由只是资本的自由，和资本剥削工人的自由。在关于对外贸易的理论中，严复为了扫除中国民族工商业发展的种种障碍，积极宣传自由贸易论，而反对塞漏卮论与重商主义其出发点是进步的。这是由于中外贸易地位的不对等，贸易逆差使得白银大量流失，不仅没有实现收支的平衡，而是社会经济的不断衰落。在残酷现实面前，他觉察到中国在国际贸易中处于不利地位，极力主张振兴本国工商业，以使中国挽回利权，堵塞漏卮。严复后来也说："先是欧人觇国贫富，必以金银之多寡为衡，……自今观之，亦少过矣。……顾金银为用，其于生财又易可忽乎？使懋迁既广，而易中之用，不得其宜，

---

① ［英］亚当·斯密：《原富》，严复译，商务印书馆1981年版，第17页。
② ［英］亚当·斯密：《原富》，严复译，商务印书馆1981年版，第64页。
③ ［英］亚当·斯密：《原富》，严复译，商务印书馆1981年版，第17页。

则在将形其第抵滞,故其物一时之甚少过多,均足为民生之大患。"①他对自己原有的理论还是作了某些修正。

(二) 重新认识商业与其他行业的关系

严复对工商业和农业的关系,生产、积累和消费之间的关系都做过理论上的分析。他把工商业和农业都看作是人们物质生活必不可少的一方面,中国自古将农业称之为本业,将工商业称之为末业,这并没有错。农业是工商业的基础,只有农业生产有了剩余,工商业才可能存在和发展。也就是说,农业生产的一定剩余是工商业独立存在的前提,所以农业是"本"业。他指出:"盖地为百产之宗,使耕牧树畜者,斥毋治业而不得赢,则宇内之财,只有此数,行且日微而尽,其他工商之业乌得立乎?"② 另一方面,如果工商业和交通运输业都不发达,农产品无法销售,就会不利于农业生产的发展。农业和工商业"理实有本末之分",但绝不应"贵本而贱末"。他说:"农工商贾固皆相养所必需,而于国为并重。然二者之事,理实有本末之分,古人之言,未尝误也。"③ 严复反对重农轻工商,主张本末并重,认为工商业同样是财富的源泉,它们都是"相养所必资,而于国为并重"④,农工商贾"皆能开天地自然之利"⑤。他还批判了重农主义关于只有农业是财富源泉的说法,论证了工商业也是财富的重要源泉。他认为农工商贾都是国计民生所必需,缺一不可,不能偏废。物虽有本末之分,但并非在一切情况下都本贵于末,而须视具体情况进行具体分析。他说:"特后人于本末有轩轾之思,必贵本而贱末者,斯失之也。物有本末,而后成体,而于生均不可废。……必本之贵者,不达于理者之言也。"⑥ 显然,他对本末关系的理解,要比前人深入一步。对于生产、积累和消费的关系,他认为,消费的增长必须以不影响资本积累和扩大再生产为限度,只要不妨碍资本的积累和扩大再生产,增加消费就不仅对生产无害,反而会有利于生

---

① [英] 亚当·斯密:《原富》,严复译,商务印书馆1981年版,第17页。
② [英] 亚当·斯密:《原富》,严复译,商务印书馆1981年版,第578页。
③ [英] 亚当·斯密:《原富》,严复译,商务印书馆1981年版,第271页。
④ [英] 亚当·斯密:《原富》,严复译,商务印书馆1981年版,第271页。
⑤ [英] 亚当·斯密:《原富》,严复译,商务印书馆1981年版,第138页。
⑥ [英] 亚当·斯密:《原富》,严复译,商务印书馆1981年版,第271页。

产的增长和改进，并认为消费和积累的数量也要受收入数量及其增长程度的制约。

对于农工商的发展，严复也提出了一些想法。农业的发展，严复提出小农经济已不再适应社会发展的需要，他主张用机器耕种，发展大规模资本主义农业。"所谓民治小业，各自有其田，则农事以精地力以进者，……然自汽机盛行以还，则漫田汽耕之说出，而与小町自耕之议相持不下，谓民日蕃众，非汽耕不足于养，而汽耕又断不可用于小町散畦之中，盖世局又一变矣，事固不可执一以论时宜也。"① 在发展工商业和交通事业方面，严复主张分工协作、使用机器、创立公司、积累资本、采用雇佣劳动、自由竞争、实行发明专利制等，具有明显的近代化特征。

总之，严复商业经济思想的核心是经济自由主义，在论述商业经济政策及其他经济范畴时，他基本上体现了自由放任的思想。其商业经济思想，是在兼收并蓄地接受亚当·斯密经济自由主义的基础上，经过他本人改造而完成的。其中某些具体观点和主张是进步的，在当时的特定历史条件下，对中国民族资本主义的发展有某些促进作用，应当给予必要的肯定。特别是他首次将资产阶级古典政治经济学介绍到中国，并对资本主义经济范畴进行了系统性的理论尝试，为打破封建主义和官僚资本对民族工商业的垄断提供了思想武器，这是他最大的历史功绩。但是因严复所处时代的局限性，他对自由贸易及商品流通等问题的论述，存在某些不正确的地方。

第二节 "癸卯学制"建立的近代商业教育体系

"我国输入欧化，六十年矣，始而造兵，继而练军，继而变法，最后乃始知教育之必要。"② 在洋务教育、维新教育前期量变积累的基础上，在各方人士的努力下，清政府最终迈出了最后的一步，正式颁布了

---

① [英] 亚当·斯密：《原富》，严复译，商务印书馆1981年版，第673页。
② 高平叔主编：《蔡元培全集》第3卷，中华书局1984年版，第312页。

近代学校教育体系的"癸卯学制"。"癸卯学制"的出台并不是一时之功，早在传教士来华时他们就发现中国教育的落后，并试图将西方先进的教育理念介绍到中国。在中国与西方各国有了互动后，首批驻外公使亲身感受到西方教育之先进，深入研究后汇成文献资料，成为中国教育改革的重要参考。中国第一部学制主要向日本学习，留学生尤其是留日学生起到了重要作用。"癸卯学制"建立了实业教育制度，标志着高等商业教育制度的确立，中国高等商业教育从此走上了制度化的发展道路。

一 分级教学，体现"高等"特征

学制在纵向上将整个教育体系分成初、中、高三个阶段六级，并从幼儿园到研究生各个教育级别做出了详细规定。第一阶段为初等教育阶段，设五年制初等小学、四年制高等小学。第二阶段为中等教育阶段，设五年制中学堂。第三阶段为高等教育阶段，对高等教育的规定包括分成三个级别，最初为三年制高等学堂或大学预科（大学预科班教育），之后为三年制或四年制分科大学堂（大学教育），最高为五年制大学院（研究生教育）。

在横向上则由普通教育、师范教育、实业教育三大平行教育系统组成。与高等小学平行的是实业补习普通学堂中的商科、初等农工商实业学堂和艺徒学堂；与中学堂并行的是初级师范学堂、中等农工商实业学堂；与高等学堂平行的是优级师范学堂、实业教员讲习所、高等农工商实业学堂。而在学制中则包括初等商业教育——初等农工商实业学堂、艺徒学堂、实业补习普通学堂，与中等商业教育所对应的中等农工商实业学堂，以及高等商业教育则分为高等农工商实业学堂、分科大学中的商科、实业教员讲习所中的商业教员讲习所等几个方面。

高等商业教育与初等、中等商业教育有所区别，这样满足了商业发展的不同层次的需求。初等商业教育"以教授商业最浅近之知识技能，使毕业后实能从事简易商业为宗旨"。培养目标是从事简单商业经营的商人，学习的内容以实用为主，除应具备的基本公民素质科目外，专业课程四项包括：簿记、商品学、商事要项、商业实践，其他与商业有关的课程可自行酌加。中等商业教育"以授商业所必需之知识艺能，使将来实能从事商业为宗旨"。培养目标以培养具备商业技能的人，课程较初等教育丰富，专业课程以专业知识与商业技能为主，共九项包括：商业地理、商业历史、商业理财大意、商业法规、商业簿记、商品学、商业事项、商业实践、外国语①。1904年颁布的《奏定高等农工商实业学堂章程》中《高等商业学堂学科程度章第六》规定高等商业学堂分为预科、本科。教育目的是"以授高等商业教育，使通知本国外国之商业事情及关于商业之学术法律，将来可经理公私商务及会计，并可充各商业学堂之管理员教员为宗旨"。并以"全国商业振兴，贸易繁盛，足增国力而杜漏卮为成效"。教育主要是培养高级商业管理人才，不仅要了解专业知识，还要了解相关法律知识和特种行业的基础知识，突破了在商言商的局限性。在高等商业学堂预科班中教授的科目有：商业道德、书法、作文、算学、簿记、应用物理学、应用化学、法学通论、外国语、体操共十种，一年毕业。本科科目有：商业道德、商业作文、商业算术、商业地理、商业历史、簿记、机器工学、商品学、理财学、统计学、民法、商法、交涉法、财政学、外国语、商业学、商业实践、体操共十八种，学制三年。

分科大学的预科班高等学堂，教育目的是"令普通中学堂毕业愿求深造者入焉，以教大学预备课为宗旨，以各学皆有专长为成效"。学科分三类，其中商业属于第一类：预备入经学、政法、文学、商科等大学。其课程包括：人伦道德、经学大义、中国文学、外国语、历史、地理、辩学、法学、理财学、体操等十科。分科大学的商科以培养专门人才为目标，课程分为三门：银行及保险学门、贸易及贩运学门、关税学门，3个专业涉及主课与补助课，合计53门课程，学制为三年。

实业教员讲习所的商业教员讲习所以培养"该实业学堂及实业补习普通学堂、艺徒学堂之教员"为宗旨，也就是为初、中、高级商业学堂培养教师。所以学堂课程设置不仅具有专业特色，还具有职业特色。科

---

① 外国语应该包括专业外语。在预科的科目中已经包括外国语一项，与中等农业、工业学堂不同的是预科中外国语有"加设"一词，中等商业学堂外国语为必修，本科普通科目中没有外国语一项，而是出现在实习科目中。另外，商务英语的教学在中国存在多年有学科基础，中国对外贸易不断增长，专业外语作为交流的工具必不可少。

目包括专业课程：应用化学、应用物理学、商业作文、商业算术、商业地理、商业历史、簿记、商品学、商业理财学、商业实践、英语等十一门。职业课程包括：人伦道德、教育学、教育法三门，另有体操一门，共计十五门，两年毕业。

教育分级分层是区别于中国传统封建教育的最大特征，这样不仅可以满足社会的需要，同时也能满足各阶层民众对教育的不同需求。高等商业教育从其他级别的商业教育中独立分化出来，体现"高级"性专门性。这为深入发展社会商业理论，培养高级专业人才都起到了重要作用。

二　分科教学，体现"商业"特征

《奏定学堂章程》不仅将教育分成初、中、高三级，而且将商业等各个学科分立，明确各学科之间的学科边界。其中之一的《奏定实业学堂通则》中指出，实业学堂的建立"以振兴农工商各项事业，为富国裕民"为宗旨。事业学堂分为正式事业学堂、补习实业学堂和实业师范学堂三种。其中正式实业学堂按专业分为农业学堂、工业学堂、商业学堂和商船学堂。普通教育的大学堂则是以"谨遵谕旨，端正趋向，造就通才为宗旨"，"以各项学术艺能之人才足供任用之成效"为目的，将大学堂分为八科。包括：经学科大学、政法科大学、文学科大学、医学科大学、格致科大学、农科大学、工科大学、商科大学。商业教育在中国出现的最初形式是包含在外语教学之下，随着西方帝国主义在中国以资本输出、掠夺原材料为主要方式的侵略的加剧，中国民族资本进一步发展，全国各地具有近代化性质的工厂、企业不断兴起，贸易交易量不断增加，这就要求教育培养的人才具有近代化工商业知识的专业人才。随着社会分工进一步细化，即使在商业科内部也分化为若干科目。学制的规定明确了高等商业教育的高、精、尖、专的特征，将商业教育与其他学科的教育区分开，更有利于商业学科的发展和商业人才的培养。

三　前后相继，体现衔接特征

中国传统封建教育与近代教育的内容完全不同，洋务派在中国直接建立职业技术学堂时没有掌握近代基础知识的合适生源，只能从掌握封建知识内容,准备参加科举考试的士子中选拔。由于无先后相继的培养体系,洋务教育只能以轰轰烈烈开场,而以经营惨淡收尾,多数学堂因生源质量不高不得不关闭。维新运动虽关注这一问题,但却未来得及实施。清末"新政"颁布的学制从制度上,根本解决了教育先后相继的问题。无论是普通教育还是实业教育,在各自体系内部皆有相互衔接的教育。普通教育从初等到通儒院,包括了小学、中学、大学预科、大学、研究生的教育。在大学预科之前以公民素质教育为主,进入大学预科后可进行专业课程的学习。与之并立的实业教育,也是一个先后相继的教育体系。在公民素质教育的基础上,从初等实业学堂就开始专业课程的学习。从整个学制来看,虽然各平行教育系统互不相通,但在各自内部的学科设置具有很强的衔接性。合格的生源是教育质量的保障。先后相继的培养模式,下一级教育为上一级教育输送合格的人才,确保了"新政"期间教育质量的提高。

1904年颁布的《奏定高等农工商实业学堂章程》中的《计年入学章第九》规定高等实业学堂的学生必须符合以下条件:

> 入高等各实业学堂之学生,必其已毕业官立公立自立中学堂,并经该学堂监督出具保结,……可不须考验而使入学。其有志愿入学,自行投考者,……学力与中学同等者,始准入学。但此时创办,难得此合格之学生,……先补习中等普通学二年,再升高等各实业学堂。①

说明生源必须按照学制要求,逐级学习或达到相应水平,才能进入更高级的学堂。

四 统一管理,体现规范特征

中国传统教育的一大弊病是没有一个全国性的统一管理体制,各地教育各自为政,具有很大的随意性而缺乏规范性;"壬寅癸卯学制"为

---

① 舒新城编:《中国近代教育史资料》中册,人民教育出版社1981年版,第758—767页。

改变这一状况，首先确定了指导全国的教育宗旨，在《奏定学堂章程》中首次提出"至于立学宗旨，无论何等学堂，均以忠孝为本，以中国经史之学为基，俾学术心术壹归于纯正，而后以西学瀹其知识，练其艺能，务期他日成材，各适实用，以仰副国家造就通才，慎防流弊之意"①。为了保障教育宗旨的贯彻和新学校教育质量，教育施行统一管理的模式。具体为中央与地方管理相结合，地方服从中央。1905年设立学部，属中央教育行政机关，为全国教育的最高行政机关，其中尚书为最高长官。学部下设五司：总务司、专门司、普通司、实业司、会计司，每司下设数科，管辖全国各类学务。地方教育行政机关分为两级。第一级为提学使司，设提学使一人，隶属于督抚，统管全省教育工作。提学使司下设学务公所，学务公所下分六科：总务课、专门课、普通课、实业课、图书课、会计课，管辖全省各类学务。第二级为各厅州县设劝学所，掌管本厅州县学务，并有劝导地方各界人士建立学堂推广教育的责任。

除了设立统一管理全国的行政机构，"癸卯学制"还颁布了一系列规章制度，规范教育教学。如实业教育颁布了《奏定初等农工商实业学堂章程》《奏定中等农工商实业学堂章程》《奏定高等农工商实业学堂章程》。从招生到毕业、从课程设置到学校管理，都做出了明确规定。在《奏定高等农工商实业学堂章程》中除前文提到的入学资格《计年入学章第九》与课程设置《高等商业学堂学科程度章第六》外，还包括对教员与学校管理者的规定《教员管理员章第十》："第一节（为）高等各实业学堂，当按各学科目及授业时刻若干，学生级数若干，设置相当之教员，使分司教授。按高等学堂章程置监督及各项管理员，管理学堂一切事务。"②以及实验要求的《屋场图书器具章第十二》："第一节（为）高等各实业学堂，当于学堂内面或近旁设置体操场。第二节（为）高等各实业学堂，当备通用讲堂，专用讲堂、各种实验室及其他必需诸室。高等商业学堂则当另备商品陈列所、商业实践室、商品样

---

① 舒新城编：《中国近代教育史资料》中册，人民教育出版社1981年版，第197页。
② 舒新城编：《中国近代教育史资料》中册，人民教育出版社1981年版，第758—767页。

本。第三节（为）凡教授用及参考用图书器具、机器、标本、模型、实习诸机器，体操场用具，均宜全备。"①

综上所述，虽然以现代的眼光来看学制还存在诸多问题，如学制过长、学生课业负担重等缺陷，具有明显的封建性和买办性，但作为中国第一部学制，清末颁布的"壬寅癸卯学制"使中国的教育步入近代化的进程中。由张之洞、张百熙等人设计的这套学制系统，明确了商业教育的办学层次，将高等商业教育与其他级别的商业教育区别开来。它还界定了高等商业教育的性质，将商业教育与其他教育相区别，同时它也为高等商业教育提供了稳定的生源，提高了教育的教学质量，规范了高等商业教育的管理，保障了教学效果。"壬寅癸卯学制"的颁布与实施标志着中国近代高等商业教育在制度上的确立。多所高等商业学堂开始在各地建立。

第三节　清末高等商业教育多样化的办学主体和培养途径

自"壬寅癸卯学制"颁布之后各地学校数量有了进一步发展，据清政府统计1909年全国共有高等学校127所，中学堂460所，小学堂51678所。各种实业学堂254所，师范学堂514所。② 学校数量增加主要是因为办学主体多样化，从而导致了高等商业教育培养途径的多样化。高等教育办学和培养方式包括：国立高等商业教育，以政府出资为主由国家管理；公立高等商业教育，由地方官员筹资创办并由地方管理；教会高等商业教育，由教会出资并管理；商会高等商业教育，即以商会名义出资并管理；个人办高等商业教育，以个人名义筹资或出资并管理；留学教育。

---

① 舒新城编：《中国近代教育史资料》中册，人民教育出版社1981年版，第758—767页。

② 王越、周德昌：《中国近代教育史》，湖南教育出版社1986年版，第149页。

一　国立高等商业教育

由于内忧外困，巨额的战争赔偿使清政府广设学堂的教育改革措施，在实施过程中心有余而力不足。国立高等学校在辛亥革命前只包括三所学校：京师大学堂、北洋大学堂与山西大学堂。所以所谓的国立高等商业教育包括两种，一种是国家出资并管理的，如京师大学堂，其中京师大学堂是以作为各省办学的标杆设立的，目标是"为各省之表率，万国所瞻仰"，科目设置最全，其中包括高等商业教育。另一种是各方筹资办学，校成之后全交由国家管理，如南洋高等商务学堂。

（一）京师大学堂

京师大学堂创办于 1898 年，为中国近代第一所国立大学。京师大学堂不仅是教育之机关，同时也是全国大学堂最高的行政机关。各省的大学堂均属京师大学堂管辖。京师大学堂坚持"中学为体，西学为用"的教学原则，坚持中西并重，观其会通的办学宗旨。课程分为两大类，一为普通学，二为专门学。普通学包括经学、理学、中外掌故、诸子学、初级算学、初级格致学、初级政治学、初级地理学、文学、体操学。教材不再是洋教习提供的原版教材，而是指定为上海编译局所编纂的教科书。另外要在英语、法语、俄语、德语、日语中选一门与普通学课同时并习。专门学包括高等算学、高等格致学、高等政治学（法律学归此门）、高等地理学（测绘学归此门）、农学、矿学、工程学、商学、兵学、卫生学（医学归此门），共十种专门学，在普通学卒业后，学生各学一门或两门。京师大学堂虽是如此设计，但建成不久就历经"戊戌政变"、义和团运动、八国联军侵占北京等惊世之变。处于旋涡之地的京师大学堂屡遭摧残，以致停办。

1901 年，清政府着手重建京师大学堂，设速成、预备两科，并将创办于 1862 年洋务运动期间的京师同文馆也并入大学堂。1902 年，京师大学堂率先开设仕学馆、师范馆。1910 年京师大学堂实行分科教学，一所近代意义上的综合性大学初具规模。共开办经科、法政科、文科、格致科、农科、工科、商科，分别是诗经、周礼、春秋左传（经科）；中国文学、中国史学（文科）；政治、法律（法政科）；银行保险（商科）；农学（农科）；地质、化学（格致科）；土木、矿冶（工科）等七科十三学门。

京师大学堂在1910年开始招收高等商业教育学生，"（1913年）六月，文、理、法、商、农、工各科学生二百三十五名毕业"①。在蔡元培主政后，将商科归并入法科之下，在法科下设经济学门、商业学门等。1918年商业学门毕业62人，自1917年起经济学门历年均有毕业生走向社会。

(二) 上海高等商务学堂

1903年，上海高等商务学堂由晚清商务大臣盛宣怀创办，是我国近代史上一所著名的商科高等专门学校。创办的最初目的是"必须广商业以植其材，联商会以通其气，定专律以维商市，方能特开曹部，以振起商战，足国足民"②。学堂脱胎于南洋公学。盛宣怀在为新校取名之时认为，学校命名为"公学"之意在于"商捐经费，学资不出于一方，士籍不拘于一省……其学生卒业给凭，与国家大学堂身份无异"③。可见，南洋公学的资金来源于多方，生源也来源于各省。其办学目标是向国有大学看齐。

在筹办南洋公学之初，盛宣怀就希望与北洋大学堂在人才培养的目标上有所区别。北洋大学堂以培养实业技术人才为主，南洋公学则是一所以专门培养商务、行政和法律等方面人才的学堂。他提出："学堂系士绅所设，然外部为其教习，国家于是取材。臣今设南洋公学，窃取国政之意，以行达成之实。于此次钦定专科，实居内政、外交、理财三事。"④ 南洋公学开办后，先后创建了师范院、外院、中院、特班、政治班、商务班以及译书院、东文学堂等多个层次的办学形式。

盛宣怀为南洋公学开设高等商务学堂做了诸多努力，他从国外购置大量书籍，派人到西方各国无论巨细地考察商业学校，并高薪聘请人尽快翻译这些资料。盛宣怀根据其他国家相关学校的办学经营设计了商务

---

① 潘懋元、刘海峰编：《中国近代教育史资料汇编·高等教育》，上海教育出版社1993年版，第378—380页。
② 盛宣怀：《愚斋存稿》第6卷，台北：文海出版社1980年影印版，第100页。
③ 夏东元：《盛宣怀传》，四川人民出版社1988年版，第27页。
④ 《交通大学校史》撰写组主编：《交通大学校史资料选编》第1卷，西安交通大学出版社1986年版，第36页。

课程、修学年限、学生出路、聘请洋教习。待到中学堂有毕业生之后，认为开设高等商务学堂的条件已经成熟，便经过与管学大臣张百熙再三会晤后，终于在1903年开设了高等商务学堂。

1903年10月，南洋公学改名为"高等商务学堂"。南洋公学的主要出资者是由盛宣怀负责的招商、电报两局，因1904年这两局被归入商部管辖，南洋公学随之归属商部。对于将南洋公学上交于商部，盛宣怀说出自己的想法："自京师大学堂后，各行省学校如林，各种学科逐渐赅备。惟商业为当务之急，上海为通商首埠，顾名思义，因地制宜，况当列强商战之秋，自应预储此项人才，上备朝廷任使。"盛宣怀不为私利建学，而是出于民族国家的大义，培养的人才是为国家建设而储备的。所以他认为归属商部后，学堂会有更好的发展前景。商务学堂归属商部后，改称"商部上海高等实业学堂"。正式成为一所部属"国立"高等学校。[①] 学校隶属管辖改变之后，除了开设商科专业，还增设了轮船、电机、航海专科，为隶属于商部的轮船招商局、电报局培养专业人才。1906年，学校开设了第一个正式专科——商务专科，学制3年，当年中院的13名毕业生成为第一批新生。1906年随着商部改革学校被划归于新建立的邮传部，校名改为邮传部上海高等商业学堂，1907年，专业设置改革，商务专科停办，除6人学业优异被送往美国留学外，其余学生离校就业。

二　公立高等商业教育

南洋高、中两等商业学堂

在实业教育体系里，南洋高等商业学堂是前清学部记录在案的三所高等商业学堂中的一所（另两所为直隶高等商业学堂、明德学堂增设高等商业专科）。该学堂创立于江宁省城。光绪三十二年（1906年）两江总督魏光焘建立江南中等商业学堂，堂址在复成桥商务局内。光绪三十四年（1908年），由两江总督端方在南京创办。先办银行科，续办税则保险、商业应用各科。招考南洋各省学生，有中学毕业程度者入学肄

[①] 盛懿：《三个世纪的跨越——从南洋公学到上海交通大学》，上海交通大学出版社2006年版。第54页。

业。次年四月将中等商业学堂并入办理,定名为江南高中两等商业学堂。学堂兼办教员讲习所,修业三年。毕业生经部核准,比于法政别科。民国2年后无该校卷宗。

三 教会办高等商业教育

19世纪末20世纪初,在华的传教士人数越来越多,而且从沿海城市深入内地。教会学校和学生人数都在不断增加。各教派开始调整办学方针,教会学校不再以免费招收贫困人家子弟为主,而是开始着力开办高层次、专业性强的院校,以吸引社会上层人士和商界子弟,并收取高额学费。教会学校由慈善学校变成贵族学校,意在培养社会精英人士,对中国社会产生了深刻影响。1949年之前,基督教会在华创办了东吴大学(中国第一所民办大学,建于1900年)、之江大学(始建于1845年)、沪江大学(建于1906年)、岭南大学(建于1888年)等,大部分建于这一时期。天主教也创办了震旦大学(建于1903年)、辅仁大学(建于1925年)、天津工商大学(建于1921年)等。教会大学的源头在欧美发达国家,这些来中国的创办者与专业教师们大多受过大学教育,所以这些教会大学数量虽然不多,但质量很高,对中国高等教育的近代化起着示范和导向作用,大大缩短了中国高等近代化的进程。其中包括商业高等教育的学校如下。

(一)之江大学

之江大学(Hangchou Christian College)是基督教会在我国杭州设立的一所高等学校。前身是1845年美国北长老会在宁波创办的相当于小学水平的崇信义塾。1867年迁至杭州更名为育英义塾,1897年改名为育英书院,学制六年。1911年,迁入新校址随后改校名为之江学堂。1914年改名为之江大学。1920年与1931年分别在美国与中国立案,设文、理两学院。1948年7月教育部正式核准之江大学为包括文、工、商三个学院的综合性大学。文学院设中文系、外文系、教育系、政治系;工学院设土木工程系、建筑工程系、机械工程系、化学工程系;商学院设会计系、银行系、工商管理系、国际贸易系。之江大学的教学质量完备,工学院和商学院培养的工程技术和工商管理人才极具特色,一反外国提出的"农业中国,工业外国"的办学方针,这填补了我国相关行业人才培养的空白。

学校还聘请了一些知名学者扩充教师队伍，如著名学者马寅初、郭绍虞、马叙伦、郁达夫等人。培养了一批优秀学子，如国际问题专家金仲华、著名教育学者曾任教育部副部长的林汉达等人。

（二）沪江大学

沪江大学（Shanghai University）由外国基督教会于1906年在上海创办。筹建之初是为解决中国基督教教徒子女的教育需要。由南北浸礼会总部批准建立，原名上海浸会大学（Shanghai Baptist College and Thealagical Seminary），分为神道学院和大学院两院。1915年，改中文名为沪江大学。至20年代初，设文科、理科、社会学科、商科等。1917年在美国弗吉尼亚州注册立案，其毕业生可不经考试到该州任何一所大学深造。1929年在教育部立案，学校共设文、理、商、教育四个学院。文学院设中国文学、外国文学、社会学及社会工作、政治学四个系；理学院设生物、化学、物理、数学四个系和医学选修科；商学院设商业管理、会计两个系；教育学院设教育学、心理学、音乐三个系及师范、音乐师范两个专修科。1952年，沪江大学文、理、商学院分别并入复旦大学、华东师范大学和财经学院。

沪江大学结合上海本地商业特色，满足社会青年进修商业知识的需要，开设了城中区商学院，"开启我国大学创办夜校之先河"[①]。商学院设立大学本科、大学专修科、银行及会计专修科、新闻学、建筑学和外国语科。虽是成人学院，但学院皆聘请名家教授任教。教学形式和效果深受社会各界好评。

沪江大学是基督教在中国近代史上最早一批建立的教会大学，在传教士、校长魏馥兰的领导下，沪江大学依托上海的地缘优势，改革西方自由教育模式，结合中国国情尤其是上海商业发展的需要，以职业为导向转变专业教育方向。通过极具特色的商业教育，沪江大学成为近代教会大学中国化的典范。

（三）岭南大学

岭南大学（Lingnan University）是在1884年，由美国传教士哈巴安

---

① 高时良主编：《中国教会学校史》，湖南教育出版社1994年版，第141页。

德博士（Dr. Andrew P. Happer）与牧师香便文（B. C. Henry）以扶助中国教育发展为宗旨，发起设立的一所基督教学府。1888年在广州建校，初名"格致书院"，后改名为"岭南学堂"。创办之初多为中小学阶段教育，随后扩展为大专部。1937年学校机构调整，将文理学院、工学院拆分合并改为文学院、理工学院、工程学系；教育学院降级为教育系，隶属文学院；农学院、工商管理学院、医学院不变；另设自然科学研究院。岭南大学主要的招生对象是华侨子弟。华侨多从事商业活动，所以学校极为注重工商管理学院的课程设置。主要包括经济原理、经济思想、社会主义、企业、价值与分配、计划经济、会计、保险、商业法、贸易、外汇、销货、广告、运输、银行、税务统计等。为满足专业课程的需要，学校聘请的教师包括外籍教授邓勤（K. Duncan）、马索尔（H. L. Marshall），华人教师胡继贤、郭荫棠、甘乃光等。岭南大学虽为教会创立，但不隶属于任何教派。至20世纪20年代，在全校师生和校友的努力下完全收归国人自办，在当时极为不易。

四 商会办高等商业教育

1904年，商会的诞生标志着中国近代商业的发展，商人队伍日益壮大。商会的出现使各行业之间结束了无序分散、各自为政的局面，中国商人形成了相对稳定、管理有序的群体。商人对国家和社会的影响不再渺微、源于一己私利，而是作为一个整体以民族振兴为己任，对国家、社会产生了深远影响。商会对近代教育尤其是近代商业教育的发展影响最为深远。商会成立之时，正是全国兴办教育最盛时期。中国商人大都经历了中日甲午战争，受到战败冲击与帝国主义资本输入的波及，大多意识到振兴国家需要更多的专业型人才，因此，各商会建立之初，纷纷在章程中表明支持教育，建立商业学堂，培养商业人才的决心。

天津商务总会在章程的第二十七条中写道："本会拟妥筹经费，设立商务学堂，造就人才，以维商业。"① 天津商务总会在商部和袁世凯的鼓励下，在成立的第二年就着手建立了中等商业学堂，之后建立初等商业学堂。其中1906年建立的中等商业学堂分为简易科和完全科。简

---

① 天津市档案馆主编：《天津商会档案汇编》上册，天津人民出版社1992年版，第48页。

易科专门为各行商子弟建立，完全科招收高等小学毕业生。两科各设两班，每班招收30人，共计120人。为解决师资问题，学堂还附设商业教员传习所。1907年为满足广大下层劳动者的需要，天津商务总会建立了民立初等商业学堂。学堂招收初小毕业生，学制为三年，毕业后既可直接参加工作，也可通过考试升入中等商业学堂学习。

高等商务学堂建立较晚，1911年3月，直隶总督陈夔龙（1855—1948年）裁撤北洋师范学堂，由天津商务总会出资改设为直隶高等商业学堂。北洋师范学堂建立于1905年，袁世凯任直隶总督期间。是为直隶、河南、山东及西北等地培养师资所设。后由于各地均开立师范学校，所以此学堂学生数减少。由于天津是贸易重镇，却独缺高等商业学堂，所以陈夔龙建议将初级师范补习班并入直隶师范，其余资源归并入直隶高等商业学堂。学堂招收对象为中等商业学堂毕业生。由于初、中、高三级商业学堂皆由商务总会出资，为吸引更多子弟投身商业，学堂全部免收学费，为天津地区乃至河北省培养了各级人才。入民国后改名为直隶公立商业专门学校。从目前资料来看，天津是当时全国各地由商务总会牵头开办商务教育级别最全的地区。

清末以商会名义创办的高等商业学校的数量少，但商会为全国各级各类学校出资捐助的却不少，商会自身开设初、中级商业学校以及行业学校及各类培训班的数量极多。不仅大城市的商务总会积极创办商业教育机构，各地区县的商会也意识到商业人才培养的重要性，纷纷开设各级各类商业学校。这些学校对普遍提高中国商人的素质，进一步发展高等商业教育方面有着积极作用，在这里也有提及的必要。

作为中国近代中外贸易的中心——上海，成立了上海商务总会，严廷桢在1907年的《上海商务总会历次奏案禀定详细章程》第七十条中规定"本会日后经费充裕，应随时酌议设立商务学堂，以期造就人才，兴起商业"①。在教育实践过程中，由上海各个行会，在章程的指导下确实创办了许多相关行业的学校，由于商人初涉办学，无相关经验，这些学校多为商业初等、中等教育，且多与出资行业相关。如金业设立金

---

① 上海商务总会编：《上海商务总会历次奏案禀定详细章程》，上海集成图书公司1907年印，上海市工商业联合会史料室藏，全宗号200，目录号1，卷号26。

业初等学堂、银楼业开设银楼业学堂、水果业创办华实学堂等。

苏州商务总会在章程中指出："学堂也，讲习所也，陈列所也，皆为商界下新种子也。"章程还提出创办商务教育、培养商业人才的三种情况：一若是资金充裕，则"应先筹设商业学堂，以造就商界人才"；二若是资金不多，则"应先筹设商学研究讲习所，以开商智而涤旧染"；三若私人出资建立商业学堂或商业学堂，则"本会当实力为之提倡扶助"①。商会兴办的商务学堂相对规范，1908年底在商部登记的15所学堂中，大多是由江苏地方商会创办。② 如苏州商务总会逐步的实业学堂，通崇海泰商务总会主办的银行专修科及商业学校，川沙商务分会逐步的初等商业学堂等。

五 个人办高等商业教育

筹办商业教育的个人大致可分为两类：第一类为各地商人出身的实业家。随着对外贸易量的增长，西方一些经济因素进入中国。一批具有敏锐洞察力的商人借用这些因素，靠着勤奋努力逐步成长为影响近代社会的实业家。这些实业家如荣德生等人办实业时还积极投身社会公益，创办新学，捐资助教，如前文所述这些实业人士多白手起家，自学成才，对教育的关注多在于初等教育。他们个人创办的商业学校数量多，种类杂，但办学层次水平不高，以初级商业教育为主，如补习班、夜校、企业附属学校等。

第二类是受过系统教育的士子。他们有的受实业思潮的影响，寒窗苦读取得功名之后，没有步入仕途，而以"兴实业报国家"的情怀，投身实业发展，转而将实业的获利投入中国各项教育事业中，如张謇等人。这些儒商受多年教育的浸染，虽身处商海，但对教育有着更深远的构想。如他对教育的投入大、范围广，不仅涉及实业教育，也涉及普通教育。不仅建立初、中级学校，还设立高等院校。另一种是从小接受儒家教育，成年后学习西方文化的实业家。中西方文化的差异促使他们投

---

① 张开沅等编：《苏州商会档案丛编》第1辑，华中师范大学出版社1991年版，第30页。

② 陈锦江：《清末现代企业与官商关系》，中国社会科学出版社1997年版，第201页。

身中国近代化教育，如胡元倓。于清末学部备案的第三所高等商业学校湖南民立明德学堂便就是拔贡出身的胡元倓①创办的。1908 年，他开始在明德学堂内开办高等商科。之后又在南京创办银行专科，并与大清银行商定，学生毕业后全部到该行工作，而后又正式改为南京高等商业学堂，在上海、汉口设分校。同时在长沙本校也招收银行专科学，增设银行保险科等。在入民国之后改名为明德大学，后移设北京。明德学堂与南开大学被并誉为"北有南开、南有明德"。

六 高等商业留学教育

虽然在"壬寅癸卯学制"颁布之后，全国兴起了普设学堂的风气，但与社会的巨大需求相比，实业学院尤其是高等商业学堂的数量、学生人数远远不能满足社会的需要。1907 年（光绪三十三年），全国只有实业学堂 137 所，学生 8693 名。② 所以留学教育就成为向西方学习的重要方式。

我国首次官派留学始于 1872 年，由容闳带领幼童分四批 120 名到美国学习。由于顽固派的阻挠，这些幼童学业未尽便被召集回国。但也涌现了像京张铁路总设计师詹天佑一样的精英。从 1873 年船政大臣沈葆桢提议派留学生远赴欧洲留学始，至 1897 年第四批留学生归国，福建船政学堂共派遣 215 名学成于欧洲，其中包括严复、刘步蟾等人。但这一时期的留学教育专业面较为狭窄，多集中于军事、工业等科目。

甲午战争后，国内掀起学习日本，留学日本的热潮。1896 年开始中国最早有 13 名留日学生。1899 年，总理各国事务拟定了《出洋学生肄业实学章程》，鼓励留学生学习实业，"饬出使大臣就现派出洋学生，察其才性，择优送入农、工、商、矿学堂肄业"，毕业回国后，"分派各省农、工等艺学堂以开风气"，若是获得文凭则可"量予官职，以资

---

① 胡元倓（1872—1940 年），湖南省湘潭县人，字子靖，号耐庵。出生于湘潭县一个世代书香之家，1897 年入选拔贡。1902 年入选湖南首批官费留日生，就读东京弘文学院速成师范科。曾经于 1929 年 7 月—1930 年 8 月期间担任湖南大学校长。在湖南长沙创办明德学堂，其"磨血办教育"的精神是为千古佳话，是中国近代史上伟大的教育家，与张伯苓齐名。

② 张海荣：《清末三次教育统计图表与"学部三折"》，《近代史研究》2018 年第 2 期。

鼓励"①。在政府政策的鼓励下到1906年最高潮时，留日人数在8000名左右。留学生学习实业的兴趣高涨，涉及科目更为广泛，开始涉及高的商业科目。1903年京师大学堂留日的31名学生中，共涉及26个专业，其中在法科大学学习理财学一名，高等商业学校学习商业学一名。②1907年，在有记录可查的6325名中国留日学生中，虽然政法、师范还是求学热点，但在东京高商学习的人数已达41人。③1906年以后，留日学生数开始减少。其中原因有多方面，如留日学生过多过滥、急于求成，以至于质量不如留欧美学生。还有的留学生为尽快毕业，学习舍难取易，私自更改学习科目。为此清政府开始着手制定规章，规范留学。

与留学人数较多的日本不同，由于路途遥远、费用高、文化差异大，远赴美国就读的留学生规模相对较小。但受国内"实业思潮"的影响，一部分人开始专习实业科目。1902年，北洋学堂的资费留学生中就有商务、农业、工程专业的学习。为使留学生学习的专业广泛，1904年学务大臣与外务部共同拟奏了《西洋游学简明章程》，其中规定留学英、美、德、法、比五国，应选择武备、制造、农、工、商、路矿、工艺等专业。④1904年，上海高等实业学堂派10名学生留美，专业学习包括商务、管轮、驾驶、电学等。1905年，在美国大学和专门学校肄业的42名留学生中，学商务3名、政治1名、法律3名、农学4名、工程4名、机器3名、矿学3名、博物3名、群学2名、外国文学1名、音乐1名、医学10名、牙科1名、纺织1名。⑤从1908年美国参、众两院批准将庚子赔款中的一部分运用到中国留学生教育中，留学的热点目的地开始转移到美国。留学专业主要为实业，1908年外务部与学部拟定《派遣美国留学生章程》，规定"派出的留学生中有百分之八十将专修工业技术、农学、机械工程、采矿、物理及化学、铁路工

---

① 朱有瓛主编：《中国近代学制史料》第1辑下册，华东师范大学出版社1986年版，第935页。
② 田正平：《留学生与中国教育近代化》，广东教育出版社1996年版，第81—83页。
③ 田正平：《留学生与中国教育近代化》，广东教育出版社1996年版，第83—84页。
④ 陈学恂、田正平编：《中国近代教育史资料汇编·留学教育》，上海教育出版社1991年版，第26—27页。
⑤ 美国留学生：《美洲留学报告》，开明书店1906年版，第29—30页。

程、建筑、银行铁路管理及类似学科"①。在《派遣学生赴美留学办法折》中提出学生"以十分之八习农、工、商、矿等科，以十分之二习法政、理财、师范诸学"②。

总体看来，清末留学热潮主要集中在日本和美国。虽然留日学生数量远远大于留美人数，但学成效果却不如美国。在1906年学部主持的留学生考试中，前几名中，几乎没有留日学生。吸取留日学生教训，清政府对留美学生管理更为规范，目的更为明确。

第四节 高等商务学堂——盛怀宣的高等商业教育思想与实践

盛宣怀身为洋务派代表人物李鸿章的幕僚，在李鸿章的支持下积极创办工商实业。他曾涉足轮船、电报、铁厂、铁路、矿务、纺织、银行等多个行业。经过从19世纪70年代初到90年代近三十年的苦心经营，已实际全面或部分地控制了这些关系到国民经济命脉的大型企业。经元善形象地说盛宣怀是一个"一只手捞十六颗夜明珠"的人。

盛宣怀经营或开创的这些行业、企业是中国历史上前所未有的。盛宣怀创造了11项"中国第一"：第一个民用股份制企业轮船招商局，第一个电报局中国电报总局，第一个内河小火轮公司，第一家银行中国通商银行，第一条铁路干线京汉铁路，第一个钢铁联合企业汉冶萍公司，第一所高等师范学堂南洋公学（交通大学），第一个勘矿公司，第一座公共图书馆，第一所近代大学北洋大学堂（天津大学），创办了中国红十字会。在这个不断探索新事业的过程中，他深深感到中国旧式教育的落后与新式人才的匮乏。所以他在实业教育的思想、人才培养的观点以及教育实践的某些方面远远超越了同时期的人。囿于篇幅与内容，

---

① 清华大学校史研究室主编：《清华大学史料选编》第1卷，清华大学出版社1991年版，第105—108页。

② 陈学恂、田正平编：《中国近代教育史资料汇编·留学教育》（中），上海教育出版社1991年版，第172页。

本书仅从商业角度讨论盛宣怀的教育思想与实践。

一 盛怀宣的高等商业教育思想

盛宣怀（1844—1916年），字杏荪、幼勖、杏生，号次沂、止叟等，江苏武进人。是清末晚期洋务派官员，也是著名的政治家、企业家和慈善家，被誉为"中国实业之父"和"中国商父"。他1866年应童试，补县学生，之后科举考试屡试不中。不久便随李鸿章从事洋务运动。

盛宣怀投身实业亦官亦商，与其家学有很大关系，重"有用之学"成为他弃科从商的基础。随着商务实践的扩展，他的商业教育思想逐步形成。

（一）重"有用之学"——论高等商业教育的重要性

盛宣怀虽出身于地主知识分子和封建官僚的家庭，但"经世致用"的家学对其影响极大。其父盛康进士出身，注重经世致用之学，曾编辑《皇朝经世文续编》一书。受其影响，盛宣怀比较关注社会现实状况。盛宣怀所生年代为鸦片战争之后，中国社会正处于一个"前所未有的大变局"之中。商埠城市的开放，带来了西方文明。中西文明的碰撞和新旧思想的冲突，以及自小受到的经世致用教育，使置身于纷纭变幻的近代社会中的盛宣怀更加关心和研究社会问题，不由自主地投身于这场变革之中，成为以引进西方科学技术、兴办实业、开创新式教育为中心的洋务派中的一员。

太平天国期间，其父正于湖北任盐法道。为解决四川湖北互争盐的引地问题，盛宣怀为其父提供方法解决了矛盾。盛康鼓励盛宣怀要注重"有用之学"。从小接触经世致用思想的盛怀宣在重"有用之学"的鼓励下，更是关心时事政要。在与湖北贤士大夫接触时，也多有留心。当时的湖北正位于太平天国与清政府必争之地。盛宣怀既耳闻了太平天国广结传教士，并积极学习被清政府所不屑的"西学"与"西艺"，购置了西方武器。又看到了湘军"军务吏治，严明整饬"的实际效果。正是在这一时期的特殊经历，"初步奠定了他后来经世致用、洋务吏治等方面的思想和实践的基础"[①]，也是他之后积极引进"西学"、"西艺"、

---

① 夏东元：《盛宣怀传》，四川人民出版社1988年版，第6页。

开办新式学堂、聘请洋教员等教育实践的萌芽。

正因其"有用之学"的思想，使他更注重实际问题的发现与解决，而对空疏无用的科举考试失去了兴趣。两次秋试之后他便将精力投注于为招商局和湖北煤铁寻求经营之道上。所以他对待科举考试的态度为"匆匆应秋试"①。他认为："倘能于文武两途之外，另开弁学等项各一途，……则十年后，人才不患其竭，用处极多。"② 说明这时的盛宣怀已经看到科举中的文武试对社会的无用，而"弁学"即专业技术学校，才是真正的"有用之学"，是为国家培养取之不尽的人才的重要途径。

于是盛宣怀投身洋务运动，与国内各衙门官僚周旋、交涉，与国外商人谈判、贸易。多年的经商实践使他深感经商的不易，也让他认识到建立商业学校，培养商业人才的重要性。

1899年10月，中国社会正处于被西方列强瓜分的狂潮之中，为解决危机，清政府提出"练兵""筹饷"的措施。盛宣怀借慈禧太后召见之机，陈述了兴商务的重要性。当年11月，盛宣怀形成文字材料，论证了商务与练兵、筹饷的关系，从而提出商业人才的必要性：

> 理财莫不取税课，予取予求，惟吾商民是赖，而富之教之，在商民亦惟上是赖。所以筹饷而欲持之，必先藏富于商，商富则国无不富，此尤保商之万不可缓也。凡此练兵、筹铜、商务三端，皆属相维相系，亦旨各有本源，外国重武故兵强，重商则故饷足，而重武重商亦必有教化而后可用，其要尤在得人而已。③

虽然商务在社会中的作用重要，但商业却不甚发达。原因有以下几点：一是社会风气。士大夫畏惧经商不易，"士大夫视商务难于做官，聪明才智之人，群趋于仕途而不返"，而商人没有政治保障和法律保障，只能明哲保身，不敢扩大再生产，"富商大贾又莫不明哲保身，各立私

---

① 盛怀宣：《愚斋存稿》，台北：文海出版社1980年影印版，第6页。

② 吴伦霓、王尔敏：《盛宣怀实业函电稿》上册，香港：香港中文大学中国文化研究所1993年版，第7页。

③ 盛宣怀：《愚斋存稿》第5卷，台北：文海出版社1980年影印版，第39—40页。

家之行铺，开闭盈亏，皆得自由自主，而不愿承办招股之公司，避富名也，畏官势也，防后累也"。无人发展商业，从而导致"于是为之者皆不官不商之徒，无财无学之辈，或力竭而富他人者有之，或情急而为汉奸者有之"①。二是中国"一则无商学也，再则无商律也"。"无商学则识见不能及远，无商律则办事无所依据。"由于商务不兴而导致的商业人才匮乏，盛宣怀感叹道："上海为吾国巨埠，欲求一精于薄计者且不可得，而他何论焉。"②

为改变商务人才缺乏这一局面，盛宣怀向清廷建议先于各省设华商公所，而后准华董们自己集资开设商务学堂，专教商家子弟：

> 应准其自己集资开设商务学堂，专教商家子弟，以信义为本，以核算为用，讲求理财之道，数年后商务人才辈出，则税务司、银行、铁路、矿物皆不患无笔算之人矣。③

可见这时盛宣怀所设想的商业教育是培养经商人才的。1901年盛宣怀被任命为办理商税事务大臣后即上奏清廷，请求广开商务学堂，培养人才，以振兴商业从而为商战做准备。他提出"必须广商学以植其材，联商会以通其气，定专律以维商市，方能特开曹部以振起商战，足国足民"④。

（二）为国储材——论高等商业教育目的

高等商业教育与中、初级商业教育具有明显差异。中、初级商业教育主要满足个人的"私利"，在人才培养目标上突出"实用性"，教育内容是在科学知识的基础上，重点教授商业经营之道。高等商业教育主要满足国家的"大义"，人才培养的目标上体现了"学术性"，培养的人才不仅要拥有"使通知本国外国之商业事情及关于商业之学术法律"的相关知识，而且要担负"以全国商业振兴，贸易繁盛，足增国力而杜

---

① 盛宣怀：《愚斋存稿》第3卷，台北：文海出版社1980年影印版，第68页。
② 《刘树屏致盛宣怀函》，上海图书馆盛宣怀档案，档案编号：044486—1。
③ 朱有瓛主编：《中国近代学制史料》第1辑下册，华东师范大学出版社1986年版，第522页。
④ 盛宣怀：《愚斋存稿》第6卷，台北：文海出版社1980年影印版，第20页。

漏卮为成效"的社会责任。

盛宣怀在创办工业经营商业的过程中，逐步形成了"与外商夺利"的思想，所以在与各国洋商和官员谈判时试图据理力争。但由于专业人才的缺乏，"理"无从掌握，多次重要谈判甚为艰难。

1901年，盛宣怀与英法美等国谈判商约，他在奏折中向清政府写道："与各国专使会议，每当利权出入，无不断断与争，各专使等固不免恃强要索，有进无止，要其推勘精细，查考详明，实具有本之学。"① 尽管对方"恃强要索"，但盛宣怀认为这些对手还是以相关法律法规为依据的。

1902年，盛宣怀在与各国专使谈判中，深感专业人才的重要性，要求从速设立商务学堂。他说："今臣奉旨派为办理商税事务大臣，与各国专使会议修改商约，重订税则，此中得失利弊，关系久远之计。各国使臣不特恃其国势强词夺理，并系商学出身，细针密缕，每议一事，无不曲折详尽。臣三十年来，在通商口岸随同李鸿章办理洋务商务，仅稍知其事理所当然，而于泰西商学商律，何能识其窍要，惟有勉竭愚诚，力图补救。"② 与各国精通商务的专业人士谈判，身为外行的盛宣怀不得不"勉竭愚诚，力求补救"。所以培养专业人才已成当务之急。

这些商务活动关系到国家的"长久之计"，所需的人才要具备深厚的商业知识底蕴。所以，这时盛宣怀提出的商业教育已是高等商业教育，提出培养的商业人才就是高等商业人才。

1903年，盛宣怀又提出建立商务学堂，并且明确冠以"高等"的级别，原因是"时局既以商务为亟，而商学尤以储才为先。现在各省设立高等学堂，考求政艺，不患无人，独商学专门未开风气"③。他在奏折中引用日本开办高等商务学堂而取得显著效果为例子，阐明在中国建立高等商业学堂的重要性："日本高等商务学堂开办至今，未及二十年，直辖于文部省，诸生学业，成效显著，足供商部、海关、银行职事。"④

由于得到管学大臣张百熙的支持，盛宣怀上奏之后，高等商务学堂

---

① 盛宣怀：《愚斋存稿》第9卷，台北：文海出版社1980年影印版，第5页。
② 盛宣怀：《愚斋存稿》第6卷，台北：文海出版社1980年影印版，第19页。
③ 盛宣怀：《愚斋存稿》第9卷，台北：文海出版社1980年影印版，第7页。
④ 盛宣怀：《愚斋存稿》第5卷，台北：文海出版社1980年影印版，第5页。

于光绪二十九年（1903年）九月得以在南洋公学内顺利开办。

（三）置诸庄岳——论高等商业留学教育

派遣留学生出国学习，虽然不单单是针对商业教育的人才培养措施，但在盛宣怀的商业教育思想与实践中占有很重要的作用。"一齐人傅，不如置诸庄岳，是以派遣出洋尤为要著。"① 盛宣怀将派遣学生出国留学视为人才培养的重要途径，甚至看作为中国培养真才，实现国家自强的关键。在南洋公学期间，他花费重金将一批批学生送出国学习，目的是"能窥西学之精，用其所长，补我之短"②。他希望这些留学生学成归国之后在"路、矿、铁厂、银行等各要政，渐可不借材异地，授柄外人"③。"借材异地"是洋务运动时期，中国不得已而为之的一个权宜之计，在没有前期基础的情况下，各行业缺乏相应人才，清政府只能高薪聘请洋教习、洋技师，因新兴的行业与新式教育技能为其把持而受制于人。洋务派在实践中认识到，只有培养自己的人才，才是强国之根本。而留学教育虽花费多，但培养的生员质量高，而且收效显著。

在南洋公学时期，上院由于师资和生源缺乏，所以开课一缓再缓。而派遣留学生成为高等教育的一个途径。1898年首批6名学生赴日留学，成为南洋公学留学的发端。至此，几乎每年都要派遣留学生与中国教习出国留学。从1898年到1905年初，南洋公学共派遣留学生47名，包括日本6名、欧洲18名、美国24名。留学科目人数前三名包括工程23名，法政10名，商务8名。另外经济还有4名。④

由于南洋公学学风优良，并且盛宣怀对留学生的学业规划目标明确而具体，所以南洋公学的留学生在国外也能刻苦学习，并且成绩优良。47名留学生8名获得博士学位，6名获得硕士学位，30名获得学士学位。在1905—1911年学部举办的留学生毕业考试奖励科名出身考试中，南洋公学留学生屡获佳绩。1910年杨德森获最优等商科第一名。⑤

南洋公学留学生在近代中国的各个领域都做出了突出的贡献。其中

---

① 盛宣怀：《愚斋存稿》第11卷，台北：文海出版社1980年影印版，第2页。
② 盛宣怀：《愚斋存稿》第8卷，台北：文海出版社1980年影印版，第35页。
③ 盛宣怀：《愚斋存稿》第11卷，台北：文海出版社1980年影印版，第2页。
④ 欧七斤：《晚清南洋公学留学教育概述》，《历史档案》2015年第4期。
⑤ 欧七斤：《晚清南洋公学留学教育概述》，《历史档案》2015年第4期。

在财政经济领域，章宗元、陈锦涛、薛颂瀛颇有建树。章宗元著有《计学家言》，是国内第一本系统阐述经济理论的专著，也是继1902年严复《原富》出版后中国经济学的又一个里程碑。陈锦涛长期在中央政府经济部门担任要职，是南京临时政府首任财政总长，主持成立的中国银行制定了许多银行法规。薛颂瀛后人多称薛仙舟，他致力于宣传合作思想，著有《中国合作化方案》，被誉为"中国合作运动之父"。①

盛宣怀的商业教育思想不仅是具有前瞻性的，而且也是卓有成效的。中国海关英籍税务司贺璧理（A. Hippisley）在给《泰晤士报》驻北京记者莫理循的信中，提及了他对盛宣怀的印象："从精神面貌上说，他不是很杰出的，但才智上，他了不起——机敏、警觉、尖锐，像托利多宝剑的锋刃一样锐利，他的商业知识在清朝官员中是罕见的。"② 盛宣怀的商业教育思想与实践在清朝官员中尤显珍贵。

二 高等商务学堂——盛怀宣的高等商业教育实践

1903年设立的高等商业学堂虽然存续时间不长，但它创建于第一个学制"壬寅学制"与第二个学制"癸卯学制"之间，在时间节点上具有时代意义。高等商务学堂被盛宣怀定位于"附属公学者"，是他的办学思想的新发展。而南洋公学当时已经建立起来与大学教育相衔接的初等教育、中等教育以及培养师资的师范教育的三级教育体系，在内容与形式上具有学术研究的意义。

（一）高等商务学堂的筹办

如前所述，盛宣怀创办高等商业教育的思想是在商务实践中一步步成熟起来的。在行动上，他也提前做了很多铺垫工作。

1899年，盛宣怀商业教育思想最初体现在上奏朝廷的一份奏折中，其中他提出要办商务学堂，为商业培养懂得经营之道的商人："专教商家子弟，以信义为本，以核算为用，讲求理财之道"③。虽然设想超前

---

① 欧七斤：《晚清南洋公学留学教育概述》，《历史档案》2015年第4期。
② 骆惠敏：《清末民初政情内幕》，知识出版社1986年版，第221页。
③ 盛宣怀：《传奏陈南洋公学历年办理情形折》，载朱有瓛主编《中国近代学制史料》第一辑下册，华东师范大学出版社1987年版，第522页。

并得到清政府的支持,却因多重复杂因素夭折。

1901年,作为商务大臣,他在《请设商务学堂片》中继续上奏朝廷请求开办商务学堂。与此同时,盛宣怀开始着手自己筹建商务学堂。为了全面了解西方商务学堂的相关信息,他通过各种渠道多方派人收集。首先,在1902年,盛怀宣委托驻德国大臣吕海寰购得31本各国商部制度章程及商律全书。其次,派遣南洋公学的监院加拿大人福开森于1902年,远赴英、美、比、德、奥、瑞等欧美发达国家考察商务学堂,比较各国商务学堂办理的异同,要求"折衷比较,不厌其详"。盛宣怀甚至要求福开森将各学堂的建筑物图样都一并带回。1902年福开森回国后,带来欧美各国商务学堂章程办法1件,课程表原件1件,图样2件。[1] 盛宣怀立即请南洋公学的教习将福开森带回的资料尽快翻译,作为创办商务学堂的参考资料。最后,盛宣怀派安徽候补道刘树屏赴日本考察章程。盛宣怀对日本商务学堂最为推崇,认为"商务学堂各国皆极注意,而日本尤为美备,折衷比较,不厌求详,又工艺、实业,凡属利物利民皆资艳注,亦须博采兼搜,期收实效"[2]。刘树屏对日本东京、京都、神户、横滨、大阪、长崎等城市的商业学校进行调查研究后,积极收集上述学校规章制度、课程设置等,并与相关人士进行讨论。回国后向盛宣怀提出三项极具远见的建议:一是商务学堂要分层设学,不能一蹴而就;二是学堂外设教员教习,以备商务教习之选;三是在商业课程外,兼习理化促进农工发展。

1902年,"壬寅学制"颁布后,盛怀宣希望将南洋公学升级为高等教育机构,改名为"南洋高等公学堂",清政府批复"管学大臣奏议",但管学大臣未予批准。

1903年春夏之际,经过盛宣怀与主管全国学务的张百熙会晤,同意在南洋公学上院开设高等商务学堂。1903年9月6日正式开班授课。1903年9月29日,盛宣怀在《南洋公学开办高等商务学堂折》中提出

---

[1] 盛懿等:《三个世纪的跨越——从南洋公学到上海交通大学》,上海交通大学出版社2017年版,第49页。

[2] 盛宣怀:《派监院福开森赴七国考察商务学堂》,载《交通大学校史》撰写组《交通大学校史资料选编》第一卷,西安交通大学出版社1986年版,第41页。

将上院改为商务学堂,"窃惟南洋公学款由商捐,地在商埠,若统称高等学堂,则与省会学堂不甚分别,且无所附丽"①。他还希望朝廷为毕业生颁发出身文凭。1903年10月,南洋公学正式改名为"高等商务学堂"。

(二)学堂的"高等"性

分层设学与分科教学是高等教育确立的标志。虽然"壬寅学制"在1902年早已颁布,但南洋公学在建立之初的1896年,便已设计并实行了。所以论证高等商务学堂的"高等"性,还须回溯到南洋公学时期。

第一,分层设学的学制。在南洋公学之前,盛宣怀已经开办多所实业学堂,这些学堂大多实行分班定次的教学形式。学生按照教学安排循序渐进完成学业。至1895年,盛宣怀创办我国第一所大学堂——北洋大学,他分层设学的构想正式体现出来。学堂内设头等学堂、二等学堂。按班逐年升级。各年设置不同课程。"这是我国新式学堂分级设学的开始。"②

虽然南洋公学与北洋大学的开办目的不同,开设科名不同,但分层设学的学制设计却没有改变。在南洋公学筹建期间,设学便有了构建四院的设想。1896年,盛宣怀与何嗣焜、张焕纶在拟定《南洋公学纲领》时提出建立外院、中院、上院、师范四院,逐级递升的规划设计。

在《南洋公学纲领》中对外院、中院、上院的规定为"今南洋公学本系大学,惟西法由小至大,循序升进,中国小学、中学未兴,大学无从取材。议于公学内先分列上、中两院,以上院为大学,中院为中学,考选十三岁以上、十五岁以下,已通小学堂功夫者,挑入中院肄业,俾得早充大学之选。候风气大开,外间中学较多,即将公学内中学裁停……"

对师范院的规定为"西国各处学堂教习,皆出于师范学堂,日本亦有师范学校。中国儒生尚多守先之学,遴选教习尤患乏材。现就公学内设立师范院,先选高才生三十人,延德望素著、学有本源、通知中外时

---

① 盛宣怀:《愚斋存稿》下册,上海人民出版社2018年版,第7页。
② 吕渭源、李源:《中外著名教育家大全》,北京警官教育出版社1995年版,第237页。

事者教督之。三年之后，各学教习皆于是取资，庶无谬种流传之病。此三十人亦按所学浅深，酌分三班，每年可派出充当教习者十人，即另选十人补额，以次升班，以次派出，则师道立而教习不患无人矣"。盛宣怀对师范院十分重视，为使师范院学生有教育实践的机会，他规定要在师范院附设小学，"今选八岁以外十岁以内，体壮质敏之学生一百二十名，选入师范院，分作六班，按年递升一班，第一班卒业挑入公学中院，另选二十名补充第六班。此项小学生即令师范院之高才生分教之……"①

可见，外院相当于小学，中院相当于中学，上院相当于大学，师范院即师范教育。这一分层设学的制度囊括了从低到高的普通教育全过程，形成了相互衔接、层次分明的教育系统。三院相衔接的教育制度的实行，便成为中国近代大、中、小学三级制的雏形。

南洋公学在"壬寅癸卯学制"公布前成为各新式学堂的学习典范。即使建立于1898的京师大学堂也沿用南洋公学办学体制办法。"当于大学堂兼寓中学堂、小学堂之意，就中分别班次，循级而升，别立一师范斋，以养成教习之才。"以此合设四院之法于南洋公学办学。在南洋公学的带动下，各个学堂开始了学制的理论探索与教学实践。这些"第一手"的实践材料为"壬寅癸卯学制"的颁布和实施提供了有益的参考和借鉴。著名教育史专家孟宪承对这一时期的新式教育的评价为："李（端棻）、张（之洞）的议论，和盛宣怀的事业，并为后来国定学制的先声。"②

第二，分科教学的课程设置。在筹办南洋公学之初，盛宣怀就希望与北洋大学堂在人才培养的目标上有所区别。北洋大学堂以培养实业技术人才为主，南洋公学则是一所以专门培养商务、行政和法律等方面人才的学堂。他提出："学堂系士绅所设，然外部为其教习，国家于是取材。臣今设南洋公学，窃取国政之意，以行达成之实。于此次钦定专科，实居内政、外交、理财三事。"③ 南洋公学开办后，先后设立了特

---

① 盛宣怀：《南洋公学纲领》，光绪二十二年，上海图书馆藏，资料号：044964—2。
② 孟宪承：《新中华教育史》，新国民图书社1932年版，第319页。
③ 盛宣怀：《筹集商捐开办南洋公学折》，载《交通大学校史》撰写组《交通大学校史资料选编》第一卷，西安交通大学出版社1986年版，第36页。

班、政治班、东文学堂、商务学堂等专门教育。"特班""政治班",专教中西政治、文学、法律、道德诗学,以储经济特科人才之用。"东文学堂",专门选拔高才之士,专学日文,培养翻译人才。"商务学堂",招收中院毕业生,以备将来榷税兴商之用。

综上所述,南洋公学的一系列办学层次和类型实际上开辟了我国由低到高、循序渐进、上下衔接、依次递升的新式学堂先河。在普通教育方面形成了小学、中学、大学相互衔接的教育体系,在专门教育方面设置了师范、外语、商务、政治等多种学科。从教育体系上来讲,它是我国近代完整的寓普通教育、师范教育、专科教育于一体的综合性、多层次学校。南洋公学是近代中国人自己最早创建的少数几个高等学府之一,为我国近代教育做出了巨大的贡献。1902年2月13日,清政府管学大臣张百熙在一份奏折中对南洋公学称赞道,"查中外所设学堂,已历数年,办理有成效者,以湖北自强学堂、上海南洋公学为最"[①]。

(三)学堂的"商业"性

高等商业学堂的"商业"性主要体现在课程设置与教科书中。

第一,课程设置。

南洋公学设立"商务学堂"的目的是以备将来榷税兴商之用。南洋公学开设高等商务学堂是在"壬寅癸卯学制"颁布之后。学制规定只有京师、省城才能设立大学堂。盛宣怀结合新学制关于高等教育的要求,于1902年上疏政府,请求将设在上海非省城的南洋公学改称为"南洋高等公学堂"[②]。1903年,经张百熙同意在南洋公学上院开设高等商务学堂,于同年9月6日正式开学。

商务学堂共开设十一门专业课程,大部分课程由洋教习讲授:薛来西教授理财、公法、商律;勒芬尔教授宪法、商务、历史;乐提摩教授商业、书札、法文,每周三个小时;陈教习讲授商业数学,黄国英教授实验化学。这些洋教习是盛宣怀从公学挑选精心选聘而来,除此之外,他还委托福开森、中国驻美公使馆梁诚等人从世界各地选聘商务教员。

---

① 《清史稿》卷170,中华书局1977年版,第3128—3129页。
② 盛宣怀:《南洋公学历年办理情形折》,载《交通大学校史》撰写组《交通大学校史资料选编》第一卷,西安交通大学出版社1986年版,第45—47页。

选聘教员的条件是："公学系创设高等商务学堂，所有西教习自应延订专门名家，通知商律、商法、商业实践者方能胜任。"① 生源则是从南洋公学学生中挑十二人入商务班学习。

学堂还设有商业实践学，具体内容是须在学堂内开设市场。虽然现有资料无法找到其他相关信息，但根据《奏定学堂章程》中对实习科名有具体的规定，学堂的实践课程应占有不少比重。在《奏定学堂章程》中规定："农、工、商船学堂，讲堂功课分类占总平均三分之二，实习分类占三分之一，商业学堂，讲堂功课分类占五分之四，实习分类占五分之一。"商务学堂实践课的效果不得而知，但由于受到中国传统教育"重理论，轻实践"的影响，多数实业学堂的实习科目未被真正贯彻，效果不尽如人意。在学部成立之后，社会对这一现象提出了质疑："现在各处实业学生狃于往日趋重文字之习，尚于实习不甚措意……实业学堂或但有场厂实习，而讲堂并不讲授实习科目，或讲堂讲授实习科目，而学生并不分别实验，皆与定章不合。"② 为此，学部在《奏增定实业学堂实习分数算法折》强调实习的重要性，"并改变分数的计算办法，加大实习分数在总平均分中的比重"，各等农业学堂、工业学堂、商船学堂实习功课最为重要，实习时数必须增加，其分数计算为"以讲堂功课之平均分数以二乘之，加入实习分数之平均分数，以三除之，俾实习分数实占三分之一"，"各等商业学堂实习时数较少，拟以讲堂功课之平均分数以四乘之，加入实习分数之平均分数，以五除之，使实习分数实占五分之一。所有学期考试、学年考试、毕业考试、复试考试，一律照此核算"。实业教育要突出技能训练，这是实业教育区别于他类教育的重要特点，也是决定实业教育成败的关键。

第二，教科书。

虽然各种资料对学堂各门功课所用教科书目未予出列，但推其来源应有两种：一为国外采购。早在学堂筹备期间，盛宣怀就派人到各国购买图书，收集资料。委托驻德国大臣吕海寰购得31本各国商部制度章

---

① 《张美诩致盛宣怀函》，光绪二十九年，上海图书馆藏，资料号：045043。
② 璩鑫圭等编：《中国近代教育史资料汇编·实业教育 师范教育》，上海教育出版社1994年版，第146页。

程及商律全书。派遣南洋公学的监院福开森，到英、美、比、德、奥、瑞等欧美发达国家考察商务学堂。派遣刘树屏到日本各地考察商业学校，这些收集的资料和图书应该是商务学堂教科书的来源。

二为南洋公学译书院。译书院建于1899年春，停办于1903年，聘张元济为译书院长。虽然只有4年的存续时间，但就是在这短短的四年之中，译书院的成绩斐然，曾著译书籍几十种，在全国发行。其中很多图书对国内的政治思想和学术产生了巨大影响。不仅对我国文教事业做出了贡献，对民主思想的传播也起到了一定作用。严复的《原富》就是在此情况下出版发行的。译书院一改京师同文馆与上海制造局等译书种类的局限性，"大抵算、化、工艺诸学居多，而政治之书最少"的情况。① 据统计，截至1901年7月译书局共翻译外文书籍31种，其中出版14种。经济类书籍共7种，包括：包括《欧洲商业史》五本，《英国财政志》三本，《商业实务志》四本，《商业博物志》六本，《英国会典考》一本，《欧洲各国水路商政比例通议》三本，《商业提要》四本。在商业学堂开设前，盛宣怀曾要求译书院加紧翻译商务方面的书籍，"选取各国赋税度支以及商务矿山银行各章程，督饬专员赶紧翻译，总期日积月累，与学校相为表里，务使东西文得中文阐发而无所偏弊，则中学得东西学辅翼而益昌明"②。这些经译书馆翻译的书籍极有可能也是学堂的教科书。

清末"新政"时期，社会从思想到政治都有了彻底的改变，人们对西方的政治、经济、文化产生了强烈的渴求。一批印书馆也如公学译书馆一般，应社会之需，将各类书籍翻译成册，出版发行。包括商业、经济类书籍开始被引入中国，如京师大学堂编译局翻译教科书，包括，"一曰通挈科学，二曰间立科学，三曰及事科学"三大类，其中的商业教科书包括商功、理财、账录等。山西大学堂译书院翻译出版商业教科书为《世界商业史》1册，英国器宾著，由许家惺、许家庆翻译，于1907年12月出版。这些商业书籍的出版大大促进了商业学科建设，一改张之洞创自强学堂设商务科时无教科书的缺憾，也为民国时期高等商

---

① 盛宣怀：《愚斋存稿》下册，上海人民出版社2018年版，第27页。
② 盛宣怀：《愚斋存稿》下册，上海人民出版社2018年版，第33页。

业教育的发展提供了保障。

(四) 学生的出路及社会影响

商务学堂为保证生源质量,盛宣怀提出将从南洋公学本年毕业的中院生递升设在上院的商务学堂继续学习。学堂设计了本科和预科两级,计划本科学业年限为三年,预科由入学到升入本科共计六年,卒业之日须由京师大学堂奏请。卒业学生一律给予举人出身,文凭不及格者咨回原学堂,均不及格者应由学务大臣议处。为安抚学生安心学习,盛宣怀对未来毕业的出路作了"优与出路"的保证,提出"决不负该生数年向学之苦心"。1903年初南洋公学因"墨水瓶"事件,将政治班改为商务班。同年夏,商务班停办,学生除少数留做教员外,其余都派往欧美日各国留学。

1905年,由于资金问题高等商务学堂归商部管辖,盛宣怀随之辞去督办职务。学堂也改称"商部上海高等实业学堂"。在改变了管辖权后,学堂开始向工业方向改变,为轮船招商局、电报局培养专业人才,除开设商科专业,还增设了轮船、电机、航海专科。1906年,学校开设了第一个正式专科——商务专科。同年随着商部改革学校被划归于新建立的邮传部,校名改为邮传部上海高等商业学堂,1907年,专业设置实行改革,学堂停办商务专科,除6人学业优异被送往美国留学,其余学生离校就业。

严格的教师选拔,浓厚的学习氛围,健全的教育体系,使商务学堂的教学质量得到了保证,光绪二十九年九月湖广总督张之洞在到南洋公学考察时说"对演验大加欣赏,谓数月课程,骤臻此境,殊非意料所及"[1]。光绪三十年十月商部尚书载振致函盛宣怀,对商务学堂开办一年后的成效大加赞赏,"沪埠谓商业繁盛之区,执事擘画其间,创办学堂,造商务人才,宏规硕画,至为钦佩"[2]。盛宣怀在创办南洋公学、将公学转变为高等商业学堂的过程中,起了主导作用。从创建之初便在学堂任职,后继任学堂总理的张美翊对盛宣怀创办南洋公学称赞道:"溯当经营伊始,风气未开,尺水寸土,皆劳擘画,筚路蓝缕,

---

[1] 《张鹤龄致盛宣怀函》,光绪二十九年,上海图书馆藏,资料号:0044182。
[2] 《载振致盛宣怀函》,光绪三十年,上海图书馆藏,资料号:044079—1。

甫肇文明。"① 商部也对盛宣怀在倡办商务学堂中的作用评价很高。

第五节 清末高等商业教育的特征

"壬寅癸卯学制"的颁布与实施，标志着中国近代商业教育制度的确立。从此以后，高等商业教育摆脱了之前定位模糊、层次不清和下无可靠基础、上无深造出路的原初状态，开始专心关注"学"与"术"相结合的高层次人才培养。此时高等商业教育呈现出以下一些新特征。

一 规范制度得以建立

1903年张百熙、荣庆、张之洞所拟《奏定学堂章程》中的《学务纲要》揭示了当时教育改革的方针，提出"通商繁盛之区宜设商业学堂"。颁布的《奏定实业学堂通则》中，将实业学堂分农业学堂、工业学堂、商业学堂和商船学堂四类以及实业教员讲习所。规定实业学堂宗旨是"所以振兴农工商各项实业，为富国裕民之本计"。每类学堂共分三个层次：初、中、高等。初等商业学堂以无恒产人民皆能以微少资本自营生计为成效，以教授商业最浅近之知识艺能，招收初等小学毕业生。而中等商业学堂以各地方人民至外县外省贸易者日多为成效，以教授商业所必需之知识艺能，招收高等小学毕业生为主。高等商业学堂（当今的专科大学）以全国商业振兴、贸易繁盛、足增国力而杜漏卮为成效。以施高等商业教育，使通知本国外国之商事商情，及关于商业之学术法律，将来可经理公私商务及会计，招收普通中学毕业生。

根据1903年的《奏定学堂章程》规定，在大学堂（当今的综合大学）内设分科大学堂（当今的二级学院），其中商科大学堂分三门，即银行及保险学门、贸易及贩运学门、关税学门。商科大学堂须设置商业实践所，使学生得实习商业。京师大学堂是中国大学设商学院之始。另外，进仕馆11门科目中也有商政一门，二年级讲授商业理财学、商事

---

① 张美翊：《呈报公学历年办理情形》，载《交通大学校史》撰写组《交通大学校史资料选编》第一卷，西安交通大学出版社1986年版，第48页。

规则，商法则放在法学课程中安排；三年级讲授外国贸易论、世界商业史。

至此，商业教育制度化，由初级到高级、由普通到专业形成了完整体系。各校的高等商业教育不再各自为政，教学内容实现了规范化。

二 学科体系初步形成

这一时期，随着教育考察团到世界各地学习考察，留学生派遣数量增多，学科渐广。他们将西方高等商业学校的课程设置与相关资料带回国内，这些资料大大丰富了国内高等商业教育的课程设置。所设专业有所调整和增加，综合大学内的商科大学堂设三个科目，在高等商业学堂开设商业道德、商业作文、商业算术、商业地理、商业历史、簿记、机器工学、商品学、理财学、统计学、民法、商法、交涉法、财政学、外国语、商业学、商业实践、体操共十八种课程。至此商业科在清末已基本形成了完整的学科体系。

三 中文教材开始出现

在洋务运动与维新运动之时，所设译书馆主要集中翻译军事、工业等实用技能的书籍，对社会科学的关注少，更遑论商业知识书籍了。各学堂为解教材缺乏的燃眉之急，照搬原版教材。曾有学生戏曰："上课教师讲的是英文，教材正本是英文，吃饭是英文，晚上散步树上的鸟儿都用英文唱歌。"清末"新政"之后，各处译书馆开始注重政治、商业、经济等方面书籍的翻译。这些中文版商业书籍不仅能"启民智"，使更多普通人关注商业、了解商业，还有一些成为高等商业教育的教学教材。

四 投资办学主体多样

随着中国近代化进程的推进及商业不断发展，高等商业教育不仅关系到国民经济，还牵涉政治、文化领域长远的发展。人们意识到商业不再是简单的物物交换和利益获取，而是更多的知识和技能涉及。创办具有近代真正意义上的高等商业教育被提上议事日程。除了政府牵头投资创办高等商业学堂，教会、新兴的商会、个人都积极地参与到这项利国利民的教育活动中。

总之，清末高等商业教育虽然还很不完善，但至少从制度化和规范化角度看，这一时期的中国高等商业教育已经在近代化道路上实现了一次意义深刻的质变。

第四章

民国时期高等商业教育的发展

1911年武昌起义的爆发像一根导火索，点燃了长期积累起来的各种社会矛盾所构成的火药桶，于是清王朝如摧枯拉朽般迅速覆灭，帝制被推翻，资本主义性质的中华民国政权宣告成立。尽管民国成立后的中国社会多数时间处于动荡和战乱之中，但由于资本主义性质的国体政体的基本确立，以及工商业经济发展的法律制度不断颁布和完善，教育自身的近代化程度通过变革不断提高，所以民国时期中国高等商业教育仍然取得了长足进步，达到了一个历史新高度。

第一节　民初高等商业教育发展的背景

民国初期高等商业教育的进一步发展，既有其深刻的政治变革、经济发展原因，也与教育自身的近代化发展有直接关系。

一　时政背景

19世纪末20世纪初，在民族资本主义发展的带动下，民族资产阶级的力量逐步强大。以孙中山为首的民族资产阶级革命派提出"驱逐鞑虏、恢复中华、建立民国、平均地权"的革命纲领，被概括为"民族""民权""民生"的"三民主义"。资产阶级革命派的目的是要建立资本主义性质的共和国，这种国家存在和发展的基础只能是发达的近代工商业。因此，民国成立后，孙中山立即着手制定和颁布了一系列有利于工商业发展的法律制度和政策。

这些政策继承了早期改良派和维新派发展民族商业的思想，提出了振兴中国商业的国策，其内容广泛而丰富。作为中华民国的重要创始人，他振兴商业的思想对民国时期工商业政策和制度的制定，具有不可忽视的深远影响。

孙中山认为，"我国因工艺不发达，商业不振兴，所用货物，多仰给外国，是以每年出口之货多生货，进口之货多熟货，以致权利外溢"①。他提出要使国家富强就必须重视农业与商业，"以农为经，以商为纬，本末备具，巨细毕赅，是即强兵富国之先声，治国平天下之枢纽也"②。他将商业提高到一个重要的高度："商者，一国富强之所关"③，"筹富国者，当以商务收其效"④。孙中山还提出了"国政"与"商政"并重的理论，也就是说，商人不能只是在商言商，而是要留意政治。由此可见，他已将商业的地位提高到了与政治并重、为立国之基的高度。孙中山的这些观点对提高商人的政治社会地位、重视商业发展政策法律制度的制定无疑具有深刻影响。

虽然民国初年政局一直处于动荡之中，政权更迭，国内战争不断。但有利于工商业发展的各种法律和政策逐渐完备。特别是由于第一次世界大战爆发后西方列强无暇顾及中国，以及战后一段时间内西方经济恢复，为中国工商业发展带来的难得机会，民族工商业在此期间得到一定程度的发展。

二　经济背景

民国初期，政府采取振兴实业的国策，颁布了一系列促进和保护商业发展的法规，如《商人通例》《商人通例实施细则》《商业注册规则》《商业注册规则实施细则》，颁布了《商会法》，旨在规范商会行为、强化其作用。另外，还有关于度量衡的《权度条例》，以及《国币条例》《商标法》等，这些法律法规为民族资本主义的发展提供前提和保障，激发了民族资产阶级振兴实业的热情。而此时也正值第一次世界大

---

① 《孙中山选集》，人民出版社1981年版，第507页。
② 《孙中山选集》，人民出版社1981年版，第518页。
③ 《孙中山选集》，人民出版社1981年版，第124页。
④ 《孙中山选集》，人民出版社1981年版，第125页。

战期间（1914—1917 年），西方帝国主义列强无暇兼顾中国市场，放松了对中国的经济侵略，一方面，帝国减少了对中国市场的商品倾销与资本输入；另一方面，西方对战略物资的需求量增大，刺激了作为原料生产大国的出口量。民族工商业得到进一步发展。

（一）产业结构逐渐优化

民国成立以后，通过各方面的努力，中国民族资本主义经济获得了极大的发展。各种企业开办的数量不断增加。1913—1915 年，在农商部注册的工商企业达到 128 家，平均每年注册 40 余家。而此前平均每年注册数量不足 25 家。[①] 鸦片战争以来，西方各国在中国设厂，采用先进的机器设备，大大提高了劳动生产率，降低了生产成本，无论是质量还是价格，商品在中国市场极具优势。这样的生产方式转变了中国企业生产经营的模式。这一时期的企业家更注重生产技术的应用，他们普遍使用机器或新式改良机器，大大提高了社会生产力水平。机器煤产量、机器棉纱锭数、生铁产量、铁路里数、轮船总吨数，大致与西方资本主义国家 19 世纪二三十年代水平相等。[②] 中国是产棉大国，发展最快的行业当数棉纺织业，20 世纪初棉纱进口所占比重曾一度在 20% 上下，到 1921 年降为 7.4%，1928 年更降至 1.6%。[③] 甲午战争前，中国棉制品的出口数量很少，只有一些土布出口，加上部分棉纱出口，在中国出口总值中的比重仅占 0.1%。随着 20 世纪初以后中国棉纺织业的兴起和发展，棉纱和棉制品的出口比重逐渐增大，1921 年上升到 1.2%，1928 年为 3.8%。[④] 1914—1922 年的九年内，由纯民族资本开设的纱布厂共 54 家，远超过战前 20 余年中外籍开办纱厂的总数。[⑤] 此外，不仅其他的一些传统行业也有了较大的发展，如面粉业、火柴业、卷烟业等，还产生了一批新兴部门如制漆业、橡胶业、制碱业等。

[①] 钟祥财：《中国近代民族企业家经济思想史》，上海社会科学院出版社 1992 年版，第 59 页。

[②] 樊百川：《二十世纪初期中国资本主义发展的概括和特点》，《历史研究》1983 年第 4 期。

[③] 严中平：《中国棉纺织史稿》，科学出版社 1955 年版，第 186 页。

[④] 张九洲：《中国经济史概论》，河南大学出版社 2007 年版，第 357—359 页。

[⑤] 严中平：《中国棉纺织史稿》，科学出版社 1955 年版，第 186 页。

经济的发展带动了产业结构的变化。我国是传统的农业大国，民初在发展农业的基础上，工商业也有了很大发展。金融、交通、矿业作为与工商业发展息息相关的新兴行业，也有了长足进步。1920年，全国现代工矿总产值9.89亿元，现代交通运输业（包括邮电通信）产值3.08亿元。① 总体来看，第一产业中的农业还具有绝对优势地位；第二产业包括制造业、采掘业等行业有了一定规模的发展；第三产业包括商业、金融、运输业、通信业等相关行业正在不断兴起。由于民族经济的发展，推动了产业结构的调整和优化。

（二）商业规模不断增大

商业发展的重要标志是市场扩大，与商品流通规模增加。民国初年，商品市场不断扩大。通商口岸由甲午战争前的34个，至1927年增长到104个。运输行业也在不断增长，铁路从甲午战争前的400多公里，至1927年达到13036公里。航运在1895年，进出口的吨位为4965177吨，增至1911年的12829688吨。② 城市的规模和数量随着交通发展也迅速发展起来。有些城市的人口达到几十万乃至上百万。随着市场的扩大，商品的流通量在迅速上升。1910年，国内市场商品流通总量达到39.99亿元，1925年为84.75亿元。③

（三）新式商业迅速发展

新式商业包括两种，一种是全新的商业，是中国自古没有出现过的商业形式，由于口岸开放，随着外国资本进入中国。另一种是更新的商业，是中国本来有此行业，由于商品的更新换代不适应近代市场的需求，而被取代。

第一，全新的商业。

百货公司的成立。1862年，法国成立了世界第一家百货公司，直到20世纪初才由香港传入广州、上海。大型百货公司以集股的方式经营。一些中小百货公司也开始模仿，相继开设。至1925年，上海百货

---

① 宋仲福等：《中国近代史》上册，中国档案出版社1995年版，第131页。
② 汪敬虞主编：《中国近代经济史（1895—1927）》下册，人民出版社2000年版，第2034—2035页。
③ 上海中山学社主编：《近代中国》第4辑，上海社会科学院出版社1994年版，第334页。

行业已经达到 400 余家。这种商业经营模式迅速发展到哈尔滨、重庆等全国各地。1931 年，小百货公司也已达到 400 家。

其他如商品交易所的成立。1921 年上海出现的首家商品交易所，交易范围包罗万象。同年十月上海开业的交易所有 140 余家。之后其他商业发达地区也逐步成立了各类商业交易所。商品交易所的出现，使商品交易更为集中，也促进相关行业的发展，成为商业现代化的标志。

第二，更新的商业。

科技水平的提高，带动了生产技术水平的提高。中国的生产技术水平与西方相比颇为落后。同类不同质的商品，使得中国传统手工业生产的商品逐渐被西方商品替代。由于手工产品生产周期长、成本高，所以价格高，但质量无保证。西方机器生产的布料，社会必要劳动时间短、成本低，在量化标准控制下价格合理、质量上乘。最终，手工土布被机器织布所取代。如北京瑞蚨祥本是经营手工编织土布的商店，后逐渐变为转卖洋布。

无论是全新的商业还是更新的商业，都与资本主义生产、经营方式发生或多或少的联系。正是这些联系促使中国商业逐步向近现代化方向发展。

（四）对外贸易逐步扩大

民国初年，随着通商口岸的增多，运输能力得到增强，商业性投资增长，中国对外贸易进而迅速发展。这种发展的势头导致中国贸易在世界贸易总额中的比重稳步增长。1913 年中国贸易在世界贸易总额中的比重出口达 0.67%，进口为 0.94%；1928 年出口和进口分别占 1.56% 和 1.88%。中国人均贸易额在世界贸易中的比重在 1913 年时，出口和进口分别为 1.6% 和 2.14%，1928 年分别为 2.15% 和 2.45%。[1] 虽然增长缓慢，但以中国当时被战争破坏得千疮百孔的经济状况来说已经难能可贵。

随着近代化水平的提高，进出口贸易的结构和内容有明显变化。进口商品种类增加，1874 年上海、天津两口岸进口洋货种类分别只有 100 多种，至 1911 年已分别达 800 多种。随着机器广泛应用，棉纺产品进

---

[1] 何炳贤：《中国的对外贸易》，商务印书馆 1937 年版，第 17 页。

口量减少，出口量增多。煤油、化工、钢铁、染料等工业原材料进口大幅增多，粮食短缺使其进口量逐年攀升。进出口商品的种类和结构发生改变，表明近代中国民族工商业在进步与发展。

（五）商业社团数量增多

1902年，在上海成立了中国第一个资产阶级的商会组织后，商人便不再是以个人的面貌出现，而是成为一个有组织的群体了。1912年全国商会达到900多个。商会是中国近代史上影响最大的商人团体。商会成员多是由商业资本家组成，这些人经多见广，受西方政治、经济、文化影响大，所以商会的资产阶级特点较为明显，商会实行民主选举制度，有详细的规则和制度，明确了会员的权利和义务。之后还出现了商团等各种商业社会团体。这些商业团体的出现，标志着资产阶级队伍的壮大和增强。

三　教育背景

在中华民国成立之初，孙中山在就职宣言书中宣布了建国纲领："尽扫专制之流毒，确定共和，以达革命之宗旨。"在教育的规章制度中也着重体现出扫除封建专制的弊端，体现平等的思想。其中《普通教育暂行办法》对清末封建旧教育进行了重大改革，鲜明地贯穿了反封建主义的精神。如把打上封建烙印的机构与职务"学堂""监督"，改称为"学校""校长"。这些名称的变化反映了学校性质的变化，体现了校领导与师生间民主平等的人际关系。"男女同校"是男女平等的体现，虽然还仅限于小学，但在中国教育史上尚属首创。"废止读经课程"和"删改教科书中不合共和宗旨的内容"，旨在废除封建传统教育内容。"废止奖励出身办法，各级各类学校毕业生，统称为某级某类学校毕业生"，这是使学校彻底摆脱科举制的束缚和影响。

以"壬子癸丑学制"的制定和颁布为开端，民国初年的教育领域内部开始了法律制度、思想观念等各方面一系列的变革。这些变革一波未平一波又起，成为推动民初高等商业教育发展变革的直接动力。

（一）"壬子癸丑学制"的颁布

1912年学部成立，蔡元培任教育总长。教育部决定颁布新法令，代替旧规章，蔡元培"深感辛亥革命后，教育思想及方法俱有所改变，清末所颁行的《壬寅学制》和《癸卯学制》，合乎帝制而不适于共和，自不能满足国人的要求"①。1912年9月，教育部正式颁布《普通教育暂行办法》和《普通教育暂行课程标准》两个重要法令。在内容和形式上体现了鲜明的反对封建主义的精神与共和平等的理念，并对教育问题做出了具体规定。1912年9月2日，蔡元培采取慎重的态度拟定了教育宗旨，即"注重道德教育，以实利教育、军国民教育辅之，更以美感教育完成其道德"②。1912年蔡元培主持教育会议，强调民主共和与封建专制不同，其教育也应有本质的区别。当年9月教育部公布《壬子学制》之后，又颁布《大学令》《专门学校令》《实业教育令》等各级各类学校的规程，合称1912—1913年"壬子癸丑学制"。"壬子癸丑学制"是我国资产阶级革命取得胜利后的第一个学制。这次制定学制的本意是向欧美诸国学习，但由于对欧美学制不了解，最后还是参考日本学制结合我国国情制定的，因而留有日本学制的烙印。

这个学制将修业年限仍设置为17年或18年。从纵向看，共分三段四级。初等教育分二级：初等小学四年，高等小学三年。中等教育分一级：四年或五年毕业。高等教育分一级：内分预科、本科，共六年或七年。小学之下蒙养园与大学之上的大学院，均不计年限。从横向看，教育分为三个体系，即普通教育、实业教育和师范教育。师范教育分师范学校（中等教育阶段）和高等师范学校（高等教育阶段）二级。实业教育分乙种实业学校（相当于高等小学阶段）、甲种实业学校（中等教育阶段）、专门学校（高等教育阶段）三级。

资本主义在民国初年迅速发展，商业贸易的形式和内容发生较大的变化，对人才的需求与渴望变得极为迫切。所提出"欲事建设，须求人才"的口号正是要求培养适应商业发展的专门人才，以便更好地从事经营管理活动。实业家们普遍认识到人才的重要性——人才充盈，企业可变衰为盛；人才缺乏，企业虽盛必败。

尽管近代以来社会各界一直致力于商业教育的发展，但学校培养人

---

① 陶英惠：《蔡元培年谱》上册，台北：台湾"中央"研究院近代史研究所1976年版，第227页。
② 璩鑫圭等：《学制演变》，上海教育出版社1991年版，第651页。

才的数量远远不能满足商业发展的需求。我国一直以来企业技术人才和商业管理人才多雇佣外国人的实际情况一直没有得到改变,社会各界强烈呼吁培养专业人才。张謇提出企业最急务是储才。商务印书馆的开创人张元济认为"为公司全局计,不能不急于储才"①。第一位将西方管理科学理论引入中国的近代实业家穆藕初(1876—1943年)非常重视实用性人才对我国各行各业的重要作用,认为企业家务必重视人才,提出"人才为事业之灵魂,故物色人才与善用人才,实为实业家首务"②。1915年成立的全国商联会提出九大任务,其中第二、三点就是"发展商业","振兴商学"。"选派富有商业经验者出国留学,筹办和推广高等、中等和初等商业学校及商业补习学校。"③ 发展工商实业成为社会各界的普遍愿望,实业界对技术和人才的需求直接导致了改进教育的需求。

辛亥革命后,形式上建立起来的近代教育制度体系,正承受着新生产力发展的巨大冲击。从教育本身的情况来看,清末以来普通教育和实业教育比重失调的情况一直没有改变。民族资本主义工商业迅速发展,而培养农、工、商所需专门人才的实业教育的发展却急剧下降,教育体系内部的结构严重失衡,教育发展远远不能适应经济发展的要求。另外,教育脱离生产实际,导致实业教育变成"失业教育",引起社会种种矛盾尖锐化。教育的缺陷激发了对清末以来教育的批判。学校教育如何适应社会需要,教育本身如何改革,都是人们需要重新思考的问题。实利主义教育与实用主义教育理论正是适应了社会变革的需要,逐步演化为人们对商业教育认识的基础。

为了建立一个适应新社会制度的教育体系,蔡元培提出的"五育并举"的教育方针在社会上引起了广泛的争论,于是倡导适应主义继而提出实用主义教育成为实业教育思潮的表征,构成了民国初期实业教育思潮的发展路向与基本内容。

---

① 张元济:《张元济书札》,商务印书馆1981年版,第571页。
② 穆湘玥等:《藕初五十自述》,商务印书馆1926年版,第83页。
③ 虞和平:《商会和中国早期现代化》,上海人民出版社1993年版,第112—113页。

(二)"五育并举"与实利主义教育思想

1912年2月,蔡元培在《教育杂志》第3卷11期发表了著名的《新教育意见》,对新教育方针进行了总体构想。他提出了军国民教育、实利主义教育、公民道德教育、世界观教育和美感教育五育并举。对此,也有人认为教育方针在形式上不应持有多种主义,"方针者,纯粹者也,复杂者也;方针者,不可或失者也,主义者可重可轻者也;方针者,可随时变更者也,主义者不外数种,而定其一为方针者"①。蔡元培公布"五育"教育方针之前曾征询陆费逵意见,陆也认为应根据时势选定一种主义作为教育的方针,以切近社会急需。他从发展经济、国富民强才能抵御外侮,为资本主义经济的发展提供安定的社会环境出发,力倡民国教育方针应采取实利主义。

庄俞作为实利主义的支持者,认为实利主义既能利己又能利他,既包含了个人小利,也包括了国家大利;既包含了自己的利益,也包含了别人的利益;既包括了本国的利益,也包括了世界的利益。他的理论被置于更广的空间下,被赋予更多内容。陆费逵与庄俞都认为实利主义就是通过教育来提高个人素质,增强国家实利。

实利主义教育思想的提出表明,政治变革带来了社会风气的改变,商业不再是社会的"末端",从事商业不再被视为"舍本逐末"的行为,创办各种实科性质的高中低级的学校成为教育发展的重点。由于民国初期实业发展的势头强劲,社会对技术人才的需求十分迫切,人们通过多设实业学校增加普通学校的实业学科、实行实业补习教育等途径,实施实利主义教育,这对促进民初高等商业教育的改革和发展无疑具有重要影响。

(三)实用主义教育思想

实用主义教育产生的标志是1913年黄炎培发表的《学校教育采用实用主义之商榷》一文。从清末制定颁布中国第一个学制之后,中国教育由传统转向近代。但社会整个结构体系没有发生根本性的变化,教育的封建性质没有改变,无论是学习西方"形而下"的器物之学,还是"形而上"的理论之学,都是对西方教育的一种嫁接,而不是移植。教

---

① 贾丰臻:《讨论教育部长对于新教育之意见》,《教育杂志》1913年第4卷第2号。

育都只能是长着中国的根，开着西方的花。在辛亥革命之后，一些传统的教育思想没有被根除。"学而优则仕"的思想还大行其道，与实际相脱节的教育内容还存在于课堂，学生毕业即失业，使人们对教育产生了质疑，教育与社会的矛盾日益突出。如何结合中国实际，将西方科学技术变得适应中国，结出中西结合的硕果，是人们关注的焦点。

以蔡元培、陆费逵等人为代表的新式知识分子从发展资本主义经济、提高社会生产力、振兴实业的角度提出了实利主义教育，试图解决教育的一系列问题。但这只是在宏观层面对教育结构上的一种改革。而没有考虑到微观改革诸如教育与实用知识、实用技术相结合的内容。

在这种情况下，黄炎培从清末民初学校教育弊端入手，从理论上论证了教育与生活、学校与社会相联系的必要性和可能性。他认为由于教育内容脱离实际、封建教育沉疴未根除，导致实业教育发展缓慢。这个问题并不是通过多开设实业学校、增设实业科、扩大实业教育设施等所能解决的。他批评了当时教育的弊端，"习农则畏勤动之多劳，习商则感起居之不适。而自实际应用观之，其所学固一无所得也"。这样的教育导致"循是不变，学校普而百业废，社会生计绝矣"。他提议"打破平面的教育，而为立体的教育"，"渐改文字的教育而为实物的教育"。也就是说要"从事于普通学科之改良"，使普通学校设置的诸学科能"活用于实地之业务"，管理训练能"适于实际之生活"，真正实现"以教育为先导""以实业为教育之中心"之理想。

黄炎培的实用主义教育思想根植于古代朴素唯物主义的教育思想家们对学习过程的论述，吸收了西方实证主义的教学观，从实用主义的角度出发对教学方法做了阐述。使学校教育与社会生活及实际相联系，就必须变革现有的教学方法。黄炎培结合我国普通教育、实业教育的实际情况，提出学校教育采用实用主义的这一主张具有进步意义，他具体地提出了改革各科教学内容和教学方法，试图从理论上清除封建教育的影响，对于改变教育中的教学内容与社会实际相脱节的弊端有一定作用。

这一思想在民国初期的教育界引起了热烈的反响，其中支持者中影响较大的是商务印书馆的庄俞。他在同期《教育杂志》发表《采用实用主义》一文，赞成黄炎培"学校采用实用主义"的倡议，提出了实用主义教育观。他从分析民国初期的教育现状入手，"学制公布，学校议建，学生骤增，表面观察，今日教育岂不日有进步？然而一则虚伪，二则剿袭，三则矜夸，四则敷衍。一言决之，如是现状于国家鲜有实际"。他疾呼"欲救今日教育之弊，非励行实用主义不可"。① 他认为实施实用主义教育的机关在上者为中央教育部及各省教育司，在下者为各学校之校长及职员。在教学内容上，实用主义教育"乃将平时所授各学科，一一致于实用，并非废除各学科，而别有所谓实用科学也"②。在教学方法上，教师"讲授一事，必求其事于社会生活得适宜之应用，遇有事物可予以直接之观察者，不可敷衍塞责，日满月染，养成实用观念，则提倡实用主义之目的达矣"③。

实用主义教育思潮重视实业技能和实践能力的培养，对民初高等商业教育教学方法的改革具有重要影响。

实利主义教育思想、实用主义教育思想二者共同构成了民初的实业教育思潮。它们都是在批评封建传统教育空疏无实的基础上，在辛亥革命后针对"新教育"运动中出现的学校教育与社会实际相脱节、书本知识与学生生活及生产的要求相违背的弊端，作为解决问题的方法而提出来的。它们二者相互联系，有很多共同性。它们强调实际运用、学用一致。其共同点都在于强调学用一致，即学校的教学与学生毕业后的生产和生活需要相联系。两者分别从宏观和微观两个层面影响了民初高等商业教育的发展，并引出了以后的职业教育思潮。

第二节 民初实业教育改革中的高等商业教育变化

产生于清末的实业教育，到民国初年随着社会经济和实业教育思潮的进一步发展，开始了多方面的改革，从属于实业教育的高等商业教育因而也发生了一系列引人注意的变化。

---

① 庄俞：《采用实用主义》，《教育杂志》1913年第5卷第7号。
② 庄俞：《采用实用主义》，《教育杂志》1913年第5卷第7号。
③ 庄俞：《采用实用主义》，《教育杂志》1913年第5卷第7号。

一 实业教育改革的原因

民初适逢一战,相对稳定的国内政局和有利于中国的国际局势,为中国经济提供了难得的发展机遇,在经济总量增长的同时,产业结构发生了较大变化,教育已不能满足新的需要。同时,欧美职业教育的发展,也为中国实业教育改革提供了启示。

(一) 教育与实业发展脱节

如前所述,民初以来的经济发展和产业结构调整的新变化,对教育提出新要求。一方面,无论是原有传统行业还是新兴行业,都要提高劳动生产率,引进新式的生产工具。这些新式的生产工具需要一批通晓机器操作、工艺原理的技术人才。另一方面,只有受过专门教育的人才,才能推动相关产业的发展,进一步推进产业的结构变化。因而教育改革不仅需要增加新兴行业的职业技能教育,还要提高现有专业技术教育的水平。这样教育才能与社会紧密联系,适应经济发展和产业结构变化的需要。

但在民国初年,清末以来普通教育与实业教育比例失调的状况一直没有得到改善。1911 年,实业学校在校生人数仅占普通中小学的1.1%,到 1916 年全国中小学(包括幼稚园)达 120447 所,在校生达 3904378 人,分别比 1912 年增加 38.9% 和 37.1%。而实业学校虽然增至 525 所,在校生却下降至 30089 人,占普通中小学的 0.77%,比 1912 年下降 0.33%。[①] 民族资本主义工商业在一定时期内迅速发展,而实业学校培养农、工、商各业所需人才的数量却急剧下降。可见,教育系统内部发展的比例严重失调,同时教育发展与经济发展、产业结构调整很不适应,再加上普通教育脱离生产、生活实际的弊端,导致了教育内部、教育与社会之间的种种矛盾的尖锐化,集中表现为社会急需人才和学生毕业即失业的矛盾。1913 年以前,中国纺织、食品、印刷文具、机械五金等 10 个行业的近代工厂总数为 698 个,工人总数是 270719

---

① 国民政府教育部主编:《第一次中国教育年鉴》,开明书店 1934 年版,第 168—172 页。

人，都增加了一倍以上。① 与就业岗位大幅增加形成鲜明对比的是，社会上存在大批毕业即失业的学生。仅江苏一省教育会调查的数据显示，1915年全省公、私立中学毕业生升入中学者约占23%，1916年约占39%，1917年小学毕业生升入中学者不及25%。1917年全国教育会联合会各省区代表报告，中学毕业生升学者不及总人数的10%，时人感叹"在失业者方嗟叹活计之难寻，在事业界方忧虑需要人才之多"②。另一对突出的矛盾是人才培养与社会需求之间的矛盾。社会之所需为实践人才，学校所培养的却是"书本秀才"。无论是普通学校还是实业学校培养的毕业生既无一技之长，又无法满足社会需求。教育的普及化和专业化，并没有因为学校数量的增加、教育的广泛兴办而有所改善。

学校教育如何适应社会需要，教育本身又要如何改革以满足经济发展和产业结构调整的需求，引起了众多教育界人士的思考。实业教育的目标是培养适应各种职业所需要的人才，从这点来说它有着实用性。另外，职业教育又能通过培养大量的技术人才发展农、工、商、矿等各业，从而促进经济的发展，从这点来说它又是生利的。正是实业教育实用和生利的特点使其成为弥补其他教育不足的良方，并成为将振兴实业的可能性转化为现实性的基础。黄炎培曾将之与实业教育作比较，并指出其优越性："唯实业教育，兼含研究学说之意味，……实业教育所养成之人物，则一部分主用思想，……盖自欧洲18世纪工业革命以来，乃有所谓实业教育。……而一方面亦使实业前途进步益无限量。"③ 教育界出于对当时人才状况的了解、旧教育的弊端和职业教育的优点的认识，大力倡导实业教育，对实业教育改革的产生起了推波助澜的作用。

（二）欧美职业教育发展的影响

欧美职业教育的飞速发展及其良好效果也是促使职业教育在中国产生的一个重要因素。19世纪末20世纪初，美国、日本、菲律宾等国的

---

① 陈真、姚洛：《中国近代工业史资料》第1辑，生活·读书·新知三联书店1957年版，第55页。

② 黄炎培：《黄炎培教育文选》，上海教育出版社1985年版，第53页。

③ 黄炎培：《黄炎培教育文选》，上海教育出版社1985年版，第44页。

职业教育有了很大的发展。据统计，1904年美国全国中等以下学校接受职业教育的学生达176000人，1914年即达346000人，十年内增长近一倍。职业教育发达的马萨诸塞州1907年至1908年职业学校在校生1400人，6年后增加10倍以上，达15575人。① 第一次世界大战期间，美国通过贩卖军火，"大发战争财"，极大地促进了本国的经济发展，带动了工业尤其是军工业的技术进步。工业部门发展需要大批技术人才补充进来，人才的需求为职业教育发展带来了机遇。同时美国政府还颁布了几个有关职业教育的法案从立法上支持和保障了职业教育的发展，至此美国职业教育呈蒸蒸日上之势。

1915年4月，黄炎培随同游美实业团参观巴拿马太平洋万国博览会时逗留了3个月，考察了25个城市的52所各级各类学校，对美国职业教育的行政、课程、教学法、设备、经费、师资培养、扩张职业教育计划等都进行了深入细致的观察。通过对美国职业教育的详细考察，黄炎培对职业教育有了更为直观的感受。通过对中美两个教育系统进行比较，认为国内生计问题严重，根本在于国内教育存在不足。无论普通教育还是实业教育，多是文字教育，教学内容严重脱离实际。中国学生除升学外几无其他出路。这样一来，学生毕业即失业，教育越发达无业游民人数越增加，生计也成问题。要改变这种情况，必须寻找一种能使教育和社会、教育与职业紧密结合的教育形式。他能立足本国实际去寻求改变现状的方法实属难得。

1917年，黄炎培又偕同陈宝泉、蒋维乔等人赴日本、菲律宾做第二次考察，他认为日本职业教育是日本富国强民的重要手段，"日本职业教育之名词，虽未见十分绚烂，而于实际则励行弗懈。……今后之富国政策，将取信于职业教育"②。黄炎培认为菲律宾教育也很有特色："以扶助其独立为政策，故励行职业教育，将发达其生计，以植独立之基础。"③ 这一政策使职业教育的效果显著："不十年而改观"，而"市

---

① 王炳照、阎国华主编：《中国教育思想通史》第6卷，湖南教育出版社1994年版，第104页。
② 黄炎培：《黄炎培教育文集》第1卷，中国文史出版社1994年版，第326页。
③ 黄炎培：《黄炎培教育文集》第1卷，中国文史出版社1994年版，第327页。

无游民,道无行乞,国多藏富之源,民有乐生之感"。①

通过对这些国家的考察,黄炎培的教育思想从实业教育走向了职业教育。他认为二者的区别在于:实业教育"含有研究学说的意味","一部分主用思想"。而职业教育"纯为生活"。"生活"不仅包括个人的生计,还包括社会事业,特别是整个社会经济。职业教育不仅在于解决个人生计利益,而其目标在社会经济的利益及进步,他认为提倡职业教育是强国之根本。归国后,他反复撰写或讲演宣传美国的职业教育及其制度,如《美国教育状况纪要》《美国教育状况》《万国教育会联合会议预记》《东西两大陆教育不同之根本谈》《抱一日记》《调查美国教育报告》《调查美国社会教育报告书》《新大陆之教育》等,结合中国实际他写了许多如何在中国开展职业教育的文章。与之同去参观者以及当时一些留美学生如胡适、陶行知、刘湛恩、王志莘、钟道赞等也颇为触动,成为职业教育在中国的传播者。

"五四"运动时期,职业教育思想发展成熟。美国的哲学大师、实用主义代表人杜威应邀来华讲学。他将教育过程的实践性、课程设置上追求课程多元结构与功能、教育功能上注重职业教育对民生主义的工具性价值等特点带到中国,对中国各个学科与各门课程的设计与教学组织都产生了深远的影响。

二 民初高等商业教育改革的内容

民国初年实业教育改革中所进行的高等商业教育改革,主要有两大内容。一是对普通高校中商科教育的改革,二是对高等商业专门学校教育的改革。

(一) 对普通高等教育中的商科改革

1912年10月24日,教育部公布《大学令》,1913年1月12日公布《大学规程》。其中对大学教育宗旨规定"以教授高深学术、养成硕学闳材,应国家需要为宗旨"。大学教育分为预科与本科。其中预科又分为三部分,商科属于第一部分,即"第一部为志愿入文科、法科、商

---

① 王炳照、阎国华主编:《中国教育思想通史》第6卷,湖南教育出版社1994年版,第104页。

科者设立……预科附设于大学，不得独立"。①

而本科则设七科，包括文科、理科、法科、商科、医科、农科、工科。其中商科分为"银行学、保险学、外国贸易学、领事学、税关仓库学、交通学"六门专业。文理二科并设，或文科兼法、商两科，或理科兼医、农、工之一，才可称为大学。

"壬子癸丑学制"的普通高等商业教育与清末"壬寅癸卯学制"相比最明显的特征是：

第一，学科内容更丰富。清末学制只包含三个专业即"银行及保险学门、贸易及贩运学门、关税学门"，而民初学制已经增加到六个专业，新增的经济学被设于法科之下，偏重理论研究。

第二，专业划分更为精细。民初学制将银行与保险分为两个专业，将贸易及贩运学亦分为外国贸易学与交通学。这一改变说明民国时期经济发展、产业结构调整，行业发展更为明确，对商业教育的专业化提出更高的要求。这不仅仅是一个专业名称拆成两个专业名称这么简单。专业拆分后的各专业内容更加丰富，整个商业学科体系也更加完整。如清末"银行及保险学门"共开设 17 门课程，到民初仅"银行学"一个专业就开设 32 门课程。

第三，商业涉及范围更广。民初学制将涉及外交的"领事学"归入商业教育之下，说明虽然外交还没有成为一门专门学科，但对外交往增多，政府已经开始关注相关的人才培养。同时也说明外交人员与中国对外贸易有着密切联系。随着中国对外贸易的发展，中国在世界范围内贸易所占份额有所增加，处理两国之间的贸易问题，也是驻外使领馆的一项工作内容。据此所设科目多以商业知识为主：

  （1）经济原论，（2）商业数学，（3）商业史，（4）商业地理，（5）商品学，（6）商业簿记学，（7）商业通论，（8）商业各论，（9）商业经济学，（10）财政原论，（11）外国贸易论，（12）商业政策，（13）外交史，（14）关税学，（15）殖民政策，（16）

---

① 璩鑫圭、唐良炎编：《中国近代教育史资料汇编·学制演变》，上海教育出版社 1991 年版，第 707 页。

通商条约，(17) 统计学，(18) 民法概论，(19) 商法，(20) 比较民法及比较商法，(21) 破产法，(22) 商事行政法，(23) 国际公法，(24) 国际私法，(25) 习英语，(26) 第二外国语（德、法、俄、日之一），(27) 实地研究。①

（二）对高等商业专门教育的改革

1912年10月22日，教育部公布《专门学校令》共12条。之后相继公布了各种专门学校规程。专门学校的教育宗旨是："以教授高深学术，养成专门人才为宗旨。"种类包括：法政、医学、药学、农业、工业、商业、美术、音乐、商船、外国语等十种专门学校，与清末专门学校相类似。

专门学校可分为三类：一是国立，即由教育部直接管辖的国家专门学校；二是公立，地方设立的公立专门学校；三是私立，私人筹集经费设立的私立专门学校。公立、私立专门学校的设立、变更、废止均需呈报教育总长批准。规定将公立、私立学校纳入教育部的监管之下，为专门学校的规范有序的发展提供保障。

1912年12月6日，教育部公布《商业专门学校规程》，其中规定了商业专门学校的办学宗旨在于"以养成商业专门人才为宗旨"。商业专门学校修学年限为三年，下有预科修学年限为一年，上设研究科修学年限为一年以上。

所设科目包括十八项：一是商业道德，二是商用文，三是商业算术，四是商业地理，五是商业历史，六是簿记（商业簿记、银行簿记），七是工学（机械工学、工场管理法），八是商品学，九是经济学（经济原论、货币论、银行论、投机论、恐慌论、商业政策），十是法学（民法、商法、破产法、商事行政法、国际法），十一是商业学（商业通论、保险论、银行论、关税论、海陆运输论、买卖论、仓库论、交易所论），十二是统计学（实用统计学），十三是会计学，十四是财政学，十五是商业实践，十六是英语，十七是第二外国语（法德俄日之

---

① 璩鑫圭、唐良炎编：《中国近代教育史资料汇编·学制演变》，上海教育出版社1991年版，第707页。

一),十八是蒙藏语(随意科)。清末学制包括:商业道德、商业作文、商业算术、商业地理、商业历史、簿记、机器工学、商品学、理财学、统计学、民法、商法、交涉法、财政学、外国语、商业学、商业实践、体操。从内容对比来看,民初的商业专业学校学习内容更为丰富,但总体来说是对清末学制内容的直接移植。

教育部发布的《专门学校规程》对师资、课程等均做了详细规定。与清末《癸卯学制》相比,高等实业学堂改为专门学校,实业教育与普通教育的双轨三级教育体系并没有改变,但初、中、高三级教育的修业年限缩短了三年,有利于学生尽早走上工作岗位。

三 民初教育改革对高等商业教育的影响

在教育部和社会各界有识之士的努力下,民初商业学校的数量从清末教育部备案的3所,发展到10所。

表4-1　　民国初年商业专门学校及办学情况一览①

学校名称	开办情况
武昌国立商业专门学校	五年九月开办,十三年五月改为商科大学
山东公立商业专门学校	四年三月准照办教育部立案。十五年秋并入山东大学
山西公立商业专门学校	自六年八月始毕业生核准
福建公立商业专门学校	元年开办,四年部令办至毕业止;五年五月请举行毕业生经部核准,以后无卷
福建公立商业专门学校	与前无关。十四年九月由中等商业学校改办,十五年八月新生备案
四川公立商业专门学校	七年准第一班考毕业后,经停办,十年请恢复,部批应呈省署核办,十五年汇报一二三四班毕业生核准
湖南公立商业专门学校	元年开办,三年停办,六年一月恢复,经部核准,七年预科毕业生核准,八年送报告未核,九年后无卷

---

① 国民政府教育部主编:《第一次中国教育年鉴》丙编,开明书店1934年版,第151页。

续表

学校名称	开办情况
直隶商业专门学校	由前清高等商业学堂改名,三年毕业生核准,四年并入公立法专校
北京私立新华商业专门学校	四年四月先予以备案。有甲乙丙丁四班,毕业生经部核准。十三年八月部令撤销备案
北京私立通才商业专门学校	十三年三月准予先行备案。十三年后毕业生核准,十六年十二月呈请停办,十七年呈请将三年级生办至暑假止。照准

表4-2　　　　　1918年全国综合大学商科设置情况一览①

学校	科目	现有学生数	毕业生数	开办日期
北京大学(国立)	大学商业门	67	29	1898年
北京朝阳大学(私立)	大学商科	11	—	1912年
北京明德大学(私立)	大学商科	—	26	1912年 1916年停办
北京中国大学(私立)	商科(大学部、专门部)	合计204	合计44	1912年
武昌中华大学(私立)	大学商科	38	—	1911
上海中国大学(原中国公学大学部,私立)	商科	—	33	1906年(1917年暂时停办)

如表4-1所示,清末学部备案的商业专科学校原本仅有3所,至民初已经发展到10所,仅直隶商业专门学校在前清创办,其余均在民初创办。从纵向来说高等商业学校的数量和学生数量都有所增加。但横向上,与其他学科发展相比,高等商业教育的发展规模并不突出,与民初商业的迅速发展并不相称。如表4-2所示,北京大学在民初恢复商

---

① 中国第二历史档案馆编:《中华民国史档案资料汇编》第3辑,江苏古籍出版社1991年版,第176—190页。

科,但至 1917 年由于各种条件限制"暂改商科为商业门,隶于法科"①。一些私立综合性大学在 1916—1917 年停办了商科专业。究其原因不外乎师资、设备的缺乏。蔡元培在后来解释北大裁撤商科时说:"觉得那时候的商科,毫无设备,仅有一种普通商业学教课,于是并入法科,使已有的学生毕业后停止。"② 北京大学尚且如此,可见全国其他高等商科的办学情况。

"壬子癸丑学制"与清末学制的最大不同在于取消高等学堂,改设大学预科。清末各省依照癸卯学制分设高等学堂,但教育质量参差不齐,入大学后学生相差悬殊,不利于大学教学。且各省的财力不足,只能兴办一二科,不能满足大学学科设置的需求。所以到民国将其废止,改设预科。然而大学预科仅限于有能力的几所大学开设,各省的高等教育因此受到影响,原各省高等学堂中的商科教育也因此而滞后。

第三节 "壬戌学制"与高等商业教育

1922 年北洋政府教育部在北京召开全国学制会议,主张借鉴美国学制,提出学制修改案,最后公布了《学校系统改革案》即"壬戌学制",为区别于"壬子癸丑学制"也被称为"新学制"。"壬戌学制"最重要的改革内容是职业教育的改革,这也是"职业教育"的名称首次得到国家正式认可。在高等职业教育阶段设专门学校,学制为 3—5 年,其中 4—5 年制的待遇与大学四年制相同。该学制是我国近代职业教育史上的一个里程碑,对职业教育来说是一个比较理想的教育体系。职业教育不同层次之间可以互相衔接,职业教育与专门学校之间可以沟通,一直可至大学院(研究生教育)。这是与清末的"壬寅癸卯学制"、民国初年的"壬子癸丑学制"的最大不同之处。

---

① 中国第二历史档案馆编:《中华民国史档案资料汇编》第 3 辑,江苏古籍出版社 1991 年版,第 176 页。

② 潘懋元、刘海峰编:《中国近代教育史资料汇编·高等教育》,上海教育出版社 1993 年版,第 410 页。

一 "壬戌学制"制定的背景——以职业教育为中心

"壬戌学制"的出台,是人们围绕职业教育实践发展对"壬子癸丑"学制反思的结果,也是受欧美职业教育制度特别是美国教育制度启发的结果。

(一)对"壬子癸丑学制"的反思

"壬子癸丑学制"祛除了"壬寅癸卯学制"中的封建思想,确立了资本主义性质的教育制度,在推进中国教育近代化的进程及促进中国教育事业的发展过程中,起了不可低估的积极作用。然而在制定学制时,由于缺乏对中国教育现状的调查,在颁布实施过程中的自身缺陷逐渐显露。早在1915年,湖南省教育会在"改革学校系统案"中,就列举了"壬子癸丑学制"的六条弊害。

一是学校种类太简,不足谋教育多方面的发展,既与国民发育不宜,亦与教育本旨相背。二是学校名称不正确,过分强调中小学的准备性,而失其独立性,所谓名不正则事不成,名误实受其害。三是学校目的不连贯,迭经初小、高小、中学、预科、大学的转折迁徙,使求学之人每隔三四年一改其宗旨,莫能一致。四是学校教育不完善,即使是依规定的学科时间,倾其所学,学生仍不能获得社会生活能力,毕业后反为社会之累。五是学校的阶段相互不衔接,不是失之过,就是失之不及。如师范学校与高等师范之间重复一年,中学校第一年课程与高等小学几重复一年,而中学校与专门大学之间又必须预备一至三年,这种过与不及,均是劳民伤财,耗时误人。六是学习年限过长,且各阶段分配不当。大学分预科和本科,共计六七年之多,而中学只有四年,又太少。①

发现这些不足之后,一些教育家也开始反思并关注学制的实施效果。如1919年顾树森在《对于改革现行学制之意见》一文中,指出"壬子癸丑学制"存在六个弊病:一是过重划一;二是多仿效他国;三是实施普通教育之学校重复太多;四是多正系的学校而少旁系的学校;

---

① 璩鑫圭、唐良炎编:《中国近代教育史资料汇编·学制演变》,上海教育出版社1991年版,第836页。

五是高等小学校与中学校毕业生之危机；六是缺乏培养共和国民之精神。① 1920 年，朱叔源在《改良现行学制之意见》中，也对"壬子癸丑学制"的弊端做出了深刻的反思：

> 制度太划一，……学校生活和社会生活，每不相适应。至于升学呢，又复极感困难，因为学生在学校里所受的系普通教育，科目纷繁，杂而不精，同大学或专门学校的课程，往往不相衔接。……中等学校之毕业生，谋生既系不易，升学又感困难，我国九年来所施的教育，其结果只有如是，能不令人怃然？而世运精进了，奔轶绝尘，若这样的现象长此下去，前途宁堪设想……②

正是这些教育界人士，从第一线的教育工作者，到教育理论研究者都针对"壬子癸丑学制"提出了自己的意见和建议。建立一个能满足各方要求、符合社会实际需要的新学制成为教育界的普遍期望。

（二）职业教育思想的兴起

1912 年民初近代工商业经济的发展，急需一批能够操控机械设备的技术工人与具备现代企业管理知识的管理人员。而学校培养的学生无法适应这一发展形势，出现毕业即失业的困难。为改变人才需求的教育供给不足，毕业生无法升学就面临失业的困境，在继实业教育思潮之后，受欧美职业教育影响，在中国出现了职业教育的思潮。其基本主张是：通过对学生实施从事某种职业所必需的知识技能教育训练，来沟通教育与生活、学校与社会之间的联系，以解决近代工商业发展所急需的人才问题和学校毕业生的就业问题，并有助于促进工商业经济的发展。它是民初二三年间实利主义、实用主义教育思潮在新的历史条件下的继承与发展。③

职业教育思潮在五四运动时期达到高潮之后，职业教育开始在农村发展，并与乡村教育思潮合流。

---

① 顾树森：《对于改革现行学制之意见》，《教育杂志》1919 年第 12 卷第 9 号。
② 朱叔源：《改良现行学制之意见》，《中华教育界》1920 年第 10 卷第 3 期。
③ 吴洪成：《中国近代教育思潮新论》，知识产权出版社 2016 年版，第 342 页。

最早提倡职业教育的是《教育杂志》的主编陆费逵。1911年，他在《世界教育状况序》中第一次提出人才教育、职业教育、国民教育并重。在之后的1913年，他在《论人才教育、职业教育当与国民教育并重》中对职业教育从利人利国的角度加以进一步论证："职业教育，则一技之长，可谋生活为主，所以使中人之资者，各尽所长，以期地无弃利，国富民裕也。……而非职业教育兴盛，实业必不能发达，民生必不能富裕……无人才教育、职业教育，则国民教育即使普及，亦不过增无数识字之游民而已，此非吾之谰言也。"[①] 1913年，陈独秀在《今日之教育方针》中将职业教育列为其中之一。他从个人与社会之间的利益关系出发提倡职业教育的必要性，他提出：所谓职业教育方针，就是要通过教育使学生了解个人与社会经济的关系，破除重义轻利的观念，养成与人"分工合力""植产兴业"，"尊重个人生产力，以谋公共安宁幸福"，以免使个人丧失"独立自营之美德""社会经济以此陷于不克自存之悲境也"[②]。陆费逵与陈独秀对职业教育的论述只是从某一方面进行，没有构成完整的教育理论，但开启了人们对教育改革的新思路。

随着清末留学欧美的留学生陆续回国，他们将流行于欧美的职业教育思想、实践带回中国，人们开始将欧美职业教育情况与中国实际情况相结合，寻求中国的职业教育的方法。1917年留美回国的蒋梦麟是其中的代表，他回国后在其任主编的《教育与职业》杂志陆续发表了多篇介绍美国职业教育的文章，如《教育与业》《职业界之人才问题为教育界所当注意者》《美国国币补助职业教育之历史》《美国圣路易之兰根职业学校》《职业教育与自动主义》等，为国内学者提供了参考资料。顾树森在充分研究德、美、英、法四国的职业教育状况之后，发表了《德美英法四国职业教育》《各国学制系统图》《职业教育表解》等论著。文中他对四国的职业教育做了非常完整而具体的介绍。尤其是针对各界对"壬子癸丑学制"纷纷表示不满后，他将各国职业教育学制作为写作的重点。

被誉为"中国近代职业教育之父"的黄炎培也通过推广职业教育，

---

① 吕达主编：《陆费逵教育论著选》，人民教育出版社2000年版，第147页。
② 戚谢美、邵祖德主编：《陈独秀教育论著选》，人民教育出版社1995年版，第35页。

沟通教育与职业，解决当时普通教育与实业教育存在的问题。进而从有助于经济的发展、产业结构调整和社会进步的角度出发，详细解释了职业教育与实业教育的区别，推广职业教育与普通教育的结合。

经过这些理论教育家与教育实践家对职业教育的深入研究和不遗余力的广泛宣传，职业教育引起了社会的普遍关注，推广职业教育发展成为一种新的社会思潮。为继续推广职业教育、改良普通教育，1917年5月6日由黄炎培、蔡元培、伍廷芳、张元济等48人发起，成立了中国第一个专门的职业教育团体——中华职业教育社。同年11月《教育与职业》创刊，主要研究职业教育理论，介绍外国职业教育现状和相关制度。

随着研究职业教育理论、参与职业教育实践的人数不断增多，人们对职业教育的理论逐渐形成体系。尤其是黄炎培的职业教育思想成为一个完整的体系。所谓职业教育从广义上讲是"凡教育皆含职业之意味"，而从狭义上讲是"仅以讲求实用之知识者为限，亦尤实业教育也"。"所谓职业教育，专以职业上之学识、技能教授不能久学之青年，而一方面亦使实业前途进步益无限量。"[1] 黄炎培认为职业教育的目的是"夫教育之目的，一方为人计，曰以供青年谋生之所急也，一方又为事计，曰以供社会分业之所需也"[2]。黄炎培认为职业教育是要解决社会实际问题的，所以社会需要什么样的人才，就应当建一所什么样的学校、设什么样的专业。他认为职业教育首先要进行社会调研，再安排相应的教学，"今日之社会，所需者何业，某地之社会，所需者何业，必一一加以调查，然后立一校，无不当其位置，设一科，无不给其要求，所以养成人才，自无见弃之患"。职业教育注重学生的动手能力培养，黄炎培提出的"做学合一""理论与实际并行""知识与技能并重"三种教学原则，体现了在具体的教学中就是要注重实习，"实习非所注重，则能力自无养成"。[3] 另外，职业道德理论是职业教育思想的重要组成部分，黄炎培提出"敬业乐群"的职业道德规范，"敬业"是所任职业

---

[1] 黄炎培：《黄炎培教育文选》，上海教育出版社1985年版，第44页。
[2] 黄炎培：《黄炎培教育文选》，上海教育出版社1985年版，第44页。
[3] 黄炎培：《黄炎培教育文选》，上海教育出版社1985年版，第5页。

具有责任心，是对所习学业具有嗜好心。"乐群"是具有优美和乐的情操及共同协作的精神。职业教育"不仅是为个人谋生的，并且是为社会服务的"①。

职业教育的思想体系为职业教育思潮的发展提供了理论支持，也为"新学制"的制定提供了理论基础。

（三）欧美职业教育制度的影响

职业教育思潮在形成完整的理论体系之后，有识之士开始更加实际地思索如何将职业教育与普通教育有机结合，来形成一种新的教育制度。使职业教育更加规范化、制度化，并受到法律的保障。在中国确立的职业教育制度就反映了这种时代与社会的迫切需求。

在不断的理论与实践探索中，两种不同的西方职业教育类型成为人们探讨的焦点。一种是美国式的职业教育，将其并入普通教育，在学制中列为正系；另一种是德国式职业教育，是将职业教育设为单独体系，与普通教育并行，在学制中列为旁系。为此在中国形成了两个派系，美国派系与德国派系。

以黄炎培为代表的美国派系，通过对多国的比较，美国的经济繁荣给他留下深刻印象，因而美国模式最为有效。美国的学制系统虽然有单设的农、工、商、家事的职业学校，职业教育占主导的却是在普通学校中。美国的普通中学中便开展职业教育，实行选修制，也就是将普通教育与职业教育融为一体的综合中学制度。学生无论是继续求学，还是中断学业，都有一技之长。这样的做法对中国当时教育很具有参考价值。

以蔡元培为首的德国派系，认为中等教育功能之一是培养职业应用能力，主张小学后即分流。将中等教育分为两个系统，一个系统是普通教育，另一个系统是职业教育。另一德国派支持者王则行在"壬子癸丑学制"基础上批判其重知识轻技能的弊端，认为应学习德国学制，注重各种职业学校和职业补习学校的设立。

从中国现实角度来看，据统计当时全国有高等小学 7315 所，乙种实业学校 230 所；中学 403 所，甲种实业学校 94 所。从数字推测，升学人数所占比重极少，高等小学毕业升学者不到 1/20，多数学生还是

---

① 黄炎培：《黄炎培教育文选》，上海教育出版社 1985 年版，第 44 页。

有就业的需求。如果学习德国，在现有学校之外另设职业学校，一则成本费用高，二则还是无法满足多数学生毕业即就业的要求。只有学习美国学制"于高等小学、中学各酌设职业科……因地制宜，尤为利便"[①]。论证了美国职业教育在中国实行的可行性和现实性。

适逢美国教育家杜威、孟禄来华讲学，杜威将其实用主义思想渗透到"新学制"的制定标准中，而孟禄则直接参与了"新学制"的制定。他们的行为直接推动了"新学制"采用美国模式。

（四）职业教育实践基础

1916年8月中国成立了职业教育研究会，成为中国近代史上最早的一个职业教育团体。该会以"研究各种职业教育之设施，以及提倡推广方法为宗旨"[②]。为后来颇具社会影响力的中华职业教育社提供了组织基础。继中华职业教育社成立，又相继成立了4个职业教育团体[③]，如中华教育改进社、全国职业学校联合会等教育团体与机构，从事职业教育的人数迅速增加。这些职业团体、机构主要的实践活动包括调研、办学、职业指导等。

调研。1919年中华职业教育社陆续组织各种调查，不仅包括各级各类职业学校状况的调查，也包括特定地区特定学校的调查。1917—1922年，中华职业教育社在全国各地共进行143项调查工作。这些调查结果为职业教育的发展提供了可靠的材料。

办学。职业教育团体和机构还推进了各类职业教育的发展。职业学校、职业传习所、讲习所等在此期间数量和类型都有所增加。1917—1922年各类职业学校增长了57.9%。女子职业学校在此期间也得到了长足的进步，1915年，全国女子职业学校共计17所，1916年增至21所，1921年达到44所，1922年增至158所。[④]

职业指导。1916年清华大学最早实施职业指导。1920年中华职业教育社设立职业指导部，主要从事人才需求方的要求、各校毕业生基本

---

① 黄炎培：《职业教育实施之希望》，《教育杂志》1917年第9卷第1号。
② 陈学恂主编：《中国近代教育大事记》，上海教育出版社1981年版，第281页。
③ 金顺明：《近代中国团体的发展历程》，《华东师范大学学报》（教育科学版）2002年第1期。
④ 黄炎培：《黄炎培教育文选》，上海教育出版社1985年版，第143页。

情况调查、介绍毕业生就业等工作,为职业学校办学及毕业生求职提供了方向性指导。

二 "壬戌学制"内容

从1915年第一届全国教育会联合会上湖南省教育会提出改革学校系统的方案至1922年,历经八年的准备时间,新的学制终以大总统令《学制系统改革案》的形式正式颁布。新学制准备时间之长,受文化影响之多,各方人士参与之众前所未有。其制定经历了中国历史上著名的"五四"新文化运动,前后受到多种思潮的影响,历经教育相关人士和机构的反复论证和调研,成为民国时期中国教育界智慧的结晶。

学制系统改革案的标准共七条:适应社会进化之需要;发挥平民教育精神;谋个性之发展;注意国民经济力;注意生活教育;使教育易于普及;多留各地方伸缩余地。"壬戌学制"的改革标准,首先,体现了实用主义教育思想和平民教育思想,"发挥平民教育精神""注意生活教育""使教育易于普及",这些内容既体现了实用主义思想,又直接体现制定者规定平民有受教育权利,使平民普遍获得文化知识的希望。这不仅打破了袁世凯复辟时期对学制修改,企图少数人独享教育的局面。同时也体现了杜威提倡的平民教育中"教育即生活"的主张。其次,体现了以人为本,结合实际的教育主张。"谋个性之发展"体现了新学制中对受教者作为一个独立个体的尊重,与清末"尊君、尊孔、尚公、尚武、尚实"的从统治者角度出发之教育宗旨相异。个人发展不仅是个体生命的延续,也是健全人格的发展。"适应社会进化之需要""注意国民经济力""多留各地方伸缩余地",这些标准体现了学制的灵活性。全国各地经济发展情况、教育发达程度各不相同,完全按照整齐划一的标准既不现实,又缺乏良好的教学效果。"壬戌学制"正是体现了伸缩灵活性,更多地体现了社会、经济、个人三者的关系。

初等教育将小学由原来的七年减为六年,仍然划分为两个阶段,初级(四年,义务教育)和高级(两年)。

中等教育将中学校修学年限由四年增加至六年。划分为两个阶段,初级(三年)、高级(三年),可根据设科性质,在初、高级间上下浮动一年。初级中学为普通教育,也可兼设各种职业科。高级中学分普通、农、工、商、师范、家政等科,可单设也可兼设数科。中等教育实行选科制。与中学并立的是师范学校和专门学校,师范教育修学年限为六年,后三年实行选修制。

高等教育分为大学校和专门学校,取消了预科班。学制放宽了大学设置的标准,设置一科或数科均可。单设一科可称为某科大学。大学修学年限四至六年。专门学校为三至四年,都实行选科制。大学校和专门学校之上设置最高级别的教育——大学院。

"新学制"自觉地改进了原有学制中之不足,修业年限经过调整符合学生的心理特征。中学课程改革是重点,不仅增加了职业教育在整个教育体制中的比重,还将普通教育中融入职业教育的内容,在中学教育内除了科学知识的教育,还增加了职业课程与预备性升学课程,满足了学生增进基础知识、预备升学、职业训练等不同求学目标的需求。"分科选科"是与以往学制最大不同之处,是新增项目,学生在学习选定专业之后,可自主选择其他类型课程,以扩大视野。

职业教育代替了原有的实业教育,改变了之前学制普通教育、实业教育、师范教育各自独立互不兼容的设置。"新学制"将职业教育与普通教育混合为综合教育。因此,实施职业教育的机构有两种,一种是独立的职业学校和专门学校。另一种是附设于高级小学、初中、高中的职业科以及大学的专修科。这样就形成了相对完整的职业教育体系。由于职业教育要符合中国各地之间经济发展不平衡、各行业生产力水平差异大的特点,所以职业教育的特定表现为门类庞杂、层次参差。同时,这样设置的职业教育体系也满足了不愿升学的毕业生急需步入社会谋求生计的需求。中学的改革从原来为升学而准备的单一目标,转化为兼顾升学与就业的复合目标。虽然"新学制"大量吸收了美国职业教育制度的特点,但于普通中学之外并立了职业学校,说明学制同时也吸收了德式职业教育制度的长处。

"新学制"用辩证否定的态度来对待原有学制,既未全盘吸收,也未全盘否定,而是在吸收和保留其有利于教育发展的基础上的革新。"新学制"没有像清末民初等学制那样不顾中国实际照搬照抄某一国家的学制,而是与中国经济、社会、教育的特点有机结合。之后的学制改革都是以"壬戌学制"为基础的,说明现代学校教育制度"至斯业已大备"①。

三 "壬戌学制"对高等商业教育的影响

"壬戌学制"的制定以美国教育制度为蓝本，与之前以日本教育制度为蓝本的旧教育制度有很大的不同，这些不同之处对中国近代高等商业教育的影响很大。

（一）采取选科制，激发学生学习积极性

在大学中实行选科制，这是现代高等教育的一个进步。所谓选科制是指"允许学生自己选择学科、专业和课程的一种教学制度"②。这种制度发端于德国，18世纪末流传到美国得到完善与发展。首先在美国的大学中得以推行，继而又在中学中推广。这种教学制度不仅有利于扩大课程设置的种类和范围，促进新学科的出现，还有利于调动学生的积极性，培养学生个性的发展。在美国取得了成功之后，世界各国相继模仿，成为教育尤其是高等教学制度的发展趋势。中国的选科制缘于留美学生归国，他们发现当时中国大学实行的年级制有很大的弊端，对于学习优异的学生来说，提供的知识深度不够，而对于需要留级的学生来说却需全部重新学习，也让他们兴味索然。这些留美归国学生极力宣传美国大学实行的单位制的优点，提议将年级制改为单位制，并于1917年10月的专门以上学校校长会议上通过，在北京大学率先试行，其他的一些学校也开始关注这一教学制度。

由北京大学、国立东南大学等学校的先期试行，"壬戌学制"最终将选科制作为一项教学制度确定下来并在全国高校中推广。各大学校的商科院系也纷纷开始引入选科制。选科制的实行，一方面，避免了学生不必要的重复学习过程，使学生能够根据自己的情况自由选择学习的年限，从而得以调动学习的积极性和主动性。另一方面，学生可以在必修课的基础上，根据自己的兴趣爱好自由选择课程，为学生确定了以后的研究方向，有利于其研究的持久性和深入性，也有利于学生个性的发展。

---

① 国民政府教育部主编：《第一次中国教育年鉴》丙编，开明书店1934年版，第374页。

② 顾明远主编：《教育大辞典》第3卷，上海教育出版社1991年版，第18页。

选科制也极大地提高了高等商业教育课程设置的灵活性。随着商业贸易的发展，新的商业知识不断充实商业学科，社会对商业知识技能的需求也在发生着变化。大学校的选科制可以根据社会与学生的需求增减科目设置，也可以根据学科发展变化充盈新的科目。对于拓宽学生知识面、人才培养更加迎合市场需求起到了重要作用。

(二) 取消预科，减轻高等商业教育负担

洋务运动兴办学校成为中国近代教育的开端，所办的教育等级为现代教育的中等职业教育。随后维新运动和清末新政，虽然也积极兴学，但教育基础薄弱，教育级别的衔接一直没有处理妥当，在中等教育与高等教育之间只能通过建立预科班作为过渡。将预科班归入高等教育体系内，高等教育不仅要担负着培养高级人才培养的任务，也不得不担负起应由基础教育担负的教学任务。使高等教育职能多重化，加重了高等教育的负担。辛亥革命虽然推翻了封建政权，但学校教育却一直在延续。经过几代人的努力，在"壬戌学制"制定时中等教育已完全与高等教育相互衔接，预科完成了历史使命。高等商业教育也摆脱了预科的束缚，可以心无旁骛地致力于高等教育的教学。对于高等商业教育来说，能够进一步定位学校功能，提高教学效率，培养专业人才，具有深远的影响。

(三) 允许设立单科大学，凸显商业专门特色

"壬戌学制"在高等教育中的一个亮点是对大学的设立放宽了要求，择一科即可成立单科大学。单科大学主要是"按照行业类别设置，以为社会相应对口行业培养专门人才为主要职能的高等学校"①。中国近代高等教育的一贯传统是大学的设置必须要由多科组成，否则只能称为专门学校。这样的规定虽然有利于大学发展综合性学科，促进各学科的互动，但于中国国情来说条件过于苛刻。北京大学设立之初，欲将各类学科纷纷设入其中，至民国初期虽极力恢复，但也力不从心。时任校长的蔡元培只能改革学科设置，他认为"完全的大学，当然各科设，有互相关联的便利。若无此能力，则不妨有一大学转办文

---

① 曹如军：《综合与特色：单科大学发展问题的思考》，《国家教育行政院学报》2008年第4期。

理两科,名为本科"①。他从实际出发,加强文理两科,归并商科,停办工科、独立法科。1918年,蔡元培又提出"沟通文理,合为一科"的主张。以当时中国的经济条件苛责设立综合大学,既不利于高等教育的发展,也不利于特色学校的定位。专科大学的设立,既符合了中国的国情,同时又能明确自身的特色。进而推动了高等商业教育的发展,许多商业专科学校纷纷改为大学,大学数量剧增。

综上所述,"新学制"建立中等职业教育、注重教育的普及都为高等商业教育提供了合格的生源与发展基础。职业教育的建立是"壬戌学制"改革的重点,也是学制进步性的重要标志,丰富了教育制度和教育结构,使近代社会教育与经济得到了有机结合。被称赞为是"适应时势之需求而来的""应时而兴的制度"②。

第四节 南京国民政府时期高等商业教育的进一步发展

1927年南京国民政府成立,1928年东北易帜,中国实现了表面的统一和暂时的稳定。从1927年至全面抗战爆发的1937年,政局相对稳定,南京国民政府进一步完善各项有利于资本主义工商业经济发展的制度,力推各项产业的发展,各项经济指标有了较大程度的提升,因此这10年被称为旧中国工商业经济发展的"黄金十年"。国民党从巩固统治基础考虑,对壬戌学制颁布后的教育格局进行了许多调整,中国高等商业教育在此期间也得到了较快发展。

一 南京国民政府教育政策的调整

1927年,南京国民政府正式成立。在学制上基本承袭了"壬戌学制",但随着社会的现实状况的变化也有所调整。南京国民政府对学制

---

① 潘懋元、刘海峰编:《中国近代教育史资料汇编·高等教育》,上海教育出版社1993年版,第410页。

② 董宝良主编:《陶行知教育论著选》,人民教育出版社1991年版,第92页。

调整既有政治、经济原因,也有与"壬戌学制"自身的缺陷有关。

(一) 教育政策调整的缘由

1. 政治经济因素

1919 年爆发的"五四"运动,唤醒了学生们的革命意识。南京国民政府成立后,为巩固其统治,平息不断涌现的学生潮,在教育方针上推行"党化教育",在学校管理上采用严肃纪律、强迫压制等手段。这些做法与"壬戌学制"系统改革案的标准所提出的"谋个性之发展"的宗旨相违背。另外,"壬戌学制"实行打破班级制度的"分科选科"制,鼓励学生发展民主独立的精神,这也是国民党专制统治所不能容忍的。为了缓和与学生之间专制与民主的矛盾,国民政府决定采取较为缓和的态度和手段解决,提出了"三民主义教育"的方针。他们从政府与学生共同关注的民生问题入手,作为解决危机的切入点,提出"民生就是人民的生活,社会的存在,国民的生计,群众的生命"①。

从 1927 年至 1937 年,国民政府经过十年大规模的建设,国民经济有了较快发展。从 1928 年起,社会稳定带动经济逐步发展,至 1930 年出现了第一个经济发展的高峰。之后的 1931—1934 年,由于国际经济危机,国内市场疲软,经济形势处于低迷状态。1935 年后随着经济危机的消弭,国内经济开始恢复发展。至 1936 年又出现了第二个经济发展的高峰。据统计,1927—1937 年,工业产值平均年增长率为 8.4%。②

经济的发展促进了资本主义市场的成熟。从 1927 年到 1931 年,国内商业继续发展,1927 年全国商业往来货物总值为 254345.6 万海关两,1929 年为 295449.1 万海关两。③ 商业快速发展的原因得益于:第一,国家政权的稳定。南京国民政府成立后,政权统一、社会安定,国内市场进一步扩大;第二,随着交通、通讯进一步发展,为商业发展提供了便利的条件;第三,国家对商业发展有了整体规划,规范商品市场,减少商业壁垒。这些都为商业发展提供了有利的条件。

---

① 刘枫、曹均伟:《孙中山的民生主义研究》,上海社会科学院出版社 1987 年版,第 24 页。

② 李华兴主编:《民国教育史》,上海教育出版社 1997 年版,第 160—161 页。

③ 陆仰渊等:《民国社会经济史》,中国经济出版社 1991 年版,第 415 页。

1931年，商业受国际经济危机的影响，开始出现减滑的趋势。"九一八"事变，中央政府失去对东北的控制，导致国内原材料价格上涨，商品销售市场减小。1930年，假设国内22省的商店营业额指数为100，1932年则下降到59，1933年为55，1934年为50，1935年为45。① 每年有多家公司和商号倒闭。1933年，上海平均每月倒闭17.83家，1934年、1935年分别上升为30.53家和41.67家。② 1935年，国民政府实施一系列有效的经济改革，遏制了商业疲软。"废两改元"和法币改革，统一货币，促进商品流通。统一度量衡，使商业交易公平合理。实行统税，减少商品成本。关税自主，取消外国商品在中国的特权。这些都促进了商业的发展。1936年农业丰收，进一步刺激了商业的复苏。1936年棉纱交易量比1935年增加25%。1936年国内铁路船舶货运总量比1935年增加了20%。

此外，南京国民政府还积极采取各种措施促进对外贸易的发展。1930年由商务部主导，建立民间组织中国国际贸易协会。1932年，实业部改组，成立国际贸易局，负责国内外商业信息调研。1928年至1930年，先后与12个国家进行谈判，提高了进口商品的税率，减少或免除了部分出口商品税。由于南京国民政府的积极措施，1927—1931年对外贸易继续增长。1927年全年出口额为91862万关两，进口额为11293.2万关两；1931年出口额为90947.6万关两，进口额为143349万关两。1927—1931年平均出口值为94599.4万关两，平均进口值为124354.8万关两。

工商业经济的发展，必然对教育提出更高的要求。为了适应经济建设发展的需要，南京国民政府决定调整职业教育学制，并颁布相应法规，来进一步发展职业教育。

2. 学制自身的因素

1931年，国联教育考察团在对中国高、中、低三级教育考察之后，认为高等教育教学质量不高的最大原因就是生源质量不高造成的。而生

---

① 赵德馨主编：《中国近代国民经济史教程》，高等教育出版社1988年版，第22页。
② ［美］小科布尔（Coble P. M. Jr）：《江浙财阀与国民政府》，蔡静仪译，南开大学出版社1987年版，第112页。

源质量不高的原因要追溯到中等教育,"中国有多数高级中学,成绩极为不良,至投考大学之学生,有多数毫无相当之资格,可受益于大学教育者"①。所以,"壬戌学制"的改革的重点在中等教育,尤其是中等职业教育。

"壬戌学制"效法美国在中等教育中推行综合制,即在普通中学开展职业教育,这样既能兼顾升学和就业,又能培养学生个性和民主的精神。在20年代末30年代初的具体教育实践中,在一定程度上确实推进了职业教育的发展和国民教育的进步。但经过一段时间的推行,也产生了一些具体问题。

首先,职业教育与普通教育,以及自身各级教育互融问题。从整个学制来看,除了普通教育之外职业教育还存在独立的体系,但深入研究之后就会发现各级职业教育机构前后衔接,以职业教育与普通教育之间如何联系沟通,没有明确的规定。小学、职业学校的高小预备课程与初中程度的职业学校或职业科相互贯通,初中程度的职业学校与高中程度的职业学校或普通中学的职业科之间的关系,都是学制以及相关的教育规章与制度没有提及的。

其次,"分科选科"影响教学质量。在高级中学实行"分科选科"的教学制度,本意是为了激发学生的学习积极性,发展学生的个性,为升学或就业提前做好职业生涯的规划。但是在具体实施过程中出现了一系列问题。由于年龄和阅历的限制,学生在选科时具有盲目性和随意性。结果就是导致学生经常更换科目,这样不仅不利于学生基础知识的掌握,浪费大量的时间和精力,同时也不利于学校的教学安排,浪费教学资源和教学经费。严重削弱了教育质量。对此国联考察团提出"高级中学分科太多,亦成疑问。盖此种学校学生及专科教师既为数不多,设备亦甚简陋,分为各科,实最不经济"。学生自由选科的另一个问题表现在重文轻理,重易弃难。学校出于经济考虑,也多设花费相对较少的科目,减少或取消花费较多的科目。综合制徒有其表,而少其里。国联考察团也提出了批评,"许多学校中此种分科办法仅虚有其名,盖大多

---

① 国联教育考察团:《中国教育之改进》,国立编译馆1932年版,第174页。

数学校对于切实的职业教育所需要之教师及设备尚付缺如也"①。这种情况下，无论是学校还是学生及家长都强烈要求改革"分科选科"的教学制度。

3. 职业教育缺乏相对独立性

职业教育并入普通教育的内容后，无论是政府还是学生，都更倾向于选择普通学校。从政府的拨款中就能发现这种倾向性。据教育部1930年的数据统计，普通中学经费为35332921元，中等职业学校为4961996元，二者相差近10倍。各种职业学校由于资金缺乏造成设备短缺，实习实验无法正常开展，出现师资、教材质量不高的后果也就不足为奇了。于学生来说当然更愿意选择既能升学，又有良好教学环境的普通学校。无论是职业学校还是师范学校都遇到资金和生源短缺的问题，严重影响了这些学校的设立和发展，"由于高中之混合而分科，每易使职业与师范之专业训练不能彻底施行，从而失去其独立性。且因此缺失，对于师范及职业教育，遂引至莫大的损害。……且美式学制之中心精神，在乎生活教育及生产教育之实施，而当时我国社会缺乏此项职业机会与生产环境，且传统观念多方作梗，以致格格不入，而未能收预期之实效"②。

本应受到关注的职业教育饱受各种问题的困扰，却由此受到冷落。恶性循环使得职业教育不仅没有解决困扰社会和教育的学生就业问题，还导致了职业教育声誉下降，职业学校的数量锐减。自1926年始急速下降，到1929年，全国职业学校剩下194所，1931年职业学校数量跌落到149所，同期的普通中学共计1139所，职业学校仅占普通中学的13%，学生数仅占7%。③ 职业教育出现种种问题带来的不良后果影响了高等教育，受基础知识与职业技能所累，生源质量不断下滑，各门学科发展程度不一，改革迫在眉睫。

(二) 教育政策调整的内容

1912年教育部公布《专门学校令》，以后又公布《公立、私立专门

---

① 国联教育考察团：《中国教育之改进》，国立编译馆1932年版，第67页。
② 周谈辉：《中国职业教育发展史》，台北：三民书局1974年版，第151页。
③ 周谈辉：《中国职业教育发展史》，台北：三民书局1974年版，第151页。

学校规定》，将清末高等实业学堂改为专门学校，学制三年，培养目标与高等实业学堂相似，允许私人办学，专业类别进一步增加，除高等实业学堂的农、工、商和商船四大类外，还有法政、医学等专门学校，共有29个专业。专门学校在政策的鼓励下数量增长很快，1914年全国共有95所专门学校，在校生31346人，其学校和在校生数均超过大学和独立学院，已具有相当的规模。1922年"壬戌学制"公布后，放宽了对设置大学和独立学院的要求，允许专门学校升级为大学，至1925年专门学校减少到58所，大学数量骤增导致教育经费严重短缺，教学质量集体滑坡，各地区办学困难。

  在教育行政方面，进行大学院与大学区制改革。1922年蔡元培发表《教育独立议》，提出教育必须获得独立，提议建立大学院与大学区制。1927年南京国民政府成立后，蔡元培被任命为中央教育行政委员会委员，开始推行大学区制。1927年6月，在中政会第102次会议上通过了大学区制，大学区制在江苏、浙江、河北三个教育较为发达省份试行，后在全国推广。推行大学区制最主要的目的是使教育摆脱行政管理的现状，实现教育独立。根据《大学区组织条例》与《修正大学区组织条例》，在全国范围内按照教育、经济、交通等情况划分为若干个大学区。每区设一所大学，大学校长为区内教育最高行政掌管，负责高、中、低级教育与社会教育。各大学校长组成高等教育会议，办理各学区之间事务。教育总长不得干涉各大学区事务。大学区替代地方教育厅制。为从中央政权处"改官僚化为学术"，蔡元培进一步提出实行大学院制，大学院代替教育部作为中央教育机关。1927年7月4日建立了教育中央组织——大学院。大学院设院长一名，管理全院事务，下设各类行政、学术机构与各种专门委员会。大学委员会为最高评议机构，负责管理教育、学术一切重大事务。委员会由大学院院长与各学区国立大学校长及国内专家等人组成。1928年在一片反对声中蔡元培辞职，同年11月1日大学院改为教育部，1929年6月废除大学区制。由于大学院与大学区制忽略了中国国情，与国民党推行的"训政党治"的精神不符，所以最终惨遭失败。但蔡元培提倡的"行政学术化""学术研究化"，为我们今天倡导的大学教育"去行政化"提供了有益的借鉴。

1928年，南京国民政府成立之后的第一次全国教育会议在南京召开。通过总结和反思"壬戌学制"的经验和教训，会议通过了《整理中华民国学校系统案》，即"戊辰学制"。提出了根据本国国情、适应民生需要、提高教育效率、提高学科标准、谋个性之发展、使教育易于普及、留地方伸缩之可能七项原则。与"壬戌学制"相比尽量抹去平民主义教育的烙印，"也留下了南京国民政府统治时期政治、经济发展的烙印"[①]。

在初等教育方面，小学教育为适龄儿童专设，但为了推行义务教育，使更多或错过入学机会，或目不识字的人受到一定教育，学制中设立简易小学与短期小学。

同时，在中等教育中，首先取消了"分科选科"制。将普通中学、职业学校、师范学校单独分立，规定各自不同的教学任务和目标，改变了综合中学什么教育都想办，但什么教育都办不好的局面。"分科制"取消后，普通教育又回到了以升学为目的的人才培养目标上。教学效果不甚理想的"选科制"最终被年级制代替。"分科选科"制被取消，普通高级中学的基础知识内容被增强。

1929年教育部公布《大学组织法》，之后又颁布了《大学规程》及专科学校的法规。高等教育分为大学、独立学院、专科学校三类。根据办学主体不同又分为国立、省立、市立和私立。大学设有文、理、法、教育、农、工、商、医八个学院，学制为四年至五年（医学为五年，其余为四年）。针对"壬戌学制"之后大学滥设导致教学质量下滑的情况，"戊辰学制"严格执行大学设立的条件，规定大学须具备三个学院以上，而且其中包括理、农、工、医学院之一才可以称为大学。不具备这个条件就只能称为独立学院。大学下设专科学校，专科学校专业不固定，学制为二到三年。大学及独立学院也可附设专修科。专科学校侧重于培养有专长的具备实际工作能力的技术应用型人才。1929年政府颁布《专科学校组织法》，1931年又颁布《专科学校规程》，以后又废止专科学校预科，通令专科学校可招收初中毕业生，实行五年一贯制，程度与大学本科相同，先在纺织等专业试行。为兼顾学生的个性与共性，

---

① 娄立志、广少奎主编：《中国教育史》，山东人民出版社2008年版，第293页。

高等教育实行学年兼学分制。为推行一党化专制统治，南京国民政府教育部对课程实施统一化管理。规定大学和学院的公共必修科目包括：党义（后来称为"三民主义"）、国文、体育、军训、第一和第二外语，以及文理法、农工商、师范学院的必修科目。

"戊辰学制"是在1922年新学制基本框架的基础上所实现的局部变通。它在初等教育方面的改革重点是义务教育与成人教育的补习。中等教育与高等教育改革的重点是增加适宜时局特点内容，改变不合时宜之处，为适应1930年经济增长的形势，促进职业教育发展，教育决策向职业教育倾斜。原则上就是要求教育质量的提高，不求数量的增加。

二 学校数量不断增加

"戊辰学制"对"壬戌学制"中的综合中学进行改革，普通中等教育目的仅为为高等教育输入人才，因而教育目标单一、教学任务明确、生源质量有所提高。同时职业教育的观念深入人心，通过改革职业教育的教学条件得到改善，教育质量得到保障。在南京国民政府不遗余力地推动下，全国各级各类高等商业学校在数量上远远超过历代高等商业学校数量的总和，如前所述，高等教育分为大学、独立学院、专科学校三类。根据办学主体不同又分为国立、省立、市立和私立。本书以抗战爆发前一年1936年为例，首先将高等商业学校按学校级别分类，分为国立、省立（包括市立）和私立。每个级别下，再按照办学主体的不同细分，以便更直观的与前文各时期高等商业学校办学数量作对比。

（一）国立高等商业教育

与民初国立大学只有北京大学，商业专门学校只有武昌国立商业专门学校相比，1936年，国立高等商业教育数量上有了大幅增长。

国立大学共计十三所，其中两所设商科院系：北平大学、暨南大学。国立各独立学院共计五所，其中一所为商学院：上海商学院。如表4-3所示，其专业设置也不尽相同。

表 4-3　　　　　　　1936 年国立高等商业教育设置一览①

学校级别	校名（院系名）	院（系）专业设置	校址
大学	北平大学（法商）	法律、经济、政治、商学	北京
	暨南大学（商）	会计银行、国外贸易、工商管理	上海
独立学院	上海商学院（商）	会计、工商管理、银行、国际贸易	上海

北平大学创建于 1898 年，历经清末帝国主义侵华，义和团运动，辛亥革命等重大历史事件，至 1910 年恢复建立商科，开始招生，培养了我国第一批大学商科毕业生。1917 年被归并到法科之下，成立法商学院。

暨南大学。1918 年最初建于南京，设暨南商科，创办人为端方，创建的最初目的是传授南洋华侨子弟商业知识和技能。1921 年迁至上海，改名为国立暨南学校商科大学，1927 年发展成为暨南大学。1936 年设理、文、商三个院系，九个专业。至 1937 年夏，暨南大学共培养各类本专科人才达 1698 人，其中本科生共 1504 人，② 而商科毕业生人数达到 575 人，本科生至少 459 人，基本占暨南大学培养人才的 1/3 之多。③

上海商学院。1917 年郭秉文（1880—1969 年）在南京筹划创设的南京高等师范学校商业专修科，同年开始招生，学制 3 年，共招收三届学生。1921 年与国立暨南学校在上海合办上海商科大学。1922 年，由东南大学独办，更名为东南大学分设上海商科大学。所聘教师如严谔声、胡复明等，多半为留学博士、硕士或在金融界担任职务学识与经验丰富的业界翘楚。1928 年 7 月在校长程振基的主持下正式更名为国立中央大学商学院。1932 年，商学院从中央大学划出，直接由教育部管

---

① 中国第二历史档案馆编：《中华民国史档案资料汇编》第 3 辑，江苏古籍出版社 1991 年版，第 178 页。

② 暨南大学校史编写组主编：《暨南校史（1906—1996）》，暨南大学出版社 1996 年版，第 76 页。

③ 赵永利：《教育变革与社会转型——近代上海高等商科教育活动研究（1917—1937）》，华中科技大学出版社 2014 年版，第 224 页。

辖，此后学校改称国立上海商学院，是当时国内唯一的国立独立商业学院。徐佩琨任首任院长。国立上海商学院虽然规模较大，但名师云集、校风严谨、学生成绩优秀，毕业生多服务于金融界与政府机关，在工商业界享有很高的声誉。1935年毕业生共计73人，无一人失业。

（二）省（市）立高等商业教育

如表4-4所示，当时省（市）立大学共计九所，其中一所设商科院系：勷勤大学。

省（市）立各独立学院共计九所，其中一所设商科院系：河北法商学院。

省（市）立各专科学校共计11所，其中一所为商科学校：山西商业专科学校。

表4-4　　1936年省（市）立高等商业教育设置一览①

学校级别	校名	院（系）专业设置	校址
大学	勷勤大学	银行、会计、经济、工商管理	广州
独立学院	河北法商学院	商学	天津
专科学校	山西商业专科学校	工商管理、交通管理	阳曲

以下简单介绍各省（市）立高等商科学校。

勷勤大学。1932年秋，陈济棠以西南政务委员会的名义创办勷勤大学。勷勤大学由工学院、师范学院、商学院三个学院组成。当时广东省立工业专门学校改组为工学院，1933年夏，将原省立工业专门学校扩设为勷勤工学院，设机械工程系、化学工程系、建筑工程系与土木工程专修科。同时将广州市立师范扩设为勷勤师范学院，设文史、地博、数理化系。1934年7月，商学院成立，设会计学、银行学、经济学系。三院合并成立勷勤大学。因是省政府出资兴办，故以省命名——"广东省立勷勤大学"，由省府主席林云陔兼任校长，陆嗣曾任副校长，林砺

---

① 中国第二历史档案馆编：《中华民国史档案资料汇编》第3辑，江苏古籍出版社1991年版，第178页。

儒任教务长。1935年7月，勤勤大学师范学院改称为教育学院，增设教育学系。工学院增设电信交通专修科。商学院增设工商管理学系。因陈济棠下台而解体，1938年8月，工学院并入中山大学工学院，商学院改为广东省立商学院，教育学院改为广东省立教育学院，均作为独立学院。

河北法商学院。前身为1906年6月成立的北洋法政学堂，创办人为直隶总督袁世凯。1911年，学校更名为"北洋法政专门学校"。1914年6月，该校与保定法政专门学校、直隶高等商业专门学校合并，成立"直隶公立法政专门学校"。学校下设三科：法律科、政治经济科、商业科。1919年7月，添设甲种商业讲习班。1927年，南京国民政府成立后，改名为"河北省立法政专门学校"。民国政府教育部实行大学区制，1928年，学校奉令改组，成立"河北省立法商学院"。学校分大学部和专门部，大学部下设四系：法律系、政治系、经济系、商学系；专门部设三系：法律系、政治经济系、商学系。学校附设大学预科和中等商业科。截至1934年，该院有教职员66人，学生11个班，共计236人[①]。

山西商业专科学校。创立于1908年，创办人崔廷献。原名为山西中等实业学堂。民国初年改名为"山西公立商业专门学校"。1914—1917年并入山西公立法政专门学校，称商科，设3个班。1917年重新分立出来后，迁入新校舍，恢复原校名。1918年，拟计划每年招收商业本科生3个班，附设甲种本科3个班，均分预科和本科，预科招收无专业背景的中学毕业或与中学毕业同等学力者，本科招收本校预科毕业或其他商业专门学校预科毕业者。1929年，学校学制改革，实行分科，设银行科、会计科、商工管理科、税务科，学制均为三年。另附设交通管理科、女子速成科和商业高级中学。1930年，根据教育部《专科学校规程》进行改组，呈准教育部立案，改名为"山西省立商业专科学校"。1935年，该校遵照《山西省整顿人才教育专案》停办。

---

① 河北省地方志编纂委员会主编：《河北省志》第76卷，中华书局1995年版，第296页。

(三) 私立高等商业教育

私立各大学共计二十所,如表 4-5 所示,其中九所设商科院系,分别为:大同大学、复旦大学、光华大学、大夏大学、沪江大学、南开大学、武昌中华大学、厦门大学、岭南大学。私立各独立学院共计二十四所,其中两所设商科院系:中国公学、天津工商学院。

表 4-5　　　　　　1936 年私立高等商业教育设置一览①

学校级别	校名	院(系)专业设置	备注
大学	大同大学	商学、会计、经济	上海
	复旦大学	会计银行	上海
	光华大学	会计、银行、经济、工商管理	上海
	大夏大学	银行、会计、交通管理	上海
	沪江大学	商学	上海
	南开大学	统计会计、银行、经济	天津
	武昌中华大学	经济、工商管理	武昌
	厦门大学(法商)	法律、商业、政经	厦门
	岭南大学	商学、经济	广州
独立学院	中国公学	商学	上海
	天津工商学院	普通商业、财政银行	天津

私立学校由两类办学主体组成,一类是教会,教会学校始终伴随着中国近代教育的发展,包括沪江大学、天津工商学院。岭南大学于 1927 年收归为中国人自办的私立大学。另一类是私人,私人办学从古至今皆有传统,但民国建立后,私人创办的学校层次提高,有越来越多的私人将办学目标转向高等教育。

---

① 中国第二历史档案馆编:《中华民国史档案资料汇编》第 3 辑,江苏古籍出版社 1991 年版,第 178 页。

教会教育。教会教育是伴随着殖民者强占中国而以胜利者的姿态开办的。因此,作为战败者的清政府有心却无权管理。教会教育从基础的儿童识字教育,发展到高等大学教育,一直游离于中国教育体系之外,不受政府的监督和制约。教会办教育的最初目的是借教育的手段,扩大教会的影响,培养更多的中国教徒。虽然宗教目的第一位,教育第二位,但近代中国由于学校的数量和质量不能满足社会需求时,宗教学校成为中国教育的补充,确实为中国培养了一批社会所需的人才。教会教育最初以传播教义为目的,宗教的课程占有很大的比重。随着中国由于民族矛盾和文化冲突等原因课程设置逐步转向世俗化,宗教课程由必修改为选修。增加了大量自然科学与西方社会科学的内容。1919—1926年,中国爆发了"收回教育权"运动,反对教会学校对学生统治和奴化教育。1926年,国民政府曾禁止外国人办教会大学。

虽然不能否认教会教育的侵略性,但同样不能否认教会教育为中国教育带来的有益经验。在华的传教士翻译编写教科书为中国引进了西方先进的科学技术。教学方法采取讲求实证、注重实验的探究式教学方法,不仅提高了学生的动手能力和分析能力,还改变了中国传统死记硬背的教学方式。为配合教学的需要,许多教会学校拥有藏书丰富的图书馆、商品种类齐全的陈列室等,扩大学生专业知识面,将课程与商业实践更好地联系起来。

受现代民主思想的影响,民国时期政府对私人办学采取鼓励的措施。1914年12月教育部发文"教育本为地方人民尽之天职,国家不过督率或助长之地位。……今后方针注重自治的教育者,国家根本在于人民,唤起人民的责任心,而后学能有起色也"[1]。教育部强调人民是办学主体的思想,而政府的职能是监督。这一办学思想为民国时期私立大学的发展创造了条件。1912年,教育部公布《专门学校令》规定"凡私人或私法人筹集经费,依本令之规定设立专门学校,为私立专门学校"[2]。《大学令》中也规定"私人或私法人亦得设立大学"[3]。这是从

---

[1] 董鼎主编:《私立大夏大学》,台北:南京出版有限公司1982年版,第236页。
[2] 忻福良主编:《上海高等学校的沿革》,同济大学出版社1989年版,第252页。
[3] 忻福良主编:《上海高等学校的沿革》,同济大学出版社1989年版,第197页。

法律上确立了私立大学的办学合法性。1935年教育部颁布的《学位授予法》，规定"凡曾在公立或立案之私立大学或独立学院修业期满，考试合格，并经教育部复核无异者，由大学或独立学院授予学士学位"[①]。从这一法律规定看出，政府将私立大学与公立大学是放在平等的地位对待，私立大学是国家教育系统的一部分。受政府的监督管理，也受政府的保护。一系列的法律法规促进了私立大学的发展。

民族意识的觉醒也是私立大学发展的重要因素。为抵抗帝国主义对中国政治、经济、文化、教育的侵略，1919—1926年，针对教会教育的收回教育权运动如火如荼地开展起来。为声援震惊中外的"五卅惨案"而爆发的学生运动，上海圣约翰大学学生集会游行，却被校方制止，并撕毁国旗。十九名教师与学生全部离开，自行组建了光华大学，取"日月光华，以光达中华"之意。中国公学是中国留学生反对日本书部省颁布的《取缔清国留日学生规则》纷纷退学回国创办的。在与侵略者不断的斗争中人们认识到，仅学习西方的科学技术、政治制度是远远不够的，国民没有现代化的文化素质，也没有现代社会的思想观念，中华民族是无法走向富强民主的复兴之路的。不少私立大学就是在这样的背景下建立的。

经济发展和民族资本主义的力量不断增强，现代化的城市逐渐兴起，这些为私立大学的发展提供了物质基础。从私立学校的地理分布来看，这些学校大多位于中国商业贸易发达的地区，如上海、天津等，这些地区商业、企业云集，知名学者、业界名流聚集，商业大贾汇聚，他们通过各种方式支持私立大学的发展，为业界培养人才。如荣氏企业对大夏大学、光华大学等许多私立大学给予资金等方面支持，促进了这些私立学校的发展。

私立大学为谋求发展，充分利用自身优势，结合市场需求与社会发展的需要办学，及时设置社会急需的学科，调整专业设置和教学内容，形成了自己的办学特色，以求获得更多的社会资助与支持。这样的办学特色符合了教育服务于社会的功能，具有鲜明的时代特征。

大部分的私立大学在解放后被拆分到各个知名大学，商业教育作为

[①] 董霨主编：《私立大夏大学》，台北：南京出版有限公司1982年版，第238页。

三 管理不断规范

从洋务运动创办新式学校开始,到抗日战争的爆发,高等商业教育从无到有,从最初仅有的商务英语教育到民国时期门类齐全科目丰富,仅用了不到一百年的时间。在南京国民政府成立后,对教育更注重质量的提高,对高等教育建立了一套严格管理措施。所以抗战前,高等商业教育的教学质量也有明显的改善。

(一) 管理体制

南京国民政府建立之初,提出的教育宗旨是"党化教育",即革命化、人格化、社会化、科学化、民众化与职业化。① 1928 年第一次全国会议后,改为"三民主义教育"。1929 年 3 月,教育部召开第三次全国代表大会,正式确立了"三民主义教育"宗旨,即"中华民国之教育,根据三民主义,以充实人民生活,扶植社会生存,发展国计民生,延续民族生命为目的,务期民族独立,民权普遍,民生发展,以促进世界大同"②。在这样的教育宗旨下,南京国民政府建立了一套从中央到地方的教育行政管理体制。

1928 年 6 月 13 日公布《中华民国大学院组织法》,规定大学院下设高等教育处负责管理高等教育的相关事项。1928 年 11 月 1 日,国民政府下令将大学院改组为教育部。教育部为南京国民政府教育的最高行政机关。1928 年 12 月教育部正式公布了《教育部组织法》,规定教育部是管理全国学术即教育行政事务的机关。教育部下设五个司,其中高等教育司,分设第一、二司,管理有关大学和专科学校的相关事项。1933 年 4 月公布的《修正教育部组织法》,细化了各部门的行政职责,教育部的组织机构和管理职能日趋成熟。

对于各级地方教育行政部门,国民政府也做了相关的规定。1931 年,国民政府通过《修正政府组织法》,规定教育厅为省政府的教育最

---

① 罗庆山:《中国三十年来教育宗旨之变迁》,《教育学报》1941 年第 7 期。
② 宋恩荣、章咸选主编:《中华民国教育法规选编》(修订版),江苏教育出版社 2005 年版,第 35—36 页。

高管理机构，职能之一就是管理各级学校。省立学校的直接管理者是省教育厅，具有学校所在地的地方政府行政管理权。1930年，国民政府公布《市组织法》规定"一为院辖市，直隶于行政院；一为省辖市，隶属于省政府，院辖市教育主管机关之地位，等于省教育厅；省辖市教育主管机关，等于县教育局（科）"[①]。

在国家大一统的管理模式下，有计划、有组织地管理高等教育，在当时社会环境不稳定，政府缺乏有力的执政能力的情况下，对监管教育质量、改善教学效果还是极为有效的。

（二）学校管理制度

学校管理包括对学校工作的组织和领导。是确立学校内部管理机构、职务设置，规定教职员工职责和权利以及学校管理原则、方法。南京国民政府在不断的摸索和实践中，初步建立起了高等学校管理制度。

1. 大学的管理

1929年7月26日，国民政府颁布《大学组织法》，规定大学设校长一名，综理校务。国立大学校长由国民政府任命，省立市立大学校长，由省市政府分别呈请国民政府任命。独立学院设院长一名，综理院务。大学各学院的院长、各学系主任、各学院教员、职员、事务员由校长任用，但大学的教学、经费等由大学设立的校务会审议决定。校务会审议事项包括：大学预算、大学学院学系之设立废止、大学课程、大学内部各种规则、关于学生试验事项、关于学生训练事项、校长交议事项等。私立大学或私立独立学校董事会之组织及职权由教育部规定。

2. 专科学校的管理

专科学校设校长一人，综理校务。国立专科学校校长由教育部聘任，省立或市立专科学校校长，由省市政府请教育部聘任。专科学校设校务会议，其规则由学校自定，呈请教育部核准。专科学校的人员聘用由校长决定。私立专科学校董事会之组织及职权，由教育部规定。

---

① 国民政府教育部主编：《第二次中国教育年鉴》，上海商务馆1948年版，第507页。

(三) 教学管理

从1922年新学制公布至南京国民政府成立之前，随着高等学校扩展，各学校的自主权很大，学校自行制定各系科课程，造成全国大学课程设置无序混乱的局面。为规范学科专业性，1929年8月14日教育部公布《大学规程》规定学系名称、确立共同必修课、主辅修制、学分制。大学各学院或独立学院各科分成若干学系，并对学系做出了明确的规定。大学商学院或独立学院商科，分银行、会计、统计、国际贸易、工商管理、交通管理及其他各学系。对各学系名称的明确规定，既统一了名称，规范了管理，也为学科发展明确了方向。大学各学院及独立学院各科，须以党义、国文、体育、军事训练、第一、第二外国语为共同必修课目。一年级学生不分系，但须修习基本课程。学分制在民国建立之后一些学校就开始实行，因为修满学分就可毕业，学生为提早毕业，课程学习只讲求结果，学习过程不甚精细。为确保学生学习效果，《大学规程》规定大学各学院与独立学院各科课程采取学分制，但学生每年所修学分须有限制，不得提早毕业。1932年公布了学分制划一办法，各学校一律采用学年兼学分制。党义、体育、军事训练为必修课目，虽不计入学分，但不合格者不能毕业。

1931年3月26日颁布的《修正专科学校规程》基本与《大学规程》内容类似。对商业专科的规定如下：设两种专科以上，可称为商业专科学校。包括银行专科学校、保险专科学校、会计专科学校、统计专科学校、交通管理专科学校、国际贸易专科学校、税务专科学校、盐务专科学校及其他关于商业的专科学校。各种专科学校以党义、国文、军事训练、外文为共同必修课目。课程采取学分制，但学生每年所修学分须有限制，不得提早毕业。

(四) 教师管理

中国近代自新教员产生以来，教育一直面临着师资不足，尤其是合格新式教师短缺的问题。商业教师短缺一直是困扰高等商业教育发展的问题。高等商业教育需要教师有精深的专业知识水平与具体实践的工作经验，而具备这些素质的专业人才都从事着福利待遇更好的相关行业。师资力量的不足成为困扰各高等商业院校的难题。南京国民政府为了确保高等教育的质量，按照相关规定，即使在专业教师缺乏的时期，也没有降低对教师队伍水平的要求，反而还出台了一系列规章条例，对教师提出严格的要求。

1. 资格认定

1927年6月15日南京国民政府教育行政委员会公布《大学教员资格条例》（以下简称《条例》），规定大学教员的名称从高到低共分为四等，一等为教授，二等为副教授，三等为讲师，四等为助教。在《条例》中特别声明这四种称谓只能在大学教员中使用。《条例》还对教师的资格审查的程序，以及相关的附则都有了明确的规定。

1940年10月公布了《大学及独立学院教员资格审查暂行规程》（以下简称《规程》），这一规程是对1927年《大学教员资格条例》的进一步补充和完善。以副教授为例，《条例》规定副教授要符合：

第八条　外国大学研究院研究若干年，得有博士学位而有相当成绩者。

第九条　讲师满一年以上之教务，而有特别成绩者。

第十条　于国学上有特殊之贡献者。①

而在《规程》中对副教授的规定为：须具有下列条件之一：在国内外大学或研究院所得有博士学位，或同等学历证书，且成绩优良并有价值之著作者；任讲师3年以上，卓有成绩并有专门著作者具有讲师第一款资格，继续研究或执行专门职业4年以上，对于所习学科有特殊成绩、在学术上有相当贡献者。

二者对比，《条例》对大学教师的资格要求较为笼统，不便于实际操作。而《规程》更为细化，更符合现实情况，具备相关资格教师的条件多种，符合其一便可，这种不单单是以学历论资格的做法更利于教师队伍的发展。

对其他教员的资格在《规程》中规定如下。

助教。须具有下列条件之一：国内外大学毕业，有学士学位且成绩优良者；专科或同等学校毕业，曾在学术机构研究或服务2年以上且卓有成绩者。

---

① 中国第二历史档案馆编：《中华民国史档案资料汇编》第5辑第1编，江苏古籍出版社1991年版，第168页。

讲师。须具有下列条件之一：在国内外大学或研究院所研究，得有硕士或博士学位或同等学力证书，且成绩优良者；任助教4年以上，卓有成绩并有专门著作者；曾任高级中学或其同等学校教员5年以上，对于所授学科确有研究并有专门著作者；对于国学有特殊研究并有专门著作者。

教授。须具有下列资格之一：任副教授3年以上，卓有成绩并有重要著作者；具有副教授第一款资格，继续研究或执行专门职业4年以上，有创造发明，在学术上有重要贡献者。[①]

相关材料还须通过学术委员会审查才能通过，对于学术上有突出贡献者经过学术委员会委员表决，3/4委员同意便可通过。这些相关规定既表明了政府对高校教师选聘的慎重，也表明人才选拔的灵活性。

2. 聘任程序

除此之外，《规程》也对专科以上教员的聘任程序做出规定。专科以上教员由校长根据教育部相关规定的等级聘任。第一次属实习期，试聘一年，第二次续聘一年，以后每次续聘期为两年。未取得教育部教员资格等级审核者，可先入职后办理审核手续。教育部规定了教员的义务，也规定了对应的权利。除教员违反聘约及有重大事故经教育部核准外，学校不得解除聘约。这一条保障了教员的合法权益。

3. 薪资福利

教育部为激发教员的教学、科研激情，将每个名称的教员分为不同的级别。助教、讲师、副教授各分为7个级别；教授分为9个级别，第1级为最高级。每一级别薪资相差若干。助教第1级为160元，第7级为80元。讲师第1级为260元，第7级为140元。副教授第1级为360元，第7级为240元。教授第1级为600元，第9级为320元。可见，不同级别与职务之间的差别是很大的。这从一个侧面体现了政府对知识分子的重视。

1926年，为使教员安心终身教育事业，国民政府公布《学校教员养老金及抚恤金条例》及细则。使教员老有所养，去世后家属有依靠。

[①] 李国钧、王炳照主编：《中国教育制度通史》第7卷，山东教育出版社2000年版，第192页。

教育部于 1931 年 5 月颁布《国立专科以上学校教授休假进修办法》，规定国立专科以上学校教授满 7 年以上，成绩卓著者，应予以离校考察或研究半年或 1 年。

商学院虽然多为兼职教师，但这些兼职教师多为热心教育的商界或财经界的精英人士，他们具有留洋经历、丰富的工作经验，受学校邀请兼职于教育。他们虽不能在固定时间上课，但在一定程度上缓解了商学院师资不足的问题。

（五）学生管理

对学生实行严格规范的管理是教育工作的重点，也是学校生存与发展的基础。商学院的学生多来自富裕的家庭，经济上较为宽裕，而各类商学院多开设于经济发达地区，外部环境的吸引与自身经济状况，使商学院学生难免多关注学习之外的事情，结果是导致学生缺勤率较高，影响学习效果。商学院更要严格贯彻各种关于学生的管理规章制度。

在《大学规程》中，对大学或独立学院的入学资格规定："须曾在公立或已立案之私立高级中学或同等学校毕业，经入学试验及格者。"为督促学生在求学期间认真学习，教育部规定大学设置四种试验（即考试）：第一，入学试验。入学试验是验证学生是否具备升入大学学习资格的，由校务会议组织招收委员会于每学年开始以前举行。第二，临时试验。是检验学生平时学习情况的，由教员自行决定，但每学期至少要举行一次。与其他课程相关内容合并核计作为平时成绩。第三，学期试验。由院长会同各系主任及教员于每学期末举行。与平时成绩合并核算，作为学期成绩。第四，毕业试验。由教育部派校内教授、副教授及校外专门学者组织委员会举行。校长为委员长。每种课目须有校外委员参与。考试时间为最后一学期内举行。试验课目在四种以上，至少有两种包含全年的课程。在毕业试验前需要提交毕业论文，可自己撰写，可译书代替。在毕业试验委员会评定后，将论文或译书成绩与毕业试验成绩及各学期成绩合并核算，作为毕业成绩。

商学院的教学内容包括两部分，一部分是理论知识，另一部分是实践经验。所以商学院的实习显得尤为重要，实习未达标就不能毕业。教育部对实习也有相关规定。农、工、商各学院学生，自第二学年起须于暑假期内，在校外相当场所实习若干时期。无此项实习证书者，不得毕业。实习程序由各该学院自定，但须经教育部核准。

《大学规程》规定专修科的入学资格为"须在高级中学或同等学校毕业，经入学试验及格者"，专修科的修学年限为二到三年，修业期满，考核成绩合格由大学或学院给予毕业证书。

1931年3月26日教育部公布的《修正专科学校规程》，规定入学资格为与大学相似，不同之处在于除高级中学毕业生，也可是同等学力者，但同等学力学生不能超过录取总数的五分之一。学校对学生的考核大体与大学类似，但专科毕业不需要撰写论文。专科生或毕业生有进一步深造求学需求的，教育部颁布了《关于专科学生或专科毕业生升学办法的训令》，规定不同修业年限的专科生或专科毕业生可投考相应学年学期的本科或独立学院。这一做法前所未有，为提高专科生的学历层次提供了机会。

（六）教材管理

教材是知识的载体，教材的优劣直接影响教育质量。全国的高等商业教育课目课程在1922年的学制建立之时就得以确定，但教材却不统一，学习内容也没有统一的标准，各地教学情况不一致，各学校根据自己情况参考欧美及日本办学模式自行划定课程安排，这种各自为政的做法，妨碍了高等商业教育的整体发展。为严格规范教材的编写与审定，1929年1月22日，教育部颁布了《教科图书审查规程》，规定："学校所用之教科图书，未经国民政府行政院审定或已失审定效力者，不得发行或采定。"① 同时还颁布了《订定审查教课图书共同标准》，确立教材的精神、实质、编写规范、文字、形式等都有了统一规范的标准。

从在标准订定前后出版的两本高等商业教材就可以看到不同：

从图4-1到图4-3可以看到，这本于1917年由北京朝阳大学出版、戴修瓒负责编写的《朝阳大学讲义——财政学、商行为》的封面、目录及部分内容，这本教材共计240页：

---

① 中国第二历史档案馆编：《中华民国史档案资料汇编》第5辑，江苏古籍出版社1994年版，第89—92页。

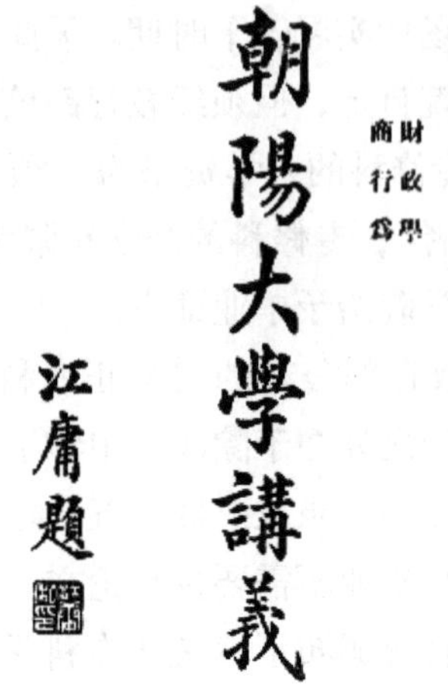

朝陽大學講義 財政學 商行為

江庸題

图4-1 《朝阳大学讲义——财政学、商行为》封面

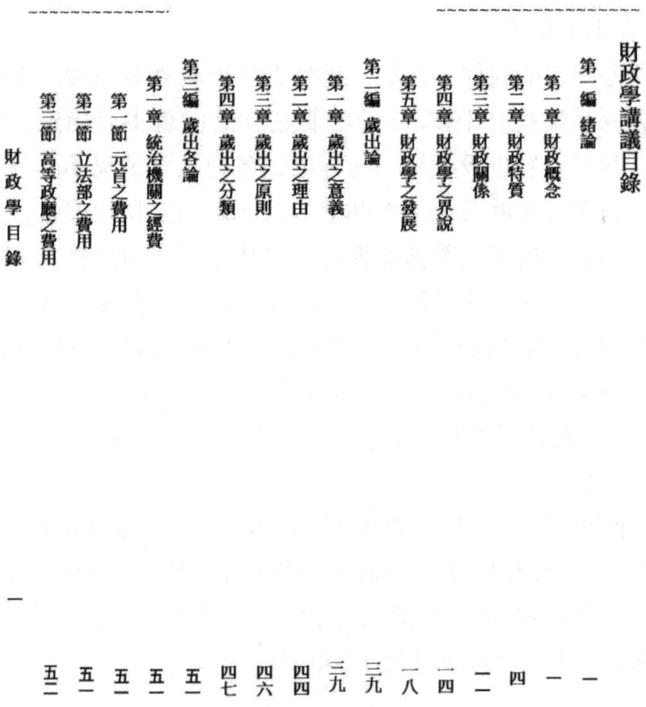

財政學講議目錄

第一編　緒論
　第一章　財政概念 ………………………………… 一
　第二章　財政特質 ………………………………… 一
　第三章　財政關係 ………………………………… 四
　第四章　財政學之界說 …………………………… 二
　第五章　財政學之發展 …………………………… 八
第二編　歲出論
　第一章　歲出之意義 ……………………………… 三九
　第二章　歲出之理由 ……………………………… 三九
　第三章　歲出之原則 ……………………………… 四六
　第四章　歲出之分類 ……………………………… 四七
第三編　歲出各論
　第一章　統治機關之經費 ………………………… 五一
　第一節　元首之費用 ……………………………… 五一
　第二節　立法部之費用 …………………………… 五六
　第三節　高等政廳之費用 ………………………… 五七

財政學目錄 …………………………………………… 一

图4-2 财政学讲义目录

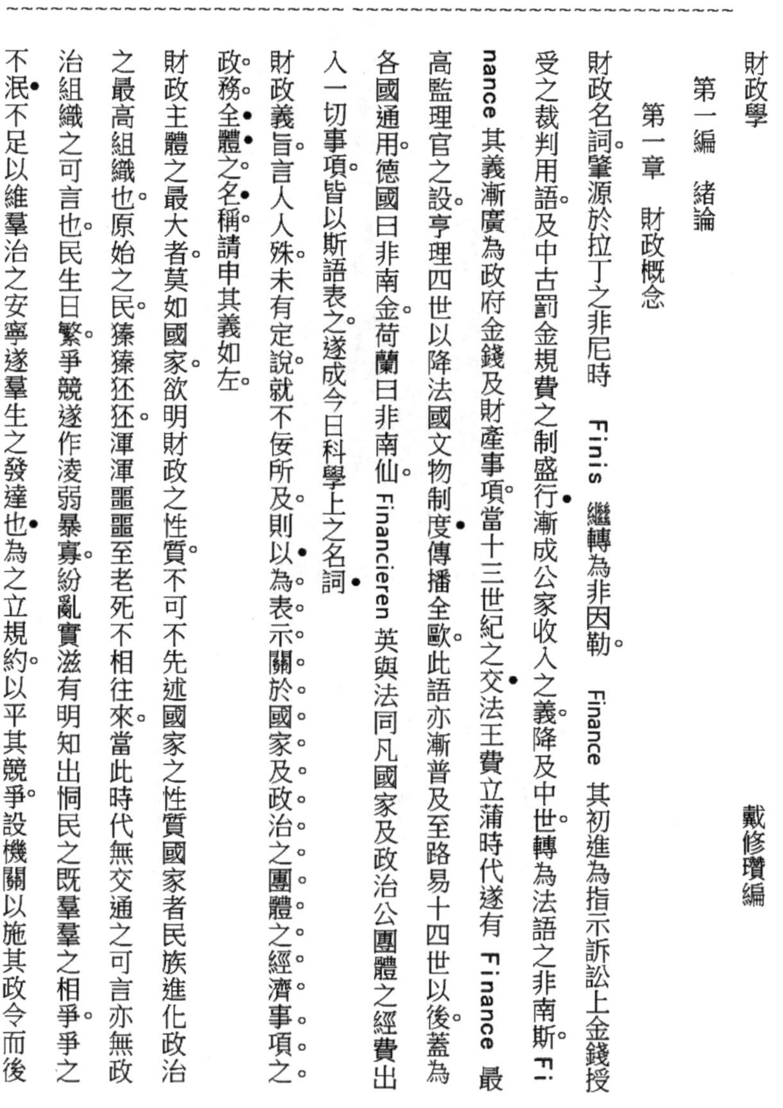

第四章 民国时期高等商业教育的发展

財政學

戴修瓚編

第一編 緒論

第一章 財政概念

財政名詞肇源於拉丁之非尼時 Finis 繼轉為非因勒。Finance 其初進為指示訴訟上金錢授受之裁判用語及中古罰金規費之制盛行漸成公家收入之義降及中世轉為法語之非南斯 Finance 其義漸廣為政府金錢及財產事項當十三世紀之交法王費立蒲時代遂有 Finance 最高監理官之設亨理四世以降法國文物制度傳播全歐此語亦漸普及至路易十四世以後蓋為各國通用德國曰非南金荷蘭曰非南仙 Financieren 英與法同凡國家及政治公團體之經費出入一切事項皆以斯語表之遂成今日科學上之名詞財政義旨言人人殊未有定說就不佞所及則以為表示關於國家及政治之團體之經濟事項之政務全體之名稱請申其義如左

財政主體之最大者莫如國家欲明財政之性質不可不先述國家之性質國者民族進化政治組織之可言也原始之民獉獉狉狉渾渾噩噩至老死不相往來當此時代無交通之可言亦無政治之最高組織也民生日繁爭競遂作凌弱暴寡紛亂實滋有明知出恫民之既羣羣之相爭爭之不泯不足以維羣治之安寧遂羣生之發達也為之立規約以平其競爭設機關以施其政令而後

財政學 第一編 緒論

一

图 4-3 戴修瓒编《财政学》正文首页

图 4-4 到图 4-6 则是于 1940 年由美商永宁有限公司出版、杨汝梅编写的《新式商业簿记》的封面、目录页和部分内容，这本教材共计 270 页。

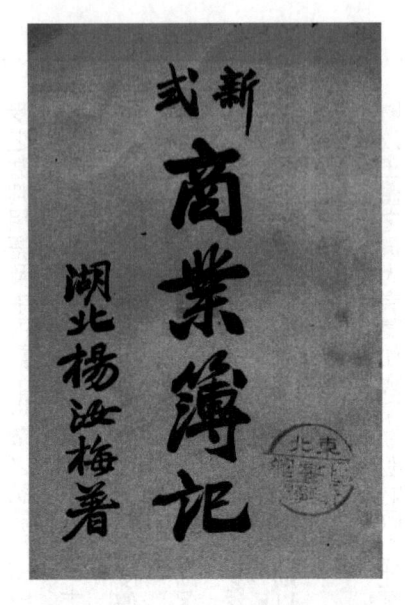

图4-4 《新式商业簿记》封面

图4-5 《新式商业簿记》目录

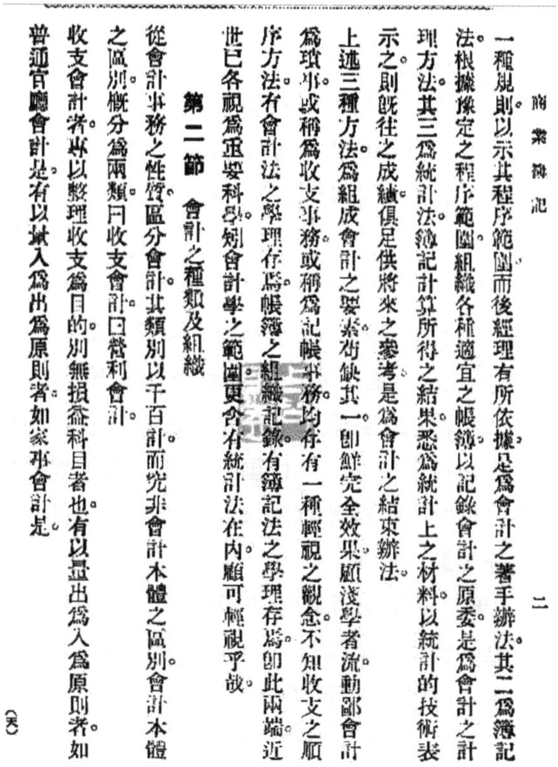

图 4-6 《新式商业簿记》正文（部分）

从两本教科书的对比中发现，1917 年出版的《朝阳大学讲义——财政学、商行为》将两门不同的课程编写成一本教材。财政学（Public Finance），即国家财政是以国家为主体，通过政府的收支活动，集中一部分社会资源以满足社会公共需要的经济活动，属于应用经济学。[①] 而商行为是商事主体依据自己的意志，为追求营利依法所实施的各种营业活动。而我国对此普遍认同的概念是：商主体所从事的以营利为目的的经营行为。[②] 从两个概念看出，教材编写内容不规范。

《订定审查教课图书共同标准》中"关于教材之组织者"要求"题

[①] 李友元主编：《财政学》，中国商业出版社 1995 年版，第 2—3 页。
[②] ［日］志田钾太郎口述：《商法总则》，熊元楷编，何佳馨点校，上海人民出版社 2013 年版，第 1 页。

目醒目确切","关于形式者"要求"字体大小适宜"。从两本书排版印刷效果对比,明显 1940 年出版的《新式商业簿记》从教材的组织形式与字体大小等方面更适合学生学习与阅读。

由此可见,教育部对教材审查和规范标准的做法是及时与正确的,对提高高等商业教育的教学质量是必要的。

四 上海商学院——民国高等商业教育发展变革的样本

上海商学院,今上海财经大学的前身,源于南京高等师范学校商业科。1917 年,因受经济迅猛发展与职业教育思潮影响,南京高等师范学校下设商业科。之后随社会政治、经济、教育等各种因素的影响,商业科逐步发展、壮大乃至独立。从民国之初建立至抗战爆发,上海商学院的发展过程不仅是民国高等教育发展的一个缩影,也是民国高等商业教育发展变革的一个鲜活样本。

(一)南京高等师范学校商业科(1917—1920 年)

南京高等师范学校是在原江苏两江优级师范学堂基础上设立的。该学堂为清末洋务派大臣张之洞于 1903 年在南京创办。1911 年辛亥革命爆发,被迫停办。1915 年 8 月正式开学,定名为南京高等师范学校。江谦任第一任校长。

北京政府成立后,国内经济形势良好,为解决商业人才短缺问题,1912 年 3 月设立的农商部提出:"采取选送部分人员到国外留学、筹办商业高等学校、附设商业补习学校等措施。"[①] 为规范高等教育,同年教育部颁布的《大学令》中将学科设置为文、理、法、商、医、农、工七科。在《高等师范学校过程》中规定"高等师范学校得设专修科"[②]。当时社会已经兴起职业教育思潮,职业教育为各教育家们多所关注。为符合高等师范教育要求,同时为了满足社会需求,南京高等师范学校于 1917 年 7 月在原国文和理化两部的基础上,增设了商业科、农业科、英文科,代校长郭秉文在 1918 年《关于本校概况报告书》中写到了开设商业科的目的:"鉴于人们生产力薄弱,而一般毕业学子又

---

① 李浚源、任乃文主编:《中国商业》,中央广播电视大学出版社 1985 年版,第 265 页。
② 舒新城编:《中国近代教育史资料》中册,人民教育出版社 1981 年版,第 640 页。

多乏职业之智识技能，解决之法惟有提倡职业教育。……增设农业、商业专修科。"① 1917 年商业科首招 30 人，学制为三年，为中等商科学校培养师资。从 1917 年 7 月至 1920 年商科共招收三届学生。为提高教学质量，从课程实际出发，1919 年开始将专修科修业年限增至四年。

由于资金和师资的限制，南京高等师范学校商业科只开设两门课程：会计学和普通商业学。实行分班教学，英语为必修课。虽然科目开设少，但学校十分重视学生的实习。"平日则在校中实习，暑假则派往相当之处所实习。"为平日在校内实习，学校建立商品陈列室与商业实践室。假期学生多派往"各商店"。为保证教学质量，学校聘请曾留美哈佛大学的著名学者杨杏佛为商业科主任。外国人罗立（Ruly）担任英文教授。

商科开设的本意是为中等商业学校培养教员，但由于商科开设的科目符合社会的需要，教学方法得当，师资水平高，教学质量有保障，学生受到商界欢迎，多数进入商界，只有极少数充当教员。

(二) 东南大学分设上海商科大学（1920—1926 年）

教育部有意在全国设立大学区，每一区设立一所大学。计划在南京设一所大学。南京高等师范学校当时已经具备设立大学的基础，文理农工商都设有相关专业。学校计划将南京高等师范学校改为东南大学。1920 年经过多方努力，在校长郭秉文的带领下国立东南大学正式成立。

1920 年学校决定在原南京高等师范学校商业科的基础上扩充，商业科分设三个系：会计系、银行系、工商管理系。为使商科教育进一步发展，学校决定将商科设在上海。为整合教育资源，东南大学商科与同往上海搬迁的暨南学校商科合并建校，所需经费由东南大学承担 2/3，暨南学校承担 1/3。1921 年 7 月教育部准予备案，8 月 15 日入学考试，9 月 28 日正式开学。中国第一所商科大学正式成立。1922 年，暨南学校退出，由东南大学独自承办，更名为国立东南大学，分设上海商科大学。

根据民国时期国立东南大学 1923 年编印的《国立东南大学一览》

---

① 叶孝理等主编：《上海财经大学校史》第 1 卷（1917—1949），中国财政经济出版社 1987 年版，第 13—14 页。

中的数据，国立东南大学分设的上海商科大学分为预科与本科，本科名额设为20人，预科设为80人。本科为有一定专业基础的中等学校毕业生设置，学生须来自甲种商业学校或高等专门学校肄业一年的学生。考试内容不仅有基础知识，还增加簿记、商算、经济三门专业课程，学制为四年，实行学分制。预科则为普通中学毕业生设置，考试内容为基础知识，学制为一年。原东南大学商科学生转入上海商科大学。

上海商科大学从创建之初，极为重视学校的教学质量，所聘教务主任包括马寅初、朱进之、沈籁清、李道南、潘序伦。这些知名学者不仅担任行政职务，还担负学校的教学工作。经济学课程由马寅初担任，金融组织由沈籁清担任，会计与成本会计由李道南与潘序伦等人担任。其他教师多为留学英、美的学者，如蔡正雅、胡明复、邝光林等人。

学校在原有普通商业、会计、银行理财三个院系外，增设了工商管理系与国际贸易系。本科第一年不分学科，教学内容为商业基本知识，除国文、英文外，包括商法、商业算术、会计学、经济学、国文商业尺牍、英文商业尺牍等。第二年起分科教学，根据专业不同学习科目各不相同，必修课与选修课在6—15门。①

因为实行学分制，学生修满学分即可毕业，并授予学士学位。传承学校一贯注重培养学生实践能力的优良传统，学校利用上海的地缘优势，要求学生利用课余时间考察各处商业情况，为交流心得、提高学生的学术水平，学校成立会计学会，创办《会计学杂志》。

1925年，首批毕业生共计52人，其中36人因提早修满学分于春季提前毕业，16人在夏季毕业。为数不少的毕业生远赴欧美继续求学深造。②

（三）第四中山大学商学院（1926—1928年）

1926年北伐开始，1927年南京国民政府成立，蔡元培任大学院院长。蔡元培力主全国推行大学区制。东南大学在实行大学区制时改组为第四中山大学。1927年东南大学分设的上海商科大学开始改组。由于场地与师资问题，商学院只得留在上海，1927年10月15日，正式改组

---

① 国立东南大学主编：《国立东南大学一览》，国立东南大学1923年版，第44页。
② 国立东南大学主编：《国立东南大学一览》，国立东南大学1923年版，第44页。

为国立第四中山大学商学院。

商学院开设四科：银行科、会计科、工商管理科、国际贸易科。各科课程包括政治学、市政学、高级经济学、银行会计、中外金融等共计48门专业课程。① 除此之外，学生必须要学习"三民主义"的政治课程。按照第四中山大学的规定，学院继续采取学分制，实行弹性教学。

良好的经济发展形势，优越的区位优势，促使越来越多的人报考商学院。1927年全院有男女生共计84人。银行科38人、会计科16人、工商管理科12人、国际贸易系4人、普通商业系14人。② 学生人数增加，教师队相应增多，学院有副教授3人，讲师25人，助教3人。③

从设施到科研学校都予以充分重视，在第四中山大学商学院期间，学校新设一所银行实习室。学校图书大量充实，除增加专业中文书籍杂志外，还购进了英文、法文、日文、德文书刊杂志，中外书籍共计4224册，中外杂志报纸共计96种。④ 极大地开拓了学生的专业视野。学院还为学生科研创造条件，为"传达本院重要消息，间载研究文字"，学院从建院之初便开始出版院刊，院刊为旬刊。

（四）中央大学商学院（1928—1932年）

由于第四中山大学校名过于烦琐，难以体现学校的特色，1928年2月10日经大学院批准，被更名为江苏大学。因过于凸显地域性，不利于招生与学校发展，遭到师生一致反对。5月16日，第四中山大学改名为国立中央大学。商学院被更名为国立中央大学商学院。中央大学对商学院的定位是"中央大学区研究商业学术最高机关"，学院宗旨是"顺应社会需要，以培植商业专门人才"。

中央大学商学院所设科目与之前相同，仍为四科。每科均有主任、

---

① 国立中央大学商学院主编：《国立中央大学一览：商学院概况》，国立中央大学商学院1930年版，第10页。

② 国立中央大学商学院主编：《国立中央大学一览：商学院概况》，国立中央大学商学院1930年版，第10页。

③ 国立中央大学商学院主编：《国立中央大学一览：商学院概况》，国立中央大学商学院1930年版，第11页。

④ 国立中央大学商学院主编：《国立中央大学一览：商学院概况》，国立中央大学商学院1930年版，第12页。

教授、副教授、讲师、助教。1927年，教育委员会为规范高校教师队伍，加强教师资格审定与考核，颁布了《大学教员资格条例》。商学院更为重视教师学历与水平，所聘教师几乎都是欧美名校归国的博士、硕士留学生。

对教师严格选聘的同时，对学生的管理也逐步完善与严格。学院虽继续采取学分制，但还规定了所修各学程的学分标准。例如，规定各学程每周上课学时数与之相对应的学分；选修课与必修课的学分标准。使教学有章可循，有例可查。

1928年9月，男女在校生总人数达到133人，休学4人。银行科30人；会计科25人；工商管理科6人；国际贸易系3人；普通商业系5人。一年级学生37人，二年级学生20人，试读生7人。女生共计13人。①

1928年，商学院设置统计实习室、银行实习室。银行实习室之后扩充成为实习银行，名为"中大实习银行"。1929年设立消费合作社、工商调查部，设打字室供学生在校实习之用。为避免闭门造车，使学生进一步了解行业现状，学校与上海工商、金融各界联系，定期派学生实习。

为使学科与世界接轨，随时了解各国学科发展动态，商学院图书馆除不断购置新书外，还向国内外相关机构、著名学校函索新出刊物。至1931年图书馆所藏中西书籍共80000余册，报纸杂志320余种。②

1931年4月1日，学院结束了租借校舍的日子，举行了新院舍的落成典礼。1932年1月28日，图书馆连同新校舍惨遭日本炮火破坏而毁于一旦。

（五）国立上海商学院（1932—1936年）

1932年，中央大学本部爆发殴打新任校长段锡朋事件，国民政府行政院成立了中大整理委员会，委员会对分设上海的商学院与医学院做

---

① 国立中央大学商学院主编：《国立中央大学一览：商学院概况》，国立中央大学商学院1930年版，第10页。

② 叶孝理等主编：《上海财经大学校史》第1卷（1917—1949），中国财政经济出版社1987年版，第57页。

出了划分中央大学,改称国立上海商学院与国立上海医学院,并直属于国民政府教育部的决定。1932年7月22日正式宣布,中央大学商学院更名为国立上海商学院。

1932年,商学院独立后添加了各科专修科,为培养采访商业新闻人才,学院额外增设一班新闻专修科。

商学院在独立之后,无稳定拨款,学务混乱。学生又因经济负担过重,教学秩序严重破坏。1933年教育部接管商学院,命裴复恒为商学院院长。为整顿校务,提高教学质量,裴复恒提出"灌输高深商业技术知识,养成企业精神及提倡研究学术风气"的办学方针。他要求教师认真教学,"必得每天预备功课",要求学生养成"静心听讲……遵守时间上堂,毋或旷废"的学习风气。为了与社会需要相联系,他结合当时商业贸易的特点增加了必修课与选修课的课程,如殖民政策、中日贸易研究等。

商学院还注重不断丰富实习内容,1935年建立了商品陈列室,所列商品达到千余种,极大地丰富了学生的视野。不仅如此,为切实提高实习效果,规范实习制度,商学院于1936年颁布《国立上海商学院学生实习规程》,学生实习后要形成书面的实习报告,若连续两次不合格,将不能毕业。若实习未完,也不得毕业。商学院一直以来不断丰富学生实习内容,重视实习成果,不断完善实习制度,一改中国一直以来的教育重理论轻实践的不良风气,为其他学校发展实习实践课程提供了有益的借鉴。

为提高学院的学术水平,学院创办了《国立上海商学院院务半月刊》,后更名为《国立上海商学院院务报告》。续出了《国立上海商学院季刊》,编印商学丛书。1936年学院成立了经济研究室,专门负责出版各项研究报告。学院于1936年4月与社会科学研究社合办社会科学研究,编辑出版《社会科学研究》,将学术研究从校内延伸到社会,使学生更关注社会现状。

经过一系列的改革,学校教学质量大为提高,学生的成绩有明显提高。1934年共有48名毕业生,就业者39名。1936年毕业生73人,无一人失业。①

第五节　民国高等商业教育的特点

民国成立以后，受经济发展、社会进步的影响，各种教育思潮不断涌现，对教育的发展产生了巨大影响。在这些思潮的推动下，教育与社会的关系越来越密切。中国高等商业教育也在与社会互动中不断发展。

一　密切联系社会

《大学组织法》规定，大学应依照三民主义教育宗旨及其实施方针，以研究高深学术，养成专门人才为宗旨。这个教育宗旨体现了高等教育与其他类型的不同之处在于其学术性。也就是说高等商业教育不仅要满足当前商业对人才的需求，更重要的是能够引领商业的发展，为商业未来的发展提供可预见性的理论。所以高等商业教育不能闭门造车，与社会现实脱节，要加强与社会的联系。民国时期，从教育部的政策制定，到各个商学院的具体实施，都极为重视学生的实习，密切与社会的联系。

二　办学形成特色

民国时期，大学数量有了明显增加，学校同质化现象严重。为了使学校在激烈的竞争中获得更多的资源，各个学校费尽周折。在这个过程中，许多学校渐渐地探索出自己的特色，树立了社会声誉。比如上海商业学院发展多年，但几个主要的特色专业没有随着时间的更迭发生很大变化，形成了自己的优势学科。

三　严控教学质量

为严把高校教育质量关，南京国民政府教育部颁布了一系列的政策

---

① 叶孝理等主编：《上海财经大学校史》第 1 卷（1917—1949），中国财政经济出版社 1987 年版，第 88 页。

法规，规范了高校教学秩序，提高了教学质量。尤其对学生要通过的四种类型的考核方式，采取过程与结果相结合的评价标准，重视学生实践能力的培养，促进了学生在大学求学过程中的学习热情。这对今天高等教育也是有益的启示。

总之，抗日战争爆发前，中国的高等商业教育在数量上和质量上都有了长足发展，培养了一批影响中国近代商业发展的精英学子。

第五章

历史经验与启示

在世界范围内，高等商业教育发展的历史并不长，美国的第一所商科院系出现于1881年的宾夕法尼亚大学。以职业教育闻名于世的德国，第一所商业大学建于1898年的莱比锡。老牌资本主义国家的英国虽然在12世纪末就有了中世纪大学，但商业教育一直以学徒制为主要方式，直至1902年才出现进行高等商科教育的学校。而中国第一所以"商业"命名的学校是1891年张之洞在湖北创立的湖北方言商务学堂。可见，中国的高等商业教育的产生不算落后于世界，甚至可以说与世界是同步的。中国高等商业教育出现以后的发展过程历经波折，表面看是由于师资、教材等教育要素的缺乏所致，根本原因还是工商业经济的落后。但无论如何，在洋务教育、维新教育和清末教育改革的铺垫下，经民国时期一系列教育政策改革，中国近代高等商业教育在数量和质量上都有重大发展。与学习发达国家经验相比，认真梳理和总结本国高等商业教育早期发展历程中的特点和成败得失，对当代高等商业教育的持续健康发展具有独特价值。

第一节　中国近代高等商业教育的发展特点

在我国近代高等教育的发展进程中，高等商业教育呈现出诸多特点。

一　制度化不断增强

近代高等教育的突出特点就是其制度化和系统性，中国近代高等商业教育在这些方面是逐步增强的。

制度是要求成员共同遵守的、按照一定程序办事的规程或行动准则。① 教育制度其中一个内容是指教育机构与组织体系赖以存在和运行的一整套的规则，如各种各样的教育法律、规则和条例，等等。现代学校教育，对人才的培养是具有规模性的，这种规模性是以统一的标准为基础的。这个统一标准就是教育制度。教育制度的制定是为了更好地规范和管理教育、教学的整个过程，是人才质量的根本保障。传统的学徒制商业教育，虽然培养方式与程序有行业规定，但仅适用于行业内部，并不具有法律效力。而且在教学的具体实施过程中没有强制性的监督和管控，从授业年限、教学内容到教学效果都具有随意性和主观性。

在清末"壬寅癸卯学制"颁布以前，中国近代商业教育无制度可言，"癸卯学制"的实施使中国近代高等商业教育初步完成了制度化的嬗变。以京师大学堂为例，从1902年发展到1910年，共设有经、法、文、格致、农、工、商共七个学科。京师大学堂制度不断完善，根据"癸卯学制"的要求，大学堂相继颁布了《京师大学堂章程》《京师大学堂规条》《京师大学堂禁约》等规章制度，大学堂从组织建构到教学管理各个方面都显示了制度化的特征。大学堂规定：其一，设官学大臣一员，只有大学士、尚书侍郎可有资格担任，他们的职责是管理学堂各项教学事务——"主持全学"，并且管理教职员工——"统属各员"。其二，设总教习一员，不限资格，但由朝廷任命——"由特旨擢用"。职责是管理学堂教学。之后又增设一员，专门管理西学。总教习之下分设若干名中、西学分教习，职责是教授学生各门功课。他们是由总教习直接聘用的。其三，设总办一人。小九卿以及各部院司员方有资格担任。由官学大臣管理，负责学堂一切事务。另外，学堂还设有提调、供事、誊录若干人，负责学堂中各种杂务。教学管理更为制度化从而更为规范：其一，课程设置。大学堂章程要求"攷定功课为学堂第一要著"，对普通学和专门学的课程都予以详细规定。教材规定使用上海编译局编纂出版的课本。其二，教学组织形式。由于各地教学质量各不相同，导致学生水平参差不齐，为保证教学效果，《京师大学堂章程》规

---

① 夏征农主编：《辞海》，上海辞书出版社2002年版，第275页。

定"学校分班最为要义",根据学生入学考试时的成绩,分别编入三个不同等级的班。根据课业情况决定是递升还是递降。其三,考核方法。对学生课业的考核,大学堂章程规定借鉴西方的积分制。将学生所学功课分成不同种类,每种有相应的分值,每月对学生完成情况进行统计,并张榜公布。另外,学堂还对教师的选聘、职责权限、待遇;学生的招生条件、课堂纪律、毕业生的任用等,生活学习各方面都有严格而具体的制度。教育的制度化促进了中国高等教育的质变。至辛亥革命时,京师大学堂为中国培养了"12名预备科毕业生",中国近代史终于"有了自己培养的大学生"[①]。

南京国民政府成立后,中国高等商业教育发展已经初步成熟,相关规章制度也较为完备,对高等教育的方方面面都做出了制度性的管理,同时,不仅对已有规章制度不断修正与完善,结合实际情况颁布了许多新的规章制度。关于教育教学管理的规章制度包括《大学规程》《修正专科学校规程》《施行学分制划一办法》;对高校行政管理的规章制度包括《修正教育部大学委员会组织条例》《专科学校组织法》;对教师管理的规章制度包括《大学教员资格条例》;对学生管理的规章制度除《大学规程》《修正专科学校规程》《施行学分制划一办法》外,还包括《专科学生或专科毕业生升学办法的训令》。

除此之外,清末特别是民国时期对初级教育、中级教育、社会教育等所制定的一系列法律制度,也明确了高等商业教育与其他层次和类型教育的衔接,对保障高等商业教育的生源质量、提高高等商业教育的质量、发挥高等商业教育的多方面社会功能具有重要作用。

二 借鉴性和本土性同时并存

中国的近代化不是一个自发的过程,而是在西方列强的枪炮下,被迫产生和发展起来的。如同近代中国社会一般,中国近代的高等商业教育之所以快速发展,因为它不是自发的产物,而是一个不断向西方学习的过程,所以借鉴的痕迹十分明显。

---

① 李国钧、王炳照主编:《中国教育制度通史》第6卷,山东教育出版社2000年版,第255页。

（一）借鉴性

教育资源借鉴性。教育资源包括的内容极其丰富，如教育制度、教育经验等。教育制度的另一个内容是一个国家或地区的，各级各类的教育机构与组织。近现代的教育内容由西方引入中国，自然要建立起一套与之相适应的新式教育制度。可是中国无前例可循，新式教育又迫切需要新式教育制度，唯一的选择只能是向其他先进国家学习。学习的对象，选择了与中国情况类似且取得了教育改革成功的日本。所以，中国第一个学制是"壬寅癸卯学制"，以及之后建立的"壬子癸丑学制"，这两个学制主要借鉴了日本的教育体系。简单的制度模仿带来了不适应中国国情的诸多矛盾。为根本解决这些矛盾，中国又开始将目光投向欧美，最终借鉴了美国的学制，1922年颁布的"壬戌学制"，之后的学制都是在此学制基础上的改动。

京师同文馆作为京师大学堂的前身，最初建立时从学堂的管理到一线的教学，全部模仿西方，启用教师全部是西方传教士。即使到了抗日战争爆发前，中国本土的高等商业学校从弥补师资不足，提高教学质量、扩大学校知名度的角度出发，依然高薪聘请外国教员。如暨南学校的商法课程由外籍教授兰金担任，沪江大学商学院聘请美国教授毕义思。除了这些外国教授，商学院的本国教授绝大部分都有留学国外的经历。在1927年教育部对外公布的《大学教员资格条例》中，要求副教授条件之一是在外国大学研究院研究若干年并取得了博士学位。

虽然借鉴外国的教育资源在某些方面丧失了教育自主权，但从另外的角度看，这也加速了高等商业教育的发展，大大缩短了中国与世界发达国家高等商业教育之间的差距。

教育内容借鉴性。虽然中国古代流传下一些商业书籍，如有关经商经验总结的《计然篇》《陶朱公生意经》《卢氏本草经》；有方便商贾外出介绍各地风土人情的《天下水陆路程》；适合士商使用的实用书籍《士商类要》；培养学徒的训练教材《生意世事初阶》等。但这些古代的商业书籍缺乏科学性、系统性，内容与近现代商业贸易的现状不相符。而近代商业不仅是国内的商品流通，还包括了与各个国家间的贸易往来。

近代商业知识的内容已经成为一门系统的学问，不仅包括商业贸易的基本知识，还包括金融、保险、税法、交通、外交等相关知识。不仅包括国内的商贸知识，还包括其他国家的相关文化、法律等知识。所以中国近代高等商业教育的教科书多从国外引进，直接或翻译用以教学。除此之外，还将西方的各类体育运动引进中国，开设体育课程、定期举办运动会，一改传统教育只重视知识积累，忽视学生身体素质的传统，极大地丰富了商业教育的教学内容。

教学形式的借鉴性。中国传统的课堂教学形式是以教师为主体，通过教师的讲授传递给学生知识和技艺。学生的学习以死背硬记为主。这样的"教"与"学"，形成的结果是重理论轻实践、重结果轻过程，将教师作为教学的中心，忽视了学生的独立自主性。采取集体授课制为主要授课形式，无视学生的年龄和心理特点。

西方的教学形式被借鉴到中国，对中国的教育产生了颠覆性的改变。西方教学形式将西方民主、自由、平等的观点贯穿其中，注重学生讨论式、自主式、探究式的教学方式。教学中以学生的"学"为主，教师的"教"为辅。西式教学实行班级授课制，将年龄、心理相似的学生结合在一起，通过学生自己或团队对知识过程的探索，得出结论。这些借鉴西方的全新的教学形式使中国的教学形式向现代转变。

（二）本土性

中国近代高等商业借鉴西方时，并不是全部地照搬照抄，而是尽可能结合中国国情，体现出诸多本土化特点。

师资本土化。中国聘请洋师、派遣留学生本身就是为了师资本土化。盛宣怀在创办南洋公学时，将师范教育列入其中，目的就是为中国培养自己的师资力量。他将南洋公学改为高等商务学堂时曾聘请加拿大人福开森为监院，美国人薛来西博士教授理财、商律、公法；美国人勒芬尔教授宪法、商务、历史；乐提摩教授商业、书札、法文。并派遣学堂的华人教师与大部分学生前往各国进修学习，这样做的目的就是"不借材异地"。虽然民国时还有外聘教师"洋师"，但所占比重非常小，绝大部分为外国留学归来的中国人。

教育目的本土化。从洋务派以中国"自强求富"为目的建立中国第一个新式学堂——京师同文馆开始，中国兴办新式学堂，建立近现代学制，教育的目的都是本着服务中国、富强民族的目的。

教学内容本土化。中国近代最初向西方学习是在洋务运动时期，这一时期是认识的最初阶段。洋务派认为教育应当学习西方的器物之学，而思想意识形态还是以中国传统的儒家思想为主。所以洋务派提出了"中学为体，西学为用"的教育方针。洋务学堂的课程设置，中学内容还占有一定的比例。如张之洞创办的自强学堂，设置的8门课程中除兵操、体操外，文化课程包括汉文、地理、历史都主要是教授中学内容。在改为方言学堂后，增开课程达16门之多，其中的人伦道德、经学、中国文学、教育等都是有关中学的课程。在维新变法时期，以康有为、梁启超为代表的维新派对西学的认识更进一步。他们认识到中国不能只固守学习古人的学问，应学习更多的西方知识。西学不再只是西文、西艺，而主要的是西方政治制度、社会理论和自然科学。维新派在处理中学与西学的关系时提出"会通中西"的主张。也就是要在教学中打破中、西学的界限，实现二者的融合。张之洞在南京开设江南储才学堂时，商业课程的设置注意将近代商业知识与中国商业本土特色联系。商务门下除设置各国好尚、钱币轻重、各国货物衰旺的商业课程外，还专门开设"中国土货"一科。由于维新运动时间短暂，许多具体措施还未来得及实施。但他们的主张在"新政"期间得以实现。清末"新政"虽然彻底结束了封建科举制度，仿照西方建立了学制，设置了西式的商业课程。但直到南京国民政府时期，各高校的教学内容不但没有"全盘西化"，反而尽量将西方商业知识与中国本土文化相互融合。例如，算盘是中国商业最具传统性的计算工具，也是学徒制时期商业学徒的必学技能之一。到了民国时期，珠算也是商学院的必修课。在1936年国立上海商学院课程表中，一年级的全体学生的必修课之一就包括珠算，每周为2学时。①

中国近代高等商业教育的特点主要是开放与自主相结合，教育既不故步自封，仅局限于前人的教育，而是积极借鉴西方先进经验；也不对自我全盘否定，能够将本土特色与西方教育相结合，形成符合自身发展的教育模式。

---

① 赵永利：《教育变革与社会转型》，华中科技大学出版社2014年版，第122页。

三 受商业政策与商业发展状况影响明显

中国近代高等商业教育的每一阶段的突破,都离不开政府的商业政策与当时社会商业发展状况的影响。古代社会主要是自给自足的小农经济,各个政权对商业主要采取压制政策,商业无法自由和大规模发展。商业教育只能依靠学徒制在行业内部小范围进行。鸦片战争打破了小农经济的根基,对外贸易逐渐发展起来,清政府才意识到商业的重要性,在洋务运动、维新运动、清末新政时期,对商业分别采取了发展商务、恤商惠工、重商的政策,每一次对商业的重视政策,都促进了商业的发展,推动着中国高等商业教育向近代化迈步。以清末"新政"时期为例,清政府为保护商业发展,维护商业秩序,建立起了管理全国商业的行政机构商部、制定了商业法律制度、颁布了奖励工商业发展的章程、建立了近代商会。商业发展,促进了商人地位提高,使人们进一步意识到中、西商业的差距,以及发展高等商业教育的重要性。从国家到地方,从政府到个人,都积极创办高等商业教育。这一时期高等商业教育出现办学主体多样化的特征,有国立、公立、教会、商会、私人等各种类型的高等商业学校。同时,政府还将留学教育作为高等商业教育的补充。中国资产阶级在建立民国政权以后,更重视商业的发展,政府政策向商业倾斜,商业与国民经济的联系更加紧密,人们对商业重要性的认识程度加深,高等商业学校(院)从数量到质量达到了前所未有的水平。

第二节 中国近代高等商业教育的成就与局限

如前所述,中国近代高等商业教育在发展历程中逐渐形成了自己的一些特色,取得了诸多成就,但也存在明显的不足。

一 成就

(一)逐步形成了完整的教育体系

从晚清到民国,经过一批具有远见卓识的封疆大吏与社会有识之士的努力,加上历届政府的政策推动,近代高等商业教育的发展经历了一个从无到有、从少到多、从量变到质变的过程。

商业教育最初由于教育资源缺乏,只能杂糅在新式学堂的外语教学之中。张之洞在1891年建立方言商务学堂,当时由于资金缺乏,擅自向当地商户提高税赋,而被朝廷斥责。但看到商业教育的发展前景的他不改初衷,最终建成学堂,试图确立商业科目的独立性。之后又将这种尝试应用于自强学堂。但几乎与世界同步发展的高等商业教育,因缺乏教师与教材被取消,又作为外语教学的一部分,回归到外语科目下。直至1986年,张之洞在南京开设江南储才学堂时,专设了商务门与其他三门并立,其下设置各国好尚、中国土货、钱币轻重、各国货物衰旺四门学科。专门的高等商业教育终于初具形态,并脱离外语得以独立。虽然江南储才学堂在分科分级的教学形式上已经具备近代教育的雏形,但学堂的上下并无承接的学校,教育没有形成体系,高等商业教育制度尚未确立。

1902—1904年,在洋务派、维新派前期实践与思想铺垫下,清政府终于颁布了标志中国教育近代化的"壬寅癸卯学制",同时也标志着高等商业教育制度的确立,商业教育终于形成了一个前后衔接的体系。高等商业教育之下的初等教育、中等教育,为高等商业教育输送合格生源。高等商业教育有两个并立系统,一个是普通教育系列的高等学堂(大学预科)与大学堂的商业科,之上还有大学院(研究生院);另一个是实业教育系列的高等实业学堂中的商科。两个系统虽都为高等商业教育,但侧重点不同,普通教育系列注重培养学生的学术性,实业教育注重培养学生的实践技能。到清末新政时期,除了教会学校中的高等商业教育,中国共兴办了五所高等商业教育学校:京师大学堂的商科、上海高等商务学堂、江南高中等商业学堂、直隶高等商业学堂、湖北私立明德学堂的高等商业科。

民国初期,新成立的教育部仓促出台了一些教育规章制度,不仅没有促进高等商业教育的发展,反而触发了各种矛盾和问题。这一现象引起了社会广泛关注,从官方到个人纷纷对此发表意见和建议,最终催生了1922年深刻影响高等商业教育发展进程的壬戌学制。这次改革从根本上消除了封建教育的阴影,取消了牵制高等商业教育发展的预科教育，提高了高等商业教育的生源质量。从某种意义上说，壬戌学制完成了中国高等商业教育从近代向现代的过渡。

（二）理论与实践紧密结合

高等商业教育内容包括两部分，一部分是理论知识，另一部分是实践经验。"壬寅癸卯学制"的制定者已经注意到高等商业教育中学生的动手能力，认为应该多予以实践的机会，建议在商学类学校旁，设立供学生实习的商店，以锻炼学生的实践能力。癸卯学制规定："农、工、商船学堂，讲堂功课分类占总平均三分之二，实习分类占三分之一，商业学堂，讲堂功课分类占五分之四，实习分类占五分之一。"为防止各实业学校将实习教育流于形式，学部颁布《奏增定实业学堂实习分数算法》，强调实习的重要性，"并改变分数的计算办法，加大实习分数在总平均分中的比重"，"各等商业学堂实习时数较少，拟以讲堂功课之平均分数以四乘之，加入实习分数之平均分数，以五除之，使实习分数实占五分之一。所有学期考试、学年考试、毕业考试、复试考试，一律照此核算"。高等商业教育要突出技能训练，这是近代教育区别于传统教育的重要特点，也成为决定高等商业教育成败的关键。

民国时期，更重视高等商业教育中学生实际工作技能的培训，教育部对实习也有相关规定。农、工、商各学院学生，自第二学年起须于暑假期内在校外相当场所实习若干时期。无此项实习证书者，不得毕业。实习程序由各学院自定，但须经教育部核准。各商学院在保证商业理论知识教学的基础上，还通过各种形式的实习实践，提高学生的综合能力。不仅在校内建设各种类型的实习场所和陈列室，还组织学生积极参与到校外的社会活动中。国立上海商学院一直注重学生的实践能力的培养，在南京高等师范学校商业科时期，学校十分重视学生的实习。"平日则在校中实习，暑假则派往相当之处所实习。"为平日在校内实习，学校建立商品陈列室与商业实践室。假期学生多派往"各商店"。中央大学商学院时期，商学院设置统计实习室、银行实习室。银行实习室之后扩充成为实习银行，名为"中大实习银行"。1929年设立消费合作社、工商调查部，设打字室供学生在校实习之用。为避免闭门造车，使学生进一步了解行业现状，学校与上海工商、金融各界联系，定期派学生实习。在国立上海商学院时期，商学院还注重不断丰富实习内容，

1935年建立了商品陈列室，所列商品达到千余种，极大地丰富了学生的视野。为切实提高实习效果，规范实习制度，商学院于1936年颁布《国立上海商学院学生实习规程》，学生实习后要形成书面的实习报告，若连续两次不合格，将不能毕业。若实习未完，也不得毕业。商学院一直以来不断丰富学生实习内容，重视实习成果，不断完善实习制度，一改中国一直以来的教育重理论轻实践的不良风气，为其他学校发展实习实践课程提供了有益的借鉴。如南开大学商学院在学校内部设立各类学科的实习室，如银行实习部（兼设国外汇兑部）、会计实习室、统计实习室等。在学校内部模拟实习的同时，还组织学生组成商业调查团，深入海关、银行、交通等机关单位进行实地商业调查。

注重实践能力的培养不仅使学校教育能及时了解社会对高级商业人才的需求，也从根本上提高了学校的教学效果。

（三）与城市发展相互促进

高等商业教育建立之初，学校的创设主要与当地的地方官员重视程度有关。如张之洞在担任两湖总督、两江总督时期分别在任职所在地兴办商业学堂，湖北方言商务学堂、湖北自强学堂等，两江总督端方建立的南洋高、中两等商业学堂也是如此。但随着近代商业的区域化、集中化，商业教育投资主体多元化等因素，使得高等商业教育更趋向于在商业发达地区兴办。

盛宣怀在《南洋公学开办高等商务学堂折》中将南洋公学改为高等商业学堂时，曾言上海作为商业发达的大都市对高等商业教育的发展是有重要作用的，而高等商业教育对于当地商业发展也有促进作用，二者是互利互惠的："窃惟南洋公学款由商捐，地在商埠，若统称高等学堂，则与省会学堂不甚分别，且无所附丽。"[①] 究其原因，高等商业教育的发展从学科建设到教师招聘，都需要资金来保障。商会与商人投资教育已经成为一种社会风气，越是商业发达的地区，商会与商人越集中，高等商业学校获得投资的机会就越多。反过来，高等商业教育培养的人才除了一部分留学或教书外，大部分都会留在本地从事商业贸易活动，他们具备扎实的专业知识与实际动手能力，能够推动当地商业企业

---

① 盛宣怀：《愚斋存稿》第9卷，台北：文海出版社1980年影印版，第7页。

的发展，进而促进城市发展。这些社会的中坚力量在母校有需求时，也会作为兼职教师或到母校开办讲座，培养或影响更多的青年学子。以学促商、以商促学，二者形成一种良性循环，高等商业教育与所在地城市的发展相互促进。1936年教育部统计的高等商业教育共计17所高校，其中位于上海8所，其次在天津共计3所。这两个城市一南一北是当时中国商业最发达的城市。

二 局限

（一）办学经费的匮乏

资金问题是制约中国近代教育发展的普遍问题，从洋务派兴办学校开始，学校的创始人，一直在为筹集资金而烦恼。尤其是民国时期，军阀混战，国内政局不稳定，政府有心发展高等商业教育却无力投入实际。政局不稳和经费缺乏对办学有直接影响。如上海商学院，1920年因学科扩展，商科教学由南京迁往上海。但由于经费有限，与暨南学校商科合并建校，各校承担相应比例经费。1922年，暨南学校退出，由东南大学独自承办。之后在学校发展中多次遇到因经费短缺而面临搬迁或停办的危机。幸由历任校长多方筹措资金，克服各种困难学校才得以存续。国立高等商业学校尚且如此，经费短缺对私立学校的影响更为严重。如1911年爆发了辛亥革命，复旦学生为参加革命投笔从戎，参加革命军。学校经费被停发，校舍被军方占用，学校一度遭遇停办。直到12月中旬，校长马相伯、教务长胡敦复在无锡士绅的支持下，借李瀚章大公祠为课堂，昭忠祠为宿舍，才得以筹备复学。武昌中华大学于1912年兴办，由湖北黄陂县陈宣恺和陈朴生先后捐田二百石，白银三千两，官票五千串，家藏书籍三千余部，同时还争取社会各界及友人的支持和帮助，经过一番努力才得以建立，同年八月开始招生。

南京国民政府成立后，社会各界积极创建高等教育，高校数量增长过快，带来的后果就是各类学校分配的资源相对减少，资金匮乏问题更为严重。

（二）区域发展不均衡

马克思主义认为教育是由一定的生产关系决定的。但归根结底决定于生产力的发展。从教育目的到教育内容，再到教育结构等，都是一定时期社会生产力水平的反映。我国生产力水平发展在各地的差异性极大，这必然会影响到区域间教育的发展。同时，区域生产力发展的不均衡也会直接影响到该区域对教育的需求程度，这又往往是教育发展的深层次动力。如前所述，至1936年，中国内陆地区共有各种类型的高等商业院校共计17所，这些院校大部分集中在上海、天津等地区。这些地区商业、企业云集，知名学者、业界名流聚集，商业大贾汇聚。虽然如前所述，高等商业教育分布在上海、天津等地区有其合理性与必然性，但对于整个国家来说，教育资源发展过于集中，带来的后果就是高等商业教育发展的区域不平衡。越富裕的地方高等商业学校越集中，而越需要促进高等商业教育的贫困落后之地，反而越缺乏。长此以往，带来了社会资源分配与经济发展的不均衡，并且一直延续到中华人民共和国成立后。

第三节　反思与启示

在特定的历史时代产生和发展起来的中国近代高等商业教育，没有实现国富民强的初衷，没有从根本上改变旧中国的命运。但它的发展历程给我们今天在社会主义市场经济条件下办好高等商业教育留下了很多宝贵的启示。

一　办学模式多元化，学校发展各具特色

清末，主权沦丧，清政府无权完全掌管全国的学校教育。抗战前，由于政权更迭，政治局势动荡期多于稳定期，各时期政府无暇顾及学校的统一管理。所以从清末到抗战前，高等商业教育的办学主体呈现多样化的特征，有国立、公立以及私立的高等商业院校。虽然以今天的眼光来看，这些清末和民国时期的高等商业教育院系招生规模都非常小，但他们往往质量高而且各具特色。国立上海商学院，始终由国家拨款，受国家管理。虽然在中央大学商学院时期，学院宗旨是"顺应社会需要，以培植商业专门人才"，但这也体现了学院整个发展过程的人才培养目标。与其他类型的商学院相比，国立上海商学院资金有保障，并且相对

充裕，所以学院教育资源丰富，为学生实习在1935年建立商品陈列室，所列商品就达到千余种，这在一定程度上较之其他学校丰富了学生的视野。在课程设置上，学院除了尽可能丰富商业课程，还尽量培养其他相关人才。为培养采访商业新闻人才，学院在1932年额外增设一班新闻专修科。在优渥的教学资源基础上，国立上海商学院学风严谨，严把教学质量关，1936年学院毕业生人数达到73人，这些毕业生当年全部就业，就业率达到100%。

公立商业学校由地方拨款，学校的资金不如国立学校充裕，受地方财政的影响，学校规模往往不大，专业设置较少。如广东省立勤勤大学的商学院设立会计学系、银行学系、经济学系。河北省立法商学院，分大学部和专门部，大学部下设四系：法律系、政治系、经济系、商学系；专门部设三系：法律系、政治经济系、商学系。从1928年发展到1934年，共有教职员66人，学生236人。山西省立商业专科学校，1929年设银行科、会计科、商工管理科、税务科。这类学校与地方商业发展紧密，侧重于地方人才培养，如广东省随着商业贸易不断发展，商业企业不断增多，为配合地方商业发展的新情况，1935年勤勤大学商学院就增设了工商管理学系。

由于政府对各类学校在政策上采取一视同仁的态度。这一时期，私立高等商业教育机构数量所占比重极大，1936年，高等商业院校共计17所，其中私立就占11所，比例达到64.7%。为保障私立院校的教学质量，政府派教学指导人员经常到学校指导办学。由于私立院校比国立和公立院校面临更大的压力，所以会积极主动提高办学质量，推动高等商业教育的发展。私立高等商业学校的办学主体分为两类，一类是教会，包括沪江大学、天津工商学院。另一类是私人，包括复旦大学等。这些院校中不乏国内外知名学校。这些私立院校，由于资金不受官方制约，所以学校发展相对自由，学校的风气也较为开放，形成了自己的办学特色。私立高等商业院校由于资金源于校友捐赠或社会捐款，来源极不稳定，所以课程设置相对较少，复旦大学30年代后仅设银行系和会计系。但这两个专业成为复旦大学商学院的办学特色，毕业生在商界形成了良好口碑，考生对此趋之若鹜。沪江大学在创办商业夜校中，独树一帜，结合上海本地商业特色，以满足社会青年进修商业知识的需要为目的，开设了城中区商学院，在业界颇负盛名。

无论是国立商业院校，还是公立商业院校，抑或是私立商业院校，这些学校无论规模大小都没有盲目发展，而是根据自身特色，走出了一条符合社会商业需求的发展道路。这给我们今天的商业高校发展提供了有益的借鉴。学校的发展不在于规模的大小，专业的齐全与否，而是要发挥自身特色专业的优势，形成学校的办学特色，培养具有特色的人才，这样才能在大量同质的学校中脱颖而出。

二 资金来源多渠道，学校发展自由灵活

在中国近代高等商业教育的发展过程中，无论哪类办学主体创办的高等商业院校，资金来源的渠道都是多元的。从1937年"教育经费数"的编制表格中，教育收入共有六项，包括：（1）国家和省级的拨款即"国省库款"；（2）学生的缴费；（3）学校资产出租的利息收入即"租息收入"；（4）资产及捐助款；（5）杂项收入；（6）附属机关收入。学校的总收入中除了政府拨款占有相当比重外，民间对学校捐赠在学校收入中也占有一定的比例。如1937年，各类大学总收入共计20678138元，资产及捐助款为3611401元，占总收入的17.46%。其中，私立院校捐助款占学校总收入的比重最大，私立大学占49.29%，私立学院占60.53%。①究其原因，向学校捐赠一度成为社会风尚。有社会名流为回报社会向高校捐款，有校友为支持母校发展捐款，有各类商会为促进自身行业发展捐款等。高等院校的资金来源多元化，对高等院校的发展具有重要作用。如民国时期私立高等商业院校，虽然受国家管理，但从学校规模到学科设置都有完全的自主性。而国立、公立院校接受社会各界捐赠的款项，多用于教育教学设施建设与人才引进，为学生提供了良好的教学环境和师资。

而根据我国2016年教育部年度经费预算的报告中，各类学校收入的项目中包括五项：（1）一般公共预算拨款收入；（2）政府性基金预算拨款收入；（3）事业收入；（4）事业单位经营收入；（5）其他收入。

---

① 根据中国第二历史档案馆编《中华民国史档案资料汇编》第5辑第332页"教育经费数"数据计算得出。

可见目前我国高校的资金来源单一，主要依靠国家拨款。

三 政策制度倾斜实践，课业设计联系实际

中国近代高等商业教育的发展历程表明，高等商业教育的发展与政府制定的商业政策与商业发展的程度有密切关系。所以，当前政府应该利用高等商业教育这个有利的资源，有意制定向商业高校倾斜的政策，支持学生通过各种社会实习、实践，积极调查商业发展的现状，为政府提供第一手资料。鼓励商业高校参与商业政策的制定，为政府献计献策，促进商业发展。同时又能通过各环节的设计，提高高等商业院校师生的实践水平。

清末民初由于高等商业教育只注重书本知识的学习，教育与社会脱节，学生毕业即失业的现象极为严重。经过几次改革调整，高等商业教育机构纷纷制定理论联系实际的教育教学制度，将学生带出课堂，积极参与实践环节，提早与社会联系，培养学生的实践能力。经过不懈努力，改革收到很大成效。如国立上海商业学院在具体实施过程中，首先建立了商品陈列室，所列商品达到千余种，使学生对商品有直观的感受和印象。为提高实习效果，规范实习制度，商学院于1936年颁布专门的实习规定，即《国立上海商学院学生实习规程》。对学生的实习形式和实习成果做出规定，即学生实习后要形成书面的实习报告，若连续两次不合格，将不能毕业。若实习未完，也不得毕业。国立上海商学院对实践课程的重视，改变了中国长期以来重理论轻实践的不良风气，为其他学校发展实习实践课程提供了有益的借鉴。为提高学生的学术水平，为实习成果提供展示平台，学院还创办了《国立上海商学院院务半月刊》，后更名为《国立上海商学院院务报告》，后出版续书《国立上海商学院季刊》，编成商学丛书。1936年学院成立了经济研究室，专门负责出版各项研究报告。学院于1936年4月与社会科学研究社合办社会科学研究，编辑出版《社会科学研究》，将学术研究从校内延伸到社会，使学生更关注社会现状。

因而本书认为国家应该出台鼓励措施，使民间资助特别是商界的资助成为办理高等商业教育的重要力量，从而加强高等商业教育机构与商业实践的联系，增强高等商业教育的针对性和灵活性。同时，我国商业

院校要制定完备的教学制度，切实落实实践环节，尽早开展实践课业，将理论课程与实践设计紧密结合在一起，进一步提高学生的实践能力和水平。

总之，"以铜为镜，可以正衣冠；以史为镜，可以知兴替；以人为镜，可以明得失"。对近代高等商业教育产生和发展的过程的梳理和研究，可以帮助我们以史为鉴，吸取当中的经验教训，为今天高等商业教育的发展与改革提供思路。

参考文献

一 经典著作

（清）魏源：《海国图志》，岳麓书社1998年版。

（清）张之洞：《劝学篇》，中州古籍出版社1998年版。

（清）郑观应：《盛世危言》，华夏出版社2002年版。

（清）赵尔巽：《清史稿》，中华书局1976年版。

（清）曾国藩：《曾文正公全集》，吉林人民出版社1995年版。

二 中文著作

北京师范大学校史编写组：《北京师范大学校史》，北京师范大学出版社1982年版。

陈学恂主编：《中国近代教育大事记》，上海教育出版社1981年版。

陈学恂主编：《中国近代教育史教学参考资料》上册，人民教育出版社1986年版。

陈学恂主编：《中国近代教育史教学参考资料》中册，人民教育出版社1987年版。

陈学恂主编：《中国近代教育史教学参考资料》下册，人民教育出版社1987年版。

陈学恂、田正平编：《中国近代教育史资料汇编·留学教育》，上海教育出版社1991年版。

陈学恂主编：《中国近代教育文选》，人民教育出版社2001年版。

陈景华：《晚清巨人传·盛宣怀》，哈尔滨出版社1996年版。

杜作润、廖文武编：《高等教育学》，复旦大学出版社2003年版。

任鸿隽：《科学救国之梦》，上海科技教育出版社2002年版。

顾长声：《传教士与近代中国》，上海人民出版社 1981 年版。

顾明远主编：《教育大辞典》第 3 卷，上海教育出版社 1991 年版。

顾明远、薛理银：《比较教育导论》，人民教育出版社 1996 年版。

顾明远总主编：《中国教育大系——历代教育名人志》，湖北教育出版社 1994 年版。

顾学稼、林霨、伍宗华编：《中国教会大学史论丛》，科技大学出版社 1994 年版。

高时良、黄仁贤编：《中国近代教育史资料汇编·洋务运动时期教育》，上海教育出版社 1992 年版。

高奇：《中国高等教育思想史》，人民教育出版社 2001 年版。

高鸿志：《李鸿章与甲午战争前中国的近代化建设》，安徽大学出版社 2008 年版。

侯厚培：《中国近代经济发展史》，大东书局 1929 年版。

何晓夏、史静寰：《教会学校与中国教育近代化》，广东教育出版社 1996 年版。

黄济、王策三主编：《现代教育论》，人民教育出版社 1996 年版。

霍益萍：《近代中国的高等教育》，华东师范大学出版社 1999 年版。

李权时：《商业教育》，商务印书馆 1933 年版。

李楚材编著：《帝国主义侵华教育史资料》，教育科学出版社 1987 年版。

李桂林：《中国现代教育史教学参考资料》，人民教育出版社 1987 年版。

民国教育部：《第一次中国教育年鉴》，开明书店 1934 年版。

《南大百年实录》编辑组：《南大百年实录》上卷，南京大学出版社 2002 年版。

潘懋元、刘海峰编：《中国近代教育史资料汇编·高等教育》，上海教育出版社 1993 年版。

璩鑫圭、唐良炎编：《中国近代教育史资料汇编·学制演变》，上海教育出版社 1991 年版。

璩鑫圭、童富勇编：《中国近代教育史资料汇编·教育思想》，上海教育出版社 1997 年版。

钱曼倩、金林祥主编：《中国近代学制比较研究》，广东教育出版社 1996 年版。

舒新城编：《中国近代教育史资料》，中国人民教育出版社1981年版。
田正平：《留学生与中国教育近代化》，广东教育出版社1996年版。
田正平、商丽浩主编：《中国高等教育百年史论——制度变迁、财政运作与教师流动》，人民教育出版社2006年版。
汤志钧、陈祖恩等编：《中国近代教育史资料汇编·戊戌时期教育》，上海教育出版社2007年版。
王桂编：《日本教育史》，吉林教育出版社1987年版。
田正平主编：《中国教育思想通史》第6卷，湖南教育出版社1994年版。
王炳照、阎国华主编：《中国教育思想通史》第5卷，湖南教育出版社1994年版。
王立新：《美国传教士与晚清中国现代化》，天津人民出版社1997年版。
王铁军：《教育现代化论纲》，南京师范大学出版社1999年版。
王立诚：《美国文化渗透与近代中国教育——沪江大学的历史》，复旦大学出版社2001年版。
吴洪成：《中国近代教育思潮研究》，西南师范大学出版社1993年版。
吴洪成：《中国教会教育史》，西南师范大学出版社1998年版。
吴宣德：《中国区域教育发展概论》，湖北教育出版社2003年版。
夏东元：《洋务运动史》，华东师范大学出版社1992年版。
夏东元：《盛宣怀传》，南开大学出版社1998年版。
萧超然等编著：《北京大学校史：1898—1949》，北京大学出版社1988年版。
熊月之：《西学东渐与晚清社会》，上海人民出版社1994年版。
袁福洪编著：《商业教育之理论与实施》，台北：台北世界书局1977年版。
赵文华：《高等教育系统论》，广西师范大学出版社2001年版。
郑登云编写：《中国高等教育史》上，华东师范大学出版社1994年版。
周建波：《洋务运动与中国早期现代化思想》，山东人民出版社2001年版。
庄俞、贺圣鼐编：《最近三十五年之中国教育》，商务印书馆1931年版。
朱有瓛主编：《中国近代学制史料》第1辑上册，华东师范大学出版社

1983年版。

朱有瓛主编：《中国近代学制史料》第1辑下册，华东师范大学出版社1986年版。

朱有瓛主编：《中国近代学制史料》第2辑上册，华东师范大学出版社1987年版。

朱有瓛主编：《中国近代学制史料》第2辑下册，华东师范大学出版社1989年版。

朱有瓛主编：《中国近代学制史料》第3辑上册，华东师范大学出版社1990年版。

朱有瓛主编：《中国近代学制史料》第3辑下册，华东师范大学出版社1992年版。

朱有瓛主编：《中国近代教育史资料汇编》，上海教育出版社1993年版。

朱先奇等编著：《制度创新与中国高等教育》，中国社会出版社2006年版。

朱文富：《日本近代职业教育发展研究》，河北大学出版社1999年版。

朱英主编：《辛亥革命与近代中国社会变迁》，华中师范大学出版社2011年版。

中国史学会主编：《中国近代史资料丛刊·戊戌变法》，上海人民出版社1957年版。

中国第二历史档案馆编：《中华民国史档案资料汇编》第3辑，江苏古籍出版社1991年版。

张革非等编著：《中国近代史料学稿》，中国人民大学出版社1990年版。

张亚群：《科举革废与近代中国高等教育的转型》，华中师范大学出版社2005年版。

三 中文论文

常国良：《近代上海商业教育研究（1843—1949）》，博士学位论文，华东师范大学，2006年。

常国良：《买办与中国近代商业教育》，《河北师范大学学报》（教育科学版）2007年第6期。

常国良：《中国近代商业教育之萌芽——以19世纪后期上海买办的教育

背景为中心进行考察》,《山西师大学报》(社会科学版) 2007 年第 6 期。

常国良、张健稳:《从沪江大学看近代上海高等商业教育的办学路向——兼论教会大学中国化》,《山西师大学报》(社会科学版) 2008 年第 4 期。

邓耕生:《我国商业教育与商品学课程之演变》,《天津财经学院学报》 1983 年第 4 期。

范星:《近代商人对学徒教育参与及其意义》,《职业教育研究》 2010 年第 1 期。

李忠等:《学徒教育在底层民众实现社会流动中的方式与作用——以近代学徒教育为例》,《大学教育科学》 2008 年第 2 期。

刘秀生:《中国近代商学教育的发展》,《北京商学院学报》 1994 年第 1 期。

刘秀生:《中国近代中初级商业专门教育》,《北京商学院学报》 1994 年第 2 期。

刘秀生:《中国近代高等商学教育》,《北京商学院学报》 1994 年第 3 期。

汪涛:《科举教育与学徒教育》,硕士学位论文,山东师范大学, 2012 年。

吴玉伦:《商业教育的近代缘起》,《山西师大学报》(社会科学版) 2007 年第 6 期。

吴玉伦:《近代商业教育在清末的兴起》,《集美大学学报》(教育科学版) 2008 年第 2 期。

王晓东:《关于我国高等商科教育发展的思考》,《商业经济与管理》 2002 年第 12 期。

严昌洪:《近代商业学校教育初探》,《华中师范大学学报》(人文社会科学版) 2000 年第 6 期。

朱成钢:《商业发展与商业教育》,《上海商业职业技术学院学报》 2002 年第 1 期。

朱华雄、杜长征:《中国近代商学教育的早期尝试与挫折——以武昌自强学堂为中心》,《高等教育研究》 2012 年第 11 期。

曾金莲:《广东地区大学商科教育研究(1924—1937)》,硕士学位论文,暨南大学，2010年。
郑淑蓉、吕庆华:《中国商学教育的历史演进》,《天津商业大学学报》2011年第3期。
郑成伟:《近代天津商业教育研究》,硕士学位论文,天津师范大学,2012年。

四　中译著作

[美] 费正清、刘广京编:《剑桥中国晚清史（1800—1911）》下卷,中国社会科学院历史研究所编译室译,中国社会科学出版社1985年版。

[美] 费正清、赖肖尔主编:《中国:传统与变革》,陈仲丹等译,江苏人民出版社1992年版。

[美] 费正清、刘广京编:《剑桥中国晚清史（1800—1911）》上卷,中国社会科学院历史研究所编译室译,中国社会科学出版社1985年版。

[美] 费正清、费维恺:《剑桥中华民国史（1912—1949）》下卷,刘敬坤等译,中国社会科学出版社1994年版。

[美] 费正清编:《剑桥中华民国史（1912—1949）》上卷,杨品泉等译,中国社会科学出版社1994年版。

[美] 杰西·格·卢茨:《中国教会大学史（1850—1950年）》,曾钜生译,浙江教育出版社1987年版。

[美] 吉尔伯特·罗兹曼主编:《中国的现代化》,陶骅等译,上海人民出版社1989年版。

容闳著:《西学东渐记》,徐凤石、恽铁憔译,湖南人民出版社1981年版。

[日] 实藤惠秀:《中国人留学日本史》,谭汝谦、林启彦译,生活·读书·新知三联书店1983年版。

五　外文著作

Ssu-Yu Teng, John K. Fairbank, *China's Response To West*, Cambridge: Harvard University Press, 1965.

后　记

随着本书的出版，我们心中充满了感慨与满足。这部专著的撰写过程，不仅是对中国近现代高等商业教育历史的一次深入挖掘，也是我们学术探索和思考的一次重要旅程。

在撰写本书的过程中，我们有幸接触到了大量珍贵的历史文献和资料，这些资料不仅包括了官方档案、学术著作，还有许多私人信件和日记。这些第一手资料的获取，让我们能够更加真实、全面地还原中国近现代高等商业教育的发展历程。

本书通过对中国近现代高等商业教育的发展历程的研究，揭示其在国家现代化进程中的重要角色和影响。从清末民初的商业学堂，到民国时期的商学院，高等商业教育的每一次变革和发展，都与国家的政治、经济、文化紧密相连。通过对这些历史阶段的分析，我们可以看到中国高等商业教育是如何适应时代需求，培养出一代又一代的商业精英。

在研究过程中，我们也深刻体会到了中国高等商业教育的复杂性和多样性。不同的历史时期，不同的地域，不同的教育理念，都对商业教育的发展产生了深远的影响。这种多样性是中国高等商业教育的一大特色，也是其能够不断适应社会变迁、培养多样化人才的重要原因。

感谢我们的工作单位为本书出版提供支持，本书获得河北地质大学2024年出版基金资助（CB2024009）。感谢河北大学吴洪成先生，他的指导和建议让我们的研究更加深入和严谨。感谢我们各自的家人，他们的支持和理解是我们能够坚持完成这项工作的重要动力。此外，我们还要感谢所有为本书提供帮助的个人和机构，没有他们的帮助，本书无法顺利出版完成。

  谨以此书，献给所有对中国近现代高等商业教育做出贡献的人们。

田谧 周亚同

2024 年 6 月